Studienkurs
Management in der Sozialwirtschaft

Herausgegeben von
Prof. Dr. Armin Wöhrle

STUDIENKURS MANAGEMENT IN DER SOZIALWIRTSCHAFT

Prof. Dr. Stefan Schick

Gemeinnützigkeits- und Steuerrecht

 Nomos

Die Deutsche Bibliothek – CIP-Einheitsaufnahme

Die Deutsche Bibliothek verzeichnet diese Publikation in
der Deutschen Nationalbibliografie; detaillierte bibliografische
Daten sind im Internet über http://dnb.ddb.de abrufbar.

ISBN 3-8329-1226-0

1. Auflage 2005

Inhaltsverzeichnis

Abkürzungsverzeichnis

a.A.	anderer Auffassung
a.a.O.	am angegebenen Ort
Abs.	Absatz
AEAO	Anwendungserlass zur Abgabenordnung
AG	Aktiengesellschaft
AO	Abgabenordnung
BB	Der Betriebs-Berater
BgA	Betrieb gewerblicher Art
BMF	Bundesministerium der Finanzen
BStBl.	Bundessteuerblatt
DB	Der Betrieb
DStR	Deutsches Steuerrecht
DStZ	Deutsche Steuer-Zeitung
EFG	Entscheidungen der Finanzgerichte
EStDV	Einkommensteuer-Durchführungsverordnung
ErbStG	Erbschaftsteuer- und Schenkungsteuergesetz
EStG	Einkommensteuergesetz
f./ff.	folgende/fortfolgende
FG	Finanzgericht
FinMin	Finanzministerium
FR	Finanz-Rundschau. Dt. Steuerblatt
GewStG	Gewerbesteuergesetz
GmbH	Gesellschaft mit beschränkter Haftung
GrEStG	Grunderwerbsteuergesetz
GrStG	Grundsteuergesetz
HFA	Hauptfachausschuss
HGB	Handelsgesetzbuch
h.M.	herrschende Meinung
HS	Halbsatz
IDW	Institut der Wirtschaftsprüfer
i.G.	in Gründung
i.H.	in Höhe
i.S.d.	im Sinne des/der
i.V.m.	in Verbindung mit
KG	Kommanditgesellschaft
KStG	Körperschaftsteuergesetz
m.w.N.	mit weiteren Nachweisen
NJW	Neue Juristische Wochenschrift
OFD	Oberfinanzdirektion
OHG	Offene Handelsgesellschaft
Rn.	Randnummer
Rz.	Randziffer
str.	streitig
UStG	Umsatzsteuergesetz
UStDV	Umsatzsteuer-Durchführungsverordnung
vgl.	vergleiche
v.H	vom Hundert
v.T.	vom Tausend
WPg.	Die Wirtschaftsprüfung

Verzeichnis der Abbildungen

Einleitung

Das deutsche Steuerrecht ist insgesamt als sehr kompliziert bekannt. Es macht auch vor Einrichtungen der Sozialwirtschaft nicht Halt. Gleichgültig, ob es um die Grundsteuer für Krankenhausgrundstücke, die Grunderwerbsteuer für den Erwerb eines Pflegeheims oder die Erbschaft- und Schenkungsteuer geht, die ggf. bei der Erbeinsetzung eines Heimträgers entsteht.

Der vorliegende Band kann nicht alle Einzelheiten darstellen. Er muss sich auf die zentralen Aspekte beschränken und soll in die Lage versetzen, Probleme zu erkennen, im Tagesgeschäft auftretende einfachere Fragen zu lösen und ggf. sachkundigen Rat einzuholen.

Unternehmen in der Sozialwirtschaft können sowohl steuerpflichtig als auch steuerbegünstigt sein. Sind sie als steuerbegünstigte Körperschaften anerkannt, so müssen sie eine Fülle von Bestimmungen beachten. Deshalb ist es für die große Zahl von sozialwirtschaftlichen Unternehmen, die als steuerbegünstigt anerkannt sind, besonders wichtig, die wesentlichen Anforderungen des Gemeinnützigkeitsrechts zu kennen. Daher ist der 1. Hauptteil dieses Bandes dem Gemeinnützigkeitsrecht gewidmet. Dabei stehen die Zusammenhänge und die Grundsystematik im Vordergrund.

Im Bereich der Sozialwirtschaft ferner von zentraler Bedeutung ist das Umsatzsteuerrecht. Hier gibt es für zahlreiche Betätigungen Umsatzsteuerbefreiungen, die zum großen Teil von der Gemeinnützigkeit des Leistungserbringers unabhängig sind. Um die damit zusammenhängenden Fragen besser verstehen zu können, ist ein Grundverständnis der Systematik des Umsatzsteuerrechts unabdingbar. Deshalb ist der 2. Hauptteil dieses Bandes dem Umsatzsteuerrecht gewidmet.

Literaturhinweise

Buchna, Johannes, Gemeinnützigkeit im Steuerrecht, 8. Auflage 2003 (fundierte Gesetzeskommentierung aus der Sicht der Finanzverwaltung)

Schauhoff, Stephan, Handbuch der Gemeinnützigkeit, 2. Auflage 2005 (umfassende Gesamtdarstellung des Rechts und der Besteuerung von Non-Profit-Organisationen)

Schick, Stefan, Rechts- und Unternehmensformen, 2003 (grundlegende Darstellung der Rechts- und Unternehmensformen in der Sozialwirtschaft, Teil des Studienkurses)

1. Hauptteil: Einführung in das Gemeinnützigkeitsrecht

Angesichts einer zunehmenden Konkurrenz steuerbefreiter Einrichtungen mit steuerpflichtigen Unternehmen in der Sozialwirtschaft stellt sich zunehmend die Frage: Was bringt uns eigentlich die Gemeinnützigkeit? Schließlich setzt die Anerkennung der Gemeinnützigkeit voraus, dass zahlreiche steuerliche Sonderregelungen – zusätzlich – zu beachten sind. Man kann beim Gemeinnützigkeitsrecht zwischenzeitlich von einem Sonderrecht sprechen. Damit setzt sich der nächste Abschnitt (vgl. unten 1., S. 15) auseinander.

Vorteile der Gemeinnützigkeit

Ist im Einzelfall die Entscheidung für die Fortführung der Gemeinnützigkeit oder die Errichtung einer steuerbegünstigten Körperschaft gefallen, so stellt sich die Frage, welche Anforderungen an die Satzung und die satzungsmäßige, steuerbegünstigte Tätigkeit erfüllt sein müssen (vgl. unten 2., S. 23).

Gemeinnützigkeitsrechtliche Anforderungen

Da die Tätigkeiten einer steuerbegünstigten Körperschaft sehr vielfältig sein können, hat die Praxis die sog. Vier-Sphären-Theorie entwickelt, mit der die Einzeltätigkeiten steuerlich erfasst werden (vgl. unten 3., S. 47). So macht es einen wesentlichen Unterschied, ob eine steuerbegünstigte Körperschaft Mittel sammelt, um sie im Rahmen der Katastrophenhilfe einzusetzen, eine gemeinnützige Stiftung ihr Stiftungsvermögen anlegt, um aus den Erträgen ihre satzungsmäßigen Zwecke verfolgen zu können oder ein steuerbegünstigter Träger eine stationäre Pflegeeinrichtung betreibt. Unterhält dieser in seiner Pflegeeinrichtung eine Cafeteria, zu der jedermann Zutritt hat, so tritt der Träger der Pflegeeinrichtung sogar in Wettbewerb zur örtlichen Gastronomie.

Vier-Sphären-Theorie

Die Vorteile der Steuerbegünstigung werden dadurch erkauft, dass das Vermögen der steuerbegünstigten Körperschaft dauerhaft für steuerbegünstigte Zwecke gebunden ist (sog. Grundsatz der Vermögensbindung). Außerdem sind die Mittel einer steuerbegünstigten Körperschaft grundsätzlich zeitnah für die steuerbegünstigten Zwecke zu verwenden (sog. Grundsatz der zeitnahen Mittelverwendung). Dies führt zu weiteren Anforderungen im Hinblick auf den Nachweis, dass die entsprechenden gemeinnützigkeitsrechtlichen Vorgaben eingehalten wurden (vgl. unten 4., S. 72).

Grundsatz der Vermögensbindung

Einen komplexen Bereich bildet ferner die Rechnungslegung bei steuerbegünstigten Körperschaften. Diese umfasst Aspekte des Gläubigerschutzes ebenso wie die Prüfung, ob bei Stiftungen das Vermögen in seinem Bestand erhalten ist. Daneben sind in steuerlicher Hinsicht zunächst die Einhaltung der Vermögensbindung für steuerbegünstigte Zwecke und die Frage der zeitnahen Mittelverwendung von zentraler Bedeutung. Die korrekte Ergebnisermittlung bildet aber auch die Grundlage für eine zutreffende Ermittlung des steuerlichen Ergebnisses von steuerpflichtigen wirt-

Rechnungslegung

schaftlichen Geschäftsbetrieben. In Abschnitt 5. (S. 89) wird deshalb ein Überblick über die wesentlichen Aspekte der Rechnungslegung bei steuerbegünstigten Körperschaften gegeben.

Verfahrensfragen   Es folgt eine Darstellung der Verfahrensfragen bei der Anerkennung, der Überwachung und der Entziehung der Gemeinnützigkeit (vgl. unten 6., S. 118).

Spendenrecht   Am Ende des 1. Hauptteils steht schließlich ein Überblick über das Spendenrecht, in den zur Abrundung auch die steuerliche Behandlung von Sponsoring bei der steuerbegünstigten Körperschaft einbezogen wird (vgl. unten 7., S. 125).

1. Die Vorteile der Gemeinnützigkeit

Ob eine Körperschaft im Einzelfall steuerbefreit ist, ergibt sich nicht aus der Abgabenordnung, sondern aus den Einzelsteuergesetzen, z.B. dem Körperschaftsteuer-, Gewerbesteuer-, Erbschaft- und Schenkungsteuergesetz. Diese Einzelsteuergesetze knüpfen aber daran an, dass eine Körperschaft als steuerbegünstigt anerkannt ist. Und dies ist in der Abgabenordnung geregelt.

Kernpunkt sind die Bestimmungen der §§ 51 ff. AO. Sie enthalten die Voraussetzungen, unter denen eine Körperschaft als steuerbegünstigt anerkannt werden kann, sowie die wesentlichen Grundsätze, die bei ihrer Verwaltung zu beachten sind. Weitere Regelungen finden sich in § 14 AO, wo der wirtschaftliche Geschäftsbetrieb in Abgrenzung zur Vermögensverwaltung definiert wird, und in den §§ 140 ff. AO. Diese enthalten Verpflichtungen zur Rechnungslegung, die auch steuerbegünstigte Körperschaften betreffen.

§§ 51 ff. AO als wichtigste Regelungen

Als Vorteile der Steuerbegünstigung sind zu nennen

- die Steuerbefreiung der Körperschaft selbst (vgl. unten 1.1, S. 16)
- die steuerliche Begünstigung von Tätigkeiten für die Körperschaft (vgl. unten 1.2, S. 18)
- steuerliche Begünstigungen im Zusammenhang mit Zuwendungen an die steuerbegünstigte Körperschaft (vgl. unten 1.3, S. 19).

Abbildung 1

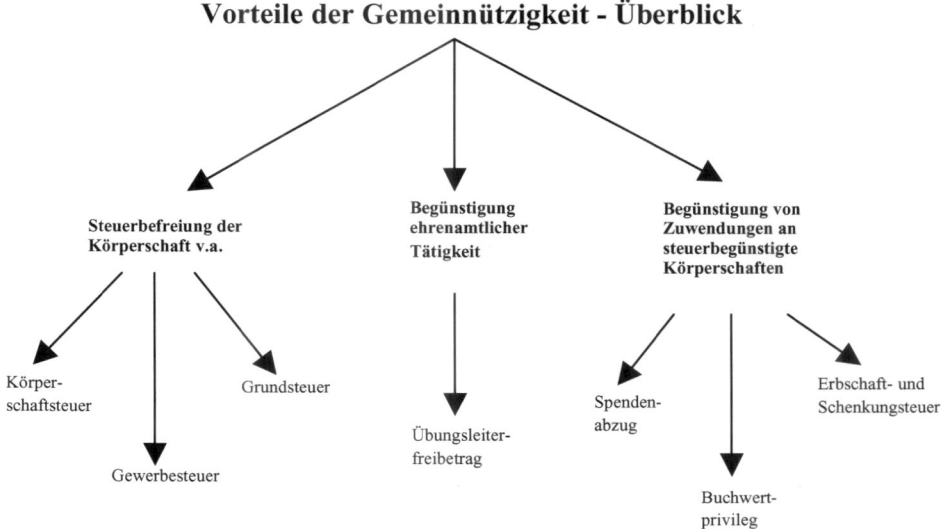

Vorteile der Gemeinnützigkeit - Überblick

Steuerbefreiung der Körperschaft v.a.

Begünstigung ehrenamtlicher Tätigkeit

Begünstigung von Zuwendungen an steuerbegünstigte Körperschaften

Körperschaftsteuer

Grundsteuer

Gewerbesteuer

Übungsleiterfreibetrag

Spendenabzug

Buchwertprivileg

Erbschaft- und Schenkungsteuer

1.1 Die Befreiung der Körperschaft selbst

Befreiung von Körperschaft- und Gewerbesteuer

Steuerbegünstigte Körperschaften sind grundsätzlich von der Körperschaft- und der Gewerbesteuer befreit. Das bedeutet, dass etwaige Gewinne nicht der Körperschaft- und Gewerbesteuer unterliegen. Denn die Anerkennung der Gemeinnützigkeit schließt es nicht aus, dass die Körperschaft mit ihren steuerbegünstigten Aktivitäten tatsächlich Gewinne erzielt.

> Beispiel:
> Ein steuerbegünstigter Wohlfahrtsverband hat in der Vergangenheit durch den Betrieb einer Pflegeeinrichtung Gewinne erzielt.

Wettbewerbssituation zu Privaten

Da die Begünstigungen, die das Gemeinnützigkeitsrecht gewährt, Subventionscharakter haben, gelten dort Ausnahmen, wo eine Wettbewerbssituation zu gewerblichen Anbietern besteht. Deshalb sind die Überschüsse, die mit steuerpflichtigen wirtschaftlichen Geschäftsbetrieben erzielt werden, steuerpflichtig (die Einzelheiten werden im Zusammenhang mit den vier Sphären noch näher dargestellt).

> Beispiel:
> Ein Wohlfahrtsverband betreibt mit seinen Fahrzeugen in Zeiten, in denen sie nicht benötigt werden, einen Kurierdienst für gewerbliche Unternehmen.

Land- und forstwirtschaftliche Betriebe, die eine steuerbegünstigte Einrichtung betreibt, sind dagegen von der Körperschaft- und Gewerbesteuer befreit (§§ 5 Abs. 1 Nr. 9 KStG, 3 Nr. 6 GewStG).

Grundsteuer

Auch das Grundsteuergesetz enthält – anders als das Grunderwerbsteuergesetz – eine Steuerbefreiung von Grundbesitz, der von einer gemeinnützigen oder mildtätigen Körperschaft für gemeinnützige oder mildtätige Zwecke verwendet wird (§ 3 Abs. 1 Nr. 3 b) GrStG).

Grunderwerbsteuer

Kauft eine steuerbegünstigte Körperschaft ein Grundstück, das unmittelbar für steuerbegünstigte Zwecke eingesetzt werden soll, so unterliegt der Kauf der Grunderwerbsteuer. Denn eine dem Körperschaft- und Gewerbesteuergesetz entsprechende Regelung enthält das Grunderwerbsteuergesetz nicht.

Erbt dagegen z.B. Wohlfahrtsverband W ein Grundstück oder bekommt er es geschenkt, so liegt kein entgeltliches Grundstücksgeschäft vor, so dass der Vorgang nach § 3 Nr. 2 GrEStG von der Grunderwerbsteuer befreit ist. Soweit dagegen W im Rahmen der Schenkung eine Gegenleistung erbringen, z.B. Schulden übernehmen muss, entsteht Grunderwerbsteuer. Diese beschränkt sich aber auf den entgeltlich erworbenen Teil.

Erbschaft- und Schenkungsteuer

Umfangreiche Steuerbefreiungen gibt es dagegen bei der Erbschaft- und Schenkungsteuer. Diese sind in § 13 Abs. 1 Nrn. 16 b), 16 c) und 17 ErbStG geregelt.

Generell von der Erbschaft- und Schenkungsteuer befreit sind Zuwendungen an eine steuerbegünstigte Körperschaft (§ 13 Nr. 16 b) ErbStG). Wie bei der Körperschaft- und Gewerbesteuer stellt sich auch bei der Erbschaft- und Schenkungsteuer die Frage nach der Steuerpflicht der Zuwendung eines steuerpflichtigen wirtschaftlichen Geschäftsbetriebs bzw. von Zuwendungen in einen steuerpflichtigen wirtschaftlichen Geschäftsbetrieb. Nach Auffassung der Finanzverwaltung ist zwar die Zuwendung eines steuerpflichtigen wirtschaftlichen Geschäftsbetriebs, nicht aber die Zuwendung in einen steuerpflichtigen wirtschaftlichen Geschäftsbetrieb von der Erbschaft- und Schenkungsteuer befreit.

Beispiele:
Die aus dem Mittelalter stammende Stiftung S verfügt über ein umfangreiches Grundvermögen. Gönner G wendet der Stiftung testamentarisch seine Beteiligung an einer GmbH & Co. KG zu. Die Anteile an der GmbH & Co. KG sind bei S dem steuerpflichtigen wirtschaftlichen Geschäftsbetrieb zuzuordnen. Da die Gesellschaft keine Verluste erzielt und die Beteiligung im Rahmen der Gesamtbetätigung der Stiftung nicht überwiegt, wird durch die Zuwendung die Gemeinnützigkeit nicht gefährdet. Nach Auffassung der Finanzverwaltung unterliegt die Zuwendung der Anteile auch nicht der Erbschaft- und Schenkungsteuer.

Dem Bruder des G gefällt die Stiftungsidee sehr gut. Er schenkt deshalb S ein Grundstück und verlangt im Schenkungsvertrag, dass das Grundstück für das Unternehmen der GmbH & Co. KG genutzt wird. Da das Grundstück in einen steuerpflichtigen wirtschaftlichen Geschäftsbetrieb geschenkt wird, unterliegt die Schenkung der Erbschaft- und Schenkungsteuer.

Eine weitere Befreiungsregelung enthält § 13 Nr. 16 c) ErbStG. Danach sind Zuwendungen an ausländische, steuerbegünstigte Empfänger von der Erbschaft- und Schenkungsteuer befreit, wenn der ausländische Staat entsprechende Zuwendungen an deutsche Empfänger von der Erbschaft- und Schenkungsteuer befreit. Solche Gegenseitigkeitserklärungen bestehen noch aus der Zeit des Deutschen Reichs im Verhältnis zu einigen Schweizer Kantonen.

Nach § 13 Nr. 17 ErbStG sind Zuwendungen zu steuerbegünstigten Zwecken dann von der Erbschaft- und Schenkungsteuer befreit, wenn die Mittelverwendung für diese Zwecke gesichert ist.

Werden Vermögensgegenstände, die von Todes wegen oder durch Schenkung unter Lebenden erworben worden sind, innerhalb von 24 Monaten nach Entstehung der Steuer einer Stiftung zugewendet, so erlischt die Steuer mit Wirkung für die Vergangenheit (§ 29 Abs. 1 Nr. 4 ErbStG). Die Stiftung muss als steuerbegünstigt anerkannt sein. Die Steuerbegünstigung gilt allerdings nur für Zuwendungen an Stiftungen und nicht für Zuwendungen an steuerbegünstigte Empfänger in anderer Rechtsform.

Erlöschen der Erbschaft- und Schenkungsteuer

Im Gegensatz vor allem zum Körperschaftsteuer- und Gewerbesteuerrecht kennt das Umsatzsteuerrecht keine generelle Befreiung steuerbegünstigter Körperschaften von der Umsatzsteuer. Es gibt insoweit für die Sozialwirt-

Umsatzsteuer

schaft bedeutsame Umsatzsteuerbefreiungsregelungen, die an eine bestimmte Tätigkeit anknüpfen (z.B. von Krankenhäusern, Pflegeeinrichtungen, Jugendhilfeeinrichtungen), aber auch von steuerbegünstigten Körperschaften, die einem amtlich anerkannten Wohlfahrtsverband angeschlos-
sen sind. Die Einzelheiten werden im 2. Hauptteil noch näher dargestellt.

Eine generelle steuerliche Begünstigung enthält allerdings § 12 Abs. 2
Nr. 8 a) UStG. Danach unterliegen Leistungen steuerbegünstigter Körperschaften dem ermäßigten Steuersatz von derzeit 7 %, sofern diese Leistungen nicht im Rahmen eines steuerpflichtigen wirtschaftlichen Geschäftsbetriebs erbracht werden.

Dies gilt nach § 12 Abs. 2 Nr. 8 b) UStG auch für Leistungen, insbesondere einer Gesellschaft des bürgerlichen Rechts, die im Rahmen einer Kooperation steuerbegünstigter Körperschaften erbracht werden. Die Steuerbegünstigung setzt aber voraus, dass die erbrachten Leistungen dann insgesamt der Umsatzsteuer mit dem ermäßigten Steuersatz unterliegen würden, wenn sie von den einzelnen Gesellschaftern erbracht würden. Die
Einzelheiten werden im 2. Hauptteil noch näher dargestellt.

1.2   Die Steuerbegünstigung von Tätigkeiten für eine steuerbegün-
stigte Körperschaft

»Übungsleiter-
freibetrag«

Mit dem sog. Übungsleiterfreibetrag (§ 3 Nr. 26 EStG) wird die nebenberufliche Tätigkeit für eine steuerbegünstigte Körperschaft begünstigt.
Diese Regelung ist immer dann von Bedeutung, wenn jemand mit »Ein-
kunftserzielungsabsicht« tätig wird. Das bedeutet, dass eine Tätigkeit bereits dann einkommensteuerpflichtig werden kann, wenn der Betreffende
Einnahmen erzielen will, die die Ausgaben übersteigen. Dabei reicht es
aus, wenn auch nur ein geringfügiger Überschuss entsteht.

Welche gravierenden Auswirkungen sich ergeben können, zeigt das vom
Bundesfinanzhof mit Urteil vom 4. 8. 1994 (BStBl. II, S. 944) entschiedene

> Beispiel:
> Umstritten waren Zahlungen an Rettungssanitäter des DRK. Diese hatten ganz
> geringe Entschädigungen für ihre Einsätze erhalten. Sie waren der Meinung,
> dass die Entschädigungen nicht als Einkünfte im Sinne des Einkommensteuer-
> rechts anzusehen seien. Der BFH vertritt in seinem Urteil die Auffassung, es
> habe eine einkommensteuerpflichtige Tätigkeit vorgelegen. Denn die Rettungs-
> sanitäter hätten ihren tatsächlichen Aufwand, z.B. die Fahrtkosten, zusätzlich
> erstattet erhalten. Deshalb sei bei ihnen ein – wenn auch geringer – Überschuss
> entstanden.

Ausbilder, Erzieher
und Pflegeleistungen

Der Übungsleiterfreibetrag ist zwar im Zusammenhang mit der Tätigkeit
für Sportvereine entstanden, darauf aber nicht beschränkt. Nach dieser Bestimmung sind steuerfrei Aufwandsentschädigungen für nebenberufliche

Tätigkeiten als Übungsleiter, Ausbilder, Erzieher, Betreuer oder für eine vergleichbare nebenberufliche Tätigkeit, für nebenberufliche künstlerische Tätigkeiten oder für die nebenberufliche Pflege alter, kranker oder behinderter Menschen im Dienst oder Auftrag einer inländischen juristischen Person des öffentlichen Rechts oder einer steuerbegünstigten Körperschaft.

Unter »Betreuer« versteht übrigens das Gesetz nicht den Betreuer im Sinne des Betreuungsrechts. Damit gemeint sind solche Personen, die beispielsweise Jugendfreizeiten begleiten und dabei die Jugendlichen betreuen.

Nicht begünstigt sind ferner ehrenamtlich-organisatorische Leistungen sowie Leistungen, die in einem steuerpflichtigen wirtschaftlichen Geschäftsbetrieb erbracht werden.

Die Begünstigung setzt ferner voraus, dass die Tätigkeit nicht mehr als ein Drittel der Tätigkeit einer Vollzeitkraft betragen hat. Gleichgültig ist dagegen, ob der Betreffende im Anstellungsverhältnis oder als freier Mitarbeiter tätig wird. — *Nebenberuflichkeit*

Steuerfrei sind Aufwandsentschädigungen von bis zu € 1.848,– jährlich. Dabei handelt es sich nicht um eine Freigrenze, sondern einen echten Freibetrag. Das bedeutet, dass bei Einnahmen von mehr als € 1.848,– nicht der Gesamtbetrag steuerpflichtig wird, sondern nur der übersteigende Betrag. — *Freibetrag*

Liegt eine begünstigte Tätigkeit i.S.d. § 3 Nr. 26 EStG vor, so sind insoweit Betriebsausgaben bzw. Werbungskosten nicht zu berücksichtigen.

> Beispiele:
> Die gelernte Altenpflegerin A ist Hausfrau und Mutter von zwei Kindern. Das Alter der Kinder erlaubt eine stundenweise Berufstätigkeit von A. A entschließt sich, wöchentlich 8 Stunden im nahe gelegenen Pflegeheim mitzuarbeiten.
> Da der Einsatz von A nicht mehr als 1/3 der Tätigkeit einer Vollzeitkraft ausmacht, ist sie in Höhe von € 1.848,– jährlich einkommensteuerfrei.
> Da die Pflegeeinrichtung auch dringend Unterstützung in der Küche benötigt, fragt A ihre Freundin F, ob das nicht auch eine Tätigkeit für sie wäre. F würde ebenfalls 8 Stunden wöchentlich arbeiten.
> Falls F nur für die Versorgung der Bewohner tätig wird, wird ihr nach Auffassung der Finanzverwaltung der Freibetrag ebenfalls gewährt. Der Begriff der Pflege sei weit zu verstehen. Falls F aber in der öffentlich zugänglichen Cafeteria, die von dem Träger der Pflegeeinrichtung betrieben wird, tätig wird, entfällt der Freibetrag.

1.3   Die Steuerbegünstigungen für Zuwendungen an steuerbegünstigte Körperschaften

Weitere Vorteile bieten die steuerlichen Begünstigungen, die der Zuwendende für seine Zuwendungen erhält. Im Vordergrund steht dabei der — *Spendenabzug*

Spendenabzug, der unter 7. (S. 125 ff.) noch näher dargestellt wird. Danach sind Spenden an steuerbegünstigte Körperschaften bis zu bestimmten Grenzen bei der Einkommen-, Körperschaft- und Gewerbesteuer abzugsfähig. Besonderheiten bestehen bei Großspenden. Besonders begünstigt werden Zuwendungen an Stiftungen.

Buchwertprivileg

Sofern Wirtschaftsgüter aus einem Betriebsvermögen entnommen und anschließend gespendet werden, so hat der Unternehmer grundsätzlich den Unterschiedsbetrag zwischen dem Verkehrswert (dem sog. Teilwert) und dem Buchwert zu versteuern. Der Buchwert ist der Betrag, mit dem das Wirtschaftsgut in den Büchern des Unternehmens und damit auch in seiner Bilanz erfasst ist. Er entspricht grundsätzlich den ursprünglichen Anschaffungs- oder Herstellungskosten, vermindert um die Absetzungen für Abnutzung (auch Abschreibungen oder kurz »AfA« genannt).

> Beispiel:
> Unternehmer U betreibt ein Einzelhandelsgeschäft mit mehreren Standorten. Er beabsichtigt, einen Standort aufzugeben. Das Grundstück mit Gebäude will er dem Jugendhilfeverein J schenken, der dort – zusätzlich zu seinen Kindergärten – eine Kindertagesstätte einrichten soll. Das Anwesen hat 1960 DM 200.000,– gekostet. Es hat noch einen Buchwert von € 50.000,– (bedingt durch die Abschreibungen auf das Gebäude). Der Verkehrswert beträgt jetzt € 150.000,–. Schenkt U das Anwesen an J, so muss er die Differenz zwischen dem Verkehrswert (€ 150.000,–) und dem Buchwert (€ 50.000,–), d.h. den Betrag von € 100.000,–, versteuern. Er kann dann aber – im Rahmen der steuerlichen Grenzen des § 10 b EStG – den Spendenabzug geltend machen.

Anstatt den Entnahmegewinn zu versteuern und den Spendenabzug geltend zu machen, kann er aber auch vom Buchwertprivileg des § 6 Abs. 1 Nr. 4 EStG Gebrauch machen. Danach kann er das Anwesen zum Buchwert (€ 50.000,–) aus dem Betriebsvermögen entnehmen. Eine Aufdeckung sog. stiller Reserven tritt dadurch nicht ein, d.h. im Unternehmen entsteht dadurch kein steuerlicher Gewinn. Allerdings ist dann der Spendenabzug auch nur auf den Buchwert beschränkt.

Das Buchwertprivileg ist an die folgenden Voraussetzungen geknüpft:

Voraussetzungen für das Buchwertprivileg

- Das Wirtschaftsgut muss unmittelbar nach seiner Entnahme aus dem Betriebsvermögen der steuerbegünstigten Körperschaft zugewendet werden. Das Buchwertprivileg entfällt deshalb im Beispielsfall, wenn U zunächst nach Schließung seines Einzelhandelsgeschäfts die Geschäftsräume an einen Dritten vermietet, die Immobilie aus dem Firmenvermögen entnimmt und das Grundstück erst später an J schenkt.
- Der Empfänger muss spendenempfangsberechtigt sein. Wird das Wirtschaftsgut bei ihrer Errichtung auf eine Stiftung übertragen, so darf diese keine Freizeitzwecke verfolgen.
- Es muss sich um eine unentgeltliche Zuwendung handeln. Verlangt U von J, dass J an U eine Unterhaltsrente zur Alterssicherung zahlt, so entfällt das Buchwertprivileg.

- Die Zuwendung muss »zur Verwendung für steuerbegünstigte Zwecke« erfolgen. Diese Voraussetzung ist im Beispielsfall unmittelbar erfüllt, da das Gebäude selbst einer Kindertagesstätte dienen soll. Aber auch dann, wenn J das Anwesen verkaufen und den Verkaufserlös für die Jugendarbeit in der Gemeinde verwenden soll, kommt der Gegenwert steuerbegünstigten Zwecken zugute.
- Das Buchwertprivileg gilt nicht für die Entnahme von Nutzungen und Leistungen.

- **Vorteile bei der steuerbegünstigten Körperschaft:**

  ➤ Überschüsse sind von der Körperschaft- und Gewerbesteuer befreit.
  Ausnahme: Überschüsse von steuerpflichtigen wirtschaftlichen Geschäftsbetrieben. Nicht steuerpflichtig sind selbstbewirtschaftete Land- und Forstwirtschaftsbetriebe.

  ➤ Erbschaft- und Schenkungsteuerfreiheit von unentgeltlichen Zuwendungen. Dies gilt nach Auffassung der Finanzverwaltung auch für die Zuwendung eines steuerpflichtigen wirtschaftlichen Geschäftsbetriebs.
  Ausnahme: Zuwendungen in einen steuerpflichtigen wirtschaftlichen Geschäftsbetrieb unterliegen der Erbschaft- und Schenkungsteuer.

  ➤ Soweit Umsätze der steuerbegünstigten Körperschaft nicht von der Umsatzsteuer befreit sind, wird der ermäßigte Umsatzsteuersatz von derzeit 7 % gewährt.
  Ausnahme: Leistungen eines steuerpflichtigen wirtschaftlichen Geschäftsbetriebs unterliegen der Umsatzsteuer mit dem Regelsteuersatz von derzeit 16 %.

- **Begünstigung der nebenberuflichen Tätigkeit:**

  ➤ Begünstigt sind die Tätigkeit als Übungsleiter, Ausbilder, Erzieher, Betreuer (von Jugendlichen usw., nicht nach Betreuungsrecht!), künstlerische Tätigkeiten und die Pflege alter, kranker oder behinderter Menschen.

  ➤ Ehrenamtlich-organisatorische Tätigkeiten sind nicht begünstigt.

  ➤ Die Tätigkeit muss im Dienst oder Auftrag einer Körperschaft des öffentlichen Rechts oder einer steuerbegünstigten Körperschaft erfolgen.

  ➤ Es ist gleichgültig, ob der Betreffende als Angestellter oder freier Mitarbeiter tätig wird.

  ➤ Die Tätigkeit umfasst dem Umfang nach höchstens 1/3 der Tätigkeit einer Vollzeitkraft.

Die Vorteile der Gemeinnützigkeit auf einen Blick

> ➤ Es wird ein Freibetrag – pro Jahr und für alle entsprechende Tätigkeiten – von € 1.848,– gewährt.

> ➤ Soweit der Freibetrag nicht überschritten wird, können keine Werbungskosten/Betriebsausgaben geltend gemacht werden.

- **Begünstigung von Zuwendungen:**

> ➤ Den Hauptanreiz bildet der Spendenabzug (vgl. Abschnitt 7., S. 125 ff.).

> ➤ Bei Entnahme von Wirtschaftsgütern aus dem Betriebsvermögen ist das Buchwertprivileg (§ 6 Abs. 1 Nr. 4 EStG) von Vorteil. Dann führt die Entnahme nicht zu einer Versteuerung stiller Reserven (= Differenz zwischen Verkehrswert und Buchwert des Wirtschaftsguts im Zeitpunkt der Entnahme). Voraussetzungen: Das Wirtschaftsgut muss unmittelbar nach seiner Entnahme einer steuerbegünstigten Körperschaft unentgeltlich zur Verwendung für steuerbegünstigte Zwecke zugewendet werden.

> ➤ Beim Eintritt in die Steuerbegünstigung und bei Beendigung der Steuerbefreiung wird auf eine Versteuerung stiller Reserven verzichtet (§ 13 KStG).

Die insgesamt bestehenden Begünstigungen sind in der tabellarischen Übersicht im Anhang 1, S. 167 ff. zusammengefasst.

2. Die Voraussetzungen für die Anerkennung der Gemeinnützigkeit

Die oben beschriebenen Vorteile der Gemeinnützigkeit, die die Einzelsteuergesetze gewähren, setzen eine steuerbegünstigte Körperschaft voraus. Wann eine solche gegeben ist, ergibt sich aus den §§ 51 ff. AO. Danach ist die Steuerbegünstigung von folgenden Voraussetzungen abhängig:

- Es muss ein Körperschaftsteuersubjekt vorliegen (vgl. unten 2.1, S. 24).
- Das Körperschaftsteuersubjekt muss gemeinnützige, mildtätige oder kirchliche Zwecke verfolgen (vgl. unten 2.2, S. 28).
- Dabei muss das Körperschaftsteuersubjekt selbstlos handeln (vgl. unten 2.3, S. 35).
- Das Körperschaftsteuersubjekt muss ausschließlich steuerbegünstigte Zwecke verfolgen (vgl. unten 2.4, S. 40).
- Das Körperschaftsteuersubjekt muss die steuerbegünstigten Zwecke grundsätzlich unmittelbar verfolgen (vgl. unten 2.5, S. 42).

Abbildung 2

Voraussetzungen für die Anerkennung der Gemeinnützigkeit

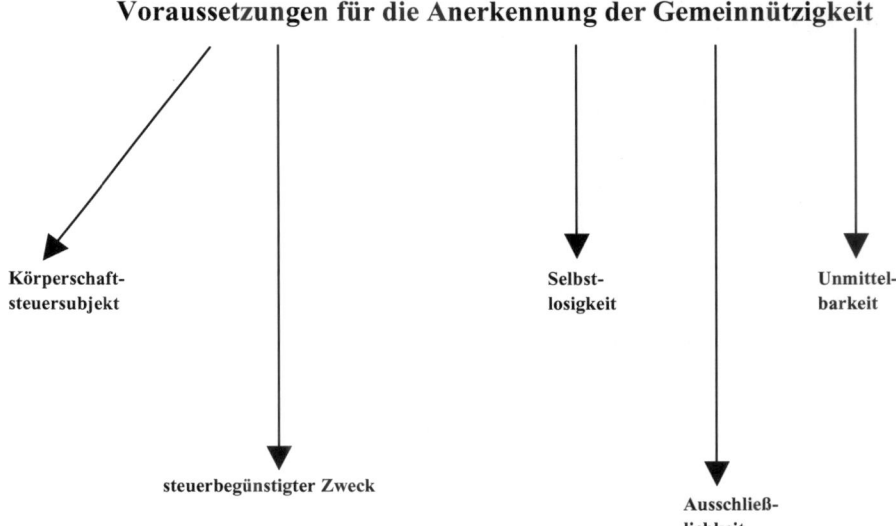

2.1 Die in Betracht kommenden Steuersubjekte

Körperschaften
i.S.d. KStG

Die Abgabenordnung setzt in § 51 AO voraus, dass nur Körperschaften im Sinne des Körperschaftsteuergesetzes steuerbegünstigt sein können. Danach kommen als steuerbegünstigte Körperschaften in Betracht:

- **Kapitalgesellschaften.** In der Praxis kommt im wesentlichen die (gemeinnützige) GmbH – auch gGmbH abgekürzt – vor. Bei der gemeinnützigen GmbH handelt es sich nicht um eine eigenständige Rechtsform, sondern eine GmbH, die zusätzlich die Anforderungen des Gemeinnützigkeitsrechts erfüllt (vgl. dazu auch Schick, Rechts- und Unternehmensformen, S. 27).

- **Rechtsfähige Stiftungen des Privatrechts** (vgl. Schick, a.a.O., S. 65 ff.).

- **Eingetragene Vereine** (vgl. Schick, a.a.O., S. 53 ff.).

- **Unselbstständige** (nichtrechtsfähige) **Stiftungen** (vgl. Schick, a.a.O., S. 82 f.).

- **Nichtrechtsfähige Vereine** (vgl. Schick, a.a.O., S. 45 ff.).

- Andere **Zweckvermögen des privaten Rechts.** Leider enthält das Körperschaftsteuergesetz keine Definition dieses Begriffs. Er ist als »Auffangbecken« für alle Vermögensmassen gedacht, die nicht schon durch eine der anderen Rechtsformen erfasst werden. Wichtig ist, dass es sich um eine Vermögensmasse handelt, die keine – rechtsfähige oder unselbstständige – Stiftung ist und die keinem anderen Rechtsträger zugerechnet werden kann.

- **Betriebe gewerblicher Art von juristischen Personen des öffentlichen Rechts.** Juristische Personen des öffentlichen Rechts sind insbesondere Bund, Länder und Gemeinden, aber auch die Kirchen bzw. Kirchengemeinden. In der Sozialwirtschaft sind ferner Stiftungen des öffentlichen Rechts von Bedeutung (vgl. Schick, a.a.O., S. 93 ff.).

Da Personengesellschaften – vor allem die Gesellschaft bürgerlichen Rechts, aber auch die Personenhandelsgesellschaften wie die GmbH & Co. KG oder die OHG – keine Körperschaften sind, können sie auch nicht nach den §§ 51 ff. AO steuerbegünstigt sein.

Abbildung 3

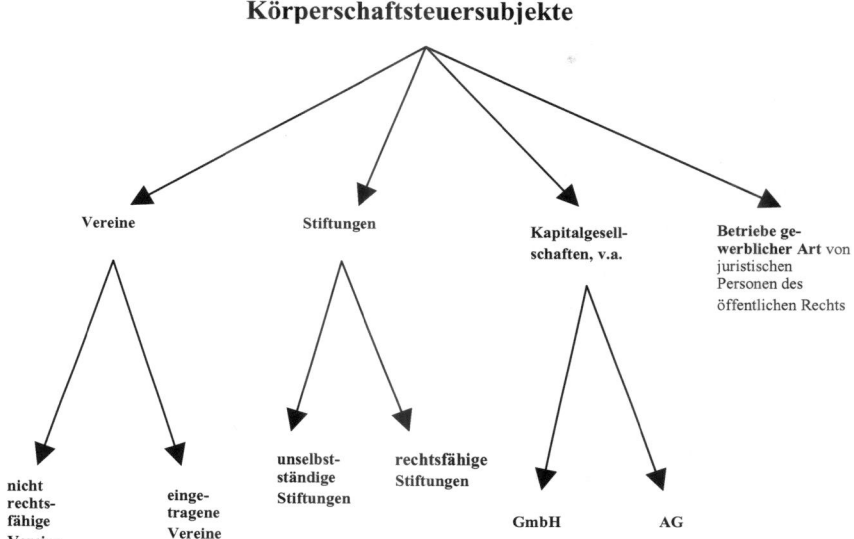

Körperschaftsteuersubjekte

Vereine

Stiftungen

Kapitalgesell-
schaften, v.a.

**Betriebe ge-
werblicher Art** von
juristischen
Personen des
öffentlichen Rechts

nicht
rechts-
fähige
Vereine

einge-
tragene
Vereine

unselbst-
ständige
Stiftungen

rechtsfähige
Stiftungen

GmbH   AG

Arbeitsaufgabe

1. Die Einführung der DRGs führt dazu, dass die Patienten immer frü-
    her aus den Akutkrankenhäusern entlassen werden. Daher werden
    auch im Diakoniekrankenhaus D nicht mehr alle Betten benötigt.
    Flächen werden frei. Gleichzeitig muss D dafür sorgen, dass die re-
    lativ früh entlassenen Patienten nach ihrer Entlassung gut versorgt
    werden. D entschließt sich, im Rahmen des Entlassungsmanage-
    ments eng mit dem steuerbegünstigten ambulanten Pflegedienst A
    zusammenzuarbeiten. Der Geschäftsführer von D kommt auf den
    Gedanken, gemeinsam mit A die frei werdenden Räume für eine
    Kurzzeitpflege zu verwenden. A würde sein Pflege-Know-how ein-
    bringen. Den erforderlichen Versorgungsvertrag würden sie beide
    gemeinsam abschließen. Die Kurzzeitpflege würde durch D und A
    gemeinsam in der Weise erfolgen, dass beide sich die Chancen und
    das Risiko im Rahmen einer gemeinsamen Kurzzeitpflege teilen.

    Welcher Rechtsnatur ist die Kooperation? Vgl. dazu auch Schick,
    Rechts- und Unternehmensformen, S. 23.

    Kann die Kooperation als solche steuerbegünstigt sein?

Betriebe gewerblicher Art

Eine Besonderheit bildet dagegen die Besteuerung der juristischen Person des öffentlichen Rechts. Sie ist nicht »per se« gemeinnützig. Steuerbegünstigt kann sie nur mit dem Bereich sein, der überhaupt steuerlich von Bedeutung ist. Und das ist nur der sog. »Betrieb gewerblicher Art« – oder kurz: BgA.

Begriff des Betriebs gewerblicher Art

Der Begriff des BgA ist in § 4 Abs. 1 KStG definiert: Danach sind Betriebe gewerblicher Art alle Einrichtungen einer juristischen Person des öffentlichen Rechts, die einer nachhaltigen wirtschaftlichen Tätigkeit zur Erzielung von Einnahmen dienen. Keine BgA sind Betriebe der Land- und Forstwirtschaft. Außerdem müssen sich die Einrichtungen innerhalb der Gesamtbetätigung der juristischen Person wirtschaftlich herausheben. Keine BgA sind außerdem Betriebe, die überwiegend der Ausübung der öffentlichen Gewalt dienen. Das sind die sog. Hoheitsbetriebe. Die Absicht, Gewinne zu erzielen, ist nicht erforderlich.

An die Nachhaltigkeit sind keine allzu großen Anforderungen zu stellen. So ist dieses Merkmal bereits bei der ersten wirtschaftlichen Betätigung erfüllt, wenn diese mit Wiederholungsabsicht erfolgt.

Nach Auffassung der Finanzverwaltung kommt es bei der Beurteilung der Frage, ob sich eine Betätigung wirtschaftlich heraushebt, nicht auf das Verhältnis der wirtschaftlichen Betätigung im Verhältnis zur Gesamtbetätigung der juristischen Person des öffentlichen Rechts im Einzelfall an. Vielmehr nimmt die Finanzverwaltung bei Einnahmen von bis zu € 30.678,– jährlich grundsätzlich keinen Betrieb gewerblicher Art an (sog. Nichtaufgriffsgrenze). Ab Einnahmen in Höhe von € 127.823,– jährlich liegt in der Regel ein BgA vor.

Steuerliche Bereiche bei juristischen Personen des öffentlichen Rechts

Im Einzelnen sind damit bei der Besteuerung juristischer Personen des öffentlichen Rechts die folgenden Bereiche zu unterscheiden:

- Die <u>hoheitliche Tätigkeit im engeren Sinne</u>. Eine solche liegt vor, wenn eine juristische Person des öffentlichen Rechts einen Verwaltungsakt erlässt, z.B. mit einem Steuerbescheid Steuern festsetzt.

- Die <u>»hoheitliche«</u> Vermögensverwaltung (in Abgrenzung zur Vermögensverwaltung im gemeinnützigkeitsrechtlichen Sinne). Diesem Bereich ist z.B. die dauerhafte Vermietung von Wohnungen durch eine Kirchengemeinde zuzurechnen.

- Der <u>Betrieb gewerblicher Art</u>. Dieser kann wieder unterteilt werden in den

  ➢ steuerpflichtigen Betrieb gewerblicher Art (*Beispiel: Stadtwerke, die in der rechtlich unselbstständigen Organisationsform des Eigenbetriebs geführt werden*) und den

  ➢ steuerbegünstigten Betrieb gewerblicher Art (*Beispiel: die von einer Stadt oder einer Kirchengemeinde in rechtlich unselbstständiger Form betriebene Pflegeeinrichtung*).

Abbildung 4 enthält einen Überblick über die Besteuerung von juristischen Personen des öffentlichen Rechts.

Abbildung 4

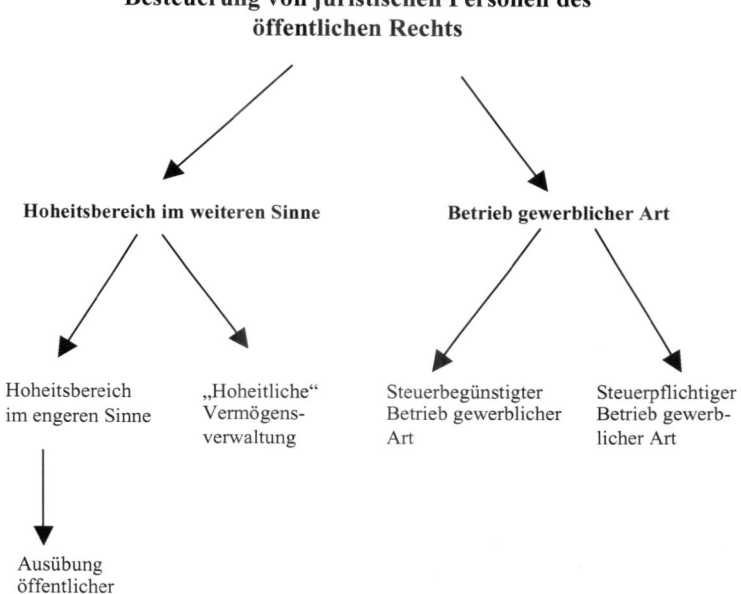

Besteuerung von juristischen Personen des öffentlichen Rechts

Hoheitsbereich im weiteren Sinne　　　　**Betrieb gewerblicher Art**

Hoheitsbereich im engeren Sinne	„Hoheitliche" Vermögensverwaltung	Steuerbegünstigter Betrieb gewerblicher Art	Steuerpflichtiger Betrieb gewerblicher Art

Ausübung öffentlicher Gewalt

Dazu die folgenden

Arbeitsaufgaben

2. Eine Kirchengemeinde unterhält eine – rechtlich unselbstständige – Sozialstation. Diese erzielt Einnahmen von jährlich mehr als € 50.000,–.
   Wie beurteilen Sie den Sachverhalt steuerlich?

3. Die Stadt S erzielt jährlich erhebliche Einnahmen, indem sie Bußgelder für Ordnungswidrigkeiten im Straßenverkehr erhebt.
   Liegt ein BgA vor?

Steuerbegünstigt können nur Körperschaftsteuersubjekte sein. Diese sind in § 1 KStG aufgezählt. Dabei handelt es sich im Wesentlichen um Kapitalgesellschaften (vor allem GmbHs), rechtsfähige und unselbstständige Stiftungen sowie eingetragene und nichtrechtsfähige Vereine. Einen Sonderfall bildet die juristische Person des öffentlichen Rechts. Diese ist nur

Merksatz

mit ihren Betrieben gewerblicher Art Körperschaftsteuersubjekt. Soweit kein Betrieb gewerblicher Art vorliegt, ist ihre Betätigung steuerlich ohne Bedeutung.

2.2 Der steuerbegünstigte Zweck

Steuerbegünstigte Zwecke als Oberbegriff

Nach § 51 S. 1 AO verfolgt eine Körperschaft dann steuerbegünstigte Zwecke, wenn sie ausschließlich und unmittelbar gemeinnützige, mildtätige oder kirchliche Zwecke verfolgt. Häufig wird der Begriff »gemeinnützig« als Oberbegriff – anstelle von »steuerbegünstigt« – verwendet. Richtig ist das aber nicht.

2.2.1 Die gemeinnützigen Zwecke

Nach § 52 Abs. 1 S. 1 AO verfolgt eine Körperschaft gemeinnützige Zwecke, wenn ihre Tätigkeit darauf gerichtet ist, die Allgemeinheit auf materiellem, geistigem oder sittlichem Gebiet selbstlos zu fördern.

Förderung eines offenen Personenkreises

Verfolgt eine Körperschaft gemeinnützige Zwecke, so muss sie einen offenen Personenkreis fördern. Es reicht also nicht aus, wenn beispielsweise ein Verein, der einen Kindergarten betreibt, nur die Kinder der Betriebsangehörigen eines bestimmten Unternehmens oder bestimmter Unternehmen aufnimmt – mag die Belegschaft auch noch so groß sein.

Regelbeispiele in Gesetz und EStDV

Diese abstrakte Definition der gemeinnützigen Zwecke wird vom Gesetzgeber in § 52 Abs. 2 AO und in der Anlage 1 zu § 48 Abs. 2 der Einkommensteuer-Durchführungsverordnung (EStDV) näher konkretisiert. Dazu zählen beispielsweise die Förderung

- von Wissenschaft und Forschung
- von Bildung und Erziehung
- der Jugendhilfe
- der Altenhilfe
- des öffentlichen Gesundheitswesens
- des Wohlfahrtswesens.

Diese Beispiele sind nicht abschließend. Es sind also auch andere Zwecke denkbar, die als gemeinnützig anerkannt werden können.

Nachfolgend finden Sie die Darstellung gemeinnütziger Zwecke, die in der Sozialwirtschaft von Bedeutung sind.

Förderung der Jugendhilfe

Die Jugendhilfe umfasst insbesondere die Jugendbetreuung, die Jugendpflege und die Jugendfürsorge. Jugendliche im Sinne des Gemeinnützigkeitsrechts (und auch des Umsatzsteuerrechts) sind Personen, die ihr 27. Lebensjahr noch nicht vollendet haben.

> Beispiele:
> Einrichtung und Unterhaltung von Kindergärten, Schul- und Lehrlingsheimen, Jugendherbergen. Weitere Beispiele finden Sie in § 4 Nrn. 23, 24 und 25 UStG im Zusammenhang mit der Umsatzsteuerbefreiung von Leistungen in der Jugendhilfe. Auf diese wird im 2. Hauptteil im Zusammenhang mit der Umsatzsteuer in sozialen Einrichtungen noch näher eingegangen.

Förderung der Altenhilfe

Das Gemeinnützigkeitsrecht greift für den Begriff der Altenhilfe die entsprechende Definition in § 71 Abs. 2 SGB XII auf. Danach soll die Altenhilfe dazu beitragen, Schwierigkeiten, die durch das Alter entstehen, zu verhüten, zu überwinden, zu mildern und alten Menschen die Möglichkeit zu erhalten, am Leben in der Gemeinschaft teilzunehmen.

Altenhilfe

Als Einzelmaßnahmen zur Förderung der Altenhilfe sind insbesondere anerkannt die Hilfe

- zu einer Betätigung und zum gesellschaftlichen Engagement, wenn sie von alten Menschen gewünscht wird,
- bei der Beschaffung und zur Erhaltung einer Wohnung, die den Bedürfnissen des alten Menschen entspricht,
- in allen Fragen der Aufnahme in eine Einrichtung, die der Betreuung alter Menschen dient, insbesondere bei der Beschaffung eines geeigneten Heimplatzes,
- in allen Fragen der Inanspruchnahme altersgerechter Dienste,
- zum Besuch von Veranstaltungen oder Einrichtungen, die der Geselligkeit, der Unterhaltung, der Bildung oder den kulturellen Bedürfnissen alter Menschen dienen.
- zu einer Betätigung, wenn sie vom alten Menschen gewünscht wird.
- die alten Menschen die Verbindung mit nahe stehenden Personen ermöglichen.

Die Altenhilfe ist damit der einzige steuerbegünstigte Zweck, bei dem die Förderung der Geselligkeit als Teil der Zweckverfolgung gemeinnützigkeitsrechtlich anerkannt ist. Zwar ist es nach § 58 Nr. 8 AO für die Anerkennung der Gemeinnützigkeit generell unschädlich, wenn eine steuerbegünstigte Körperschaft in untergeordnetem Umfang (zur Mitglieder- und Spenderpflege) gesellige Veranstaltungen durchführt. Dies wird aber gemeinnützigkeitsrechtlich nur geduldet. Zur Verdeutlichung des Unterschieds dienen die folgenden

Geselligkeit als Teil des gemeinnützigen Zwecks

> Beispiele:
> Zweck eines Vereins ist die Förderung der Altenhilfe. Dieser wird insbesondere dadurch verwirklicht, dass der Verein gesellige Veranstaltungen, Reisen und Lesungen für alte Menschen durchführt.
> Der Verein kann gemeinnützig sein.
>
> In einem anderen Verein haben sich Unternehmer verschiedener Branchen zusammengeschlossen. Zweck des Vereins ist es, durch gesellschaftliche »Events«, wie z.B. Bälle, den Kontakt unter den Mitgliedern zu fördern.
> Der Verein kann nicht gemeinnützig sein, da die Förderung der Geselligkeit im Vordergrund steht.

Altersgrenzen

Nach Auffassung der Finanzverwaltung (vgl. Buchna, Gemeinnützigkeit im Steuerrecht, S. 50 f.) sind alte Menschen im Sinne des Gemeinnützigkeitsrechts Frauen ab der Vollendung des 60. Lebensjahrs und Männer ab der Vollendung des 65. Lebensjahrs.

Umsatzsteuer in der Altenhilfe

Nach § 4 Nr. 16 UStG sind auch verschiedene Leistungen im Bereich der Altenhilfe von der Umsatzsteuer befreit. Das betrifft vor allem Altenheime, Altenwohnheime, Pflegeheime, die Kurzzeitpflege und ambulante Dienste.

Förderung der Wohlfahrtspflege

Wohlfahrtspflege

Nach § 66 Abs. 2 AO ist Wohlfahrtspflege

»die planmäßige, zum Wohle der Allgemeinheit und nicht des Erwerbes wegen ausgeübte Sorge für notleidende oder gefährdete Mitmenschen. Die Sorge kann sich danach auf das gesundheitliche, erzieherische oder wirtschaftliche Wohl erstrecken und Vorbeugung oder Abhilfe bezwekken.«

Den privaten Pflegedienst unterscheidet vom Wohlfahrtsverband, dass der Pflegedienst »des Erwerbes wegen« betrieben wird.

Begünstigter Personenkreis

Was notleidende oder gefährdete Mitmenschen sind, ergibt sich im Wesentlichen aus § 66 Abs. 3 AO. Denn dort heißt es, dass eine Einrichtung der Wohlfahrtspflege dann ein Zweckbetrieb ist, wenn den in § 53 AO genannten Personen mindestens zwei Drittel der Leistungen zugute kommen.

Durch diese gesetzliche Verweisung wird das Gemeinnützigkeitsrecht nicht übersichtlich. Konkret bedeutet dies: Werden vorrangig persönlich oder wirtschaftlich hilfsbedürftige Personen begünstigt, so liegt ein Zweckbetrieb vor, der der Förderung der Wohlfahrtspflege dient.

Persönlich hilfsbedürftig sind nach § 53 AO Personen, die infolge ihres körperlichen, geistigen oder seelischen Zustands auf die Hilfe anderer angewiesen sind. Die Einzelheiten werden unter 2.2.2, S. 32 noch näher dargestellt.

Wirtschaftliche Hilfsbedürftigkeit liegt vor, wenn die Einkünfte und das Vermögen der Leistungsempfänger einen bestimmten Höchstbetrag nicht übersteigen.

Wichtig ist, dass nicht nur die amtlich anerkannten Verbände der freien Wohlfahrtspflege sowie deren Mitgliedsorganisationen und Untergliederungen wegen Förderung der Wohlfahrtspflege gemeinnützig sein können.

> Beispiel:
> Die Gemeinde G unterhält eine rechtlich unselbstständige, stationäre Pflegeeinrichtung. Sie ist nicht Mitglied in einem amtlich anerkannten Verband der freien Wohlfahrtspflege.
> G kann mit ihrem Betrieb gewerblicher Art »Pflegeeinrichtung« gemeinnützig sein.

Die Mitgliedschaft in einem amtlich anerkannten Verband der freien Wohlfahrtspflege ist aber bei der Umsatzsteuer von wesentlicher Bedeutung. Denn die Umsatzsteuerbefreiung von Leistungen im Bereich der Wohlfahrtspflege setzt die Mitgliedschaft in einem amtlich anerkannten Verband der freien Wohlfahrtspflege voraus (§ 4 Nr. 18 UStG). Die damit zusammenhängenden Fragen werden im 2. Hauptteil noch eingehend dargestellt.

Umsatzsteuer im Wohlfahrtswesen

Förderung des öffentlichen Gesundheitswesens

Der Förderung des öffentlichen Gesundheitswesens dienen vor allem
- die Bekämpfung von Seuchen und seuchenähnlichen Erkrankungen
- der Betrieb von Krankenhäusern
- die Bekämpfung von Drogenmissbrauch und Suchtgefahren
- die Unfallverhütung
- der Arbeitsschutz
- die Rettung aus Lebensgefahr
- die vorbeugende Gesundheitshilfe, vor allem medizinisch erforderliche Vorsorgeuntersuchungen und Erholungskuren.

Öffentliches Gesundheitswesen

An diesen Beispielen wird zunächst deutlich, dass zahlreiche Einzelmaßnahmen der Förderung des öffentlichen Gesundheitswesens dienen können. Der Kreis der in Betracht kommenden Maßnahmen ist also sehr weit gezogen.

Vor allem die Einführung der DRGs (diagnosis related groups) im Klinikbereich führt zunehmend zu einer Vernetzung sozialer Unternehmen. Dies hat auch zur Folge, dass sich klare Aufgaben- und Zweckabgrenzungen der einzelnen Träger immer weniger finden. Dazu das folgende

> **Beispiel:**
> Klinikträger K achtet im Hinblick auf die zurückgehenden, pauschalierten Leistungsentgelte darauf, dass die Patienten immer früher entlassen werden. Er muss aber gleichzeitig eine sachgerechte Anschlusspflege sicherstellen. Dazu kann er mit ambulanten und stationären Pflegeeinrichtungen kooperieren. Er kann seine Patienten aber auch in einer von ihm selbst betriebenen Einrichtung der Kurzzeitpflege unterbringen. Seine Tätigkeit fördert damit nicht nur das öffentliche Gesundheitswesen, sondern auch die Wohlfahrtspflege.

Umsatzsteuer im Gesundheitswesen

Auch im Bereich des öffentlichen Gesundheitswesens bestehen einige Umsatzsteuerbefreiungen, insbesondere für Klinikleistungen, auf die im 2. Hauptteil noch näher eingegangen wird.

> **Arbeitsaufgabe**
>
> 4. Zehn Unternehmen des Großkonzerns K beabsichtigen, einen Verein zu gründen, der einen Kindergarten betreiben soll, der nur den Mitarbeitern der Mitgliedsunternehmen offen steht.
>   Kann der Verein gemeinnützig sein?

2.2.2 Förderung mildtätiger Zwecke

Mildtätige Zwecke

Nach § 53 AO verfolgt eine Körperschaft

»mildtätige Zwecke, wenn ihre Tätigkeit darauf gerichtet ist, Personen selbstlos zu unterstützen, die

1. infolge ihres körperlichen, geistigen oder seelischen Zustandes auf die Hilfe anderer angewiesen sind oder

2. deren Bezüge nicht höher sind als das Vierfache des Regelsatzes der Sozialhilfe im Sinne des § 28 des Zwölften Buches Sozialgesetzbuch; beim Alleinstehenden oder Haushaltsvorstand tritt an die Stelle des Vierfachen das Fünffache des Regelsatzes. Dies gilt nicht für Personen, deren Vermögen zur nachhaltigen Verbesserung ihres Unterhalts ausreicht und denen zugemutet werden kann, es dafür zu verwenden.

Bei Personen, deren wirtschaftliche Lage aus besonderen Gründen zu einer Notlage geworden ist, dürfen die Bezüge oder das Vermögen die genannten Grenzen übersteigen.«

Daneben definiert das Gesetz, was Bezüge im Sinne des § 53 Nr. 2 AO sind.

Persönliche und wirtschaftliche Hilfsbedürftigkeit

Damit unterscheidet das Gesetz die persönliche Hilfsbedürftigkeit (§ 53 Nr. 1 AO) und die wirtschaftliche Hilfsbedürftigkeit (§ 53 Nr. 2 AO).

Persönlich hilfsbedürftig sind nach Auffassung der Finanzverwaltung Personen, die das 75. Lebensjahr vollendet haben (AEAO Nr. 4 zu § 53).

Bei der **wirtschaftlichen Hilfsbedürftigkeit** ist zu beachten, dass sich die steuerbegünstigte Körperschaft die wirtschaftliche Hilfsbedürftigkeit, vor allem durch entsprechende Nachweise über das Einkommen, belegen lassen muss (AEAO Nr. 9 zu § 53).

Um als mildtätig anerkannt zu werden, muss eine Körperschaft nicht zugleich persönlich *und* wirtschaftlich Hilfsbedürftige unterstützen. Dazu das folgende

> Beispiel:
> Ein Verein betreibt eine stationäre Pflegeeinrichtung. Es kann davon ausgegangen werden, dass alle Bewohner persönlich hilfsbedürftig sind. Es ist nicht erforderlich, dass sie auch die Einkommensgrenzen des § 53 Nr. 2 AO erfüllen. Steht aber beim Betrieb die Gewinnerzielungsabsicht im Vordergrund, so fehlt es an der Selbstlosigkeit der Zweckverfolgung, und der Verein kann deshalb nicht als steuerbegünstigt anerkannt werden (zur Selbstlosigkeit vgl. noch unten 2.3, S. 35).

Im Gegensatz zur Gemeinnützigkeit ist es bei den mildtätigen Zwecken nicht erforderlich, dass ein offener Personenkreis gefördert wird. So kann beispielsweise ein Verein als steuerbegünstigt anerkannt werden, der persönlich oder wirtschaftlich hilfsbedürftige Mitarbeiter eines Unternehmens unterstützen soll. Gründet allerdings das Unternehmen den Verein, um dadurch eigene – rechtliche oder moralische – Verpflichtungen zu erfüllen, so fehlt es wiederum an der Selbstlosigkeit.

Kein offener Personenkreis erforderlich

Die Anerkennung als mildtätig hat erhebliche Vorteile beim Spendenabzug (vgl. dazu noch unten 7.4, S. 133).

Arbeitsaufgabe

5.   Der wohlhabende Industrielle I hat eine weitläufige Verwandtschaft. Er will diese und auch künftige Generationen für den Fall der unverschuldeten Not absichern. Leistungen können nur dann erfolgen, wenn der Empfänger die Voraussetzungen des § 53 AO erfüllt und keine gesetzlichen Unterhaltsansprüche gegen I bestehen.
     Kann eine von I errichtete Stiftung als steuerbegünstigt anerkannt werden?

2.2.3   *Förderung kirchlicher Zwecke*

Nach § 54 AO verfolgt eine Körperschaft

Kirchliche Zwecke

»kirchliche Zwecke, wenn ihre Tätigkeit darauf gerichtet ist, eine Religionsgemeinschaft, die Körperschaft des öffentlichen Rechts ist, selbstlos zu fördern.«

Förderung einer Körperschaft des öffentlichen Rechts

Erste Voraussetzung für die Förderung kirchlicher Zwecke ist also, dass eine Religionsgemeinschaft unterstützt wird, die Körperschaft des öffentlichen Rechts ist.

Zwar unterhalten zahlreiche kirchliche Organisationen, die Körperschaften des öffentlichen Rechts sind, soziale Einrichtungen, die die Voraussetzungen eines Betriebs gewerblicher Art erfüllen. Hier seien beispielhaft nur die unmittelbar von einer Kirchengemeinde betriebenen ambulanten sozialen Dienste oder stationären Einrichtungen, vor allem im Bereich der Caritas und der Diakonie, genannt. Doch sind diese – sie erfüllen zugleich die Voraussetzungen für eine Einrichtung der Wohlfahrtspflege – nicht als kirchliche Einrichtungen, sondern wegen Förderung der Wohlfahrtspflege als steuerbegünstigt anerkannt. Denn mit der Förderung kirchlicher Zwecke ist die Förderung solcher Maßnahmen gemeint, die unmittelbar den Kernbereich der kirchlichen Betätigung bilden, wie z.B. den Bau und den Unterhalt von Kirchen und die Besoldung von Geistlichen.

2.2.4 Überschneidungen steuerbegünstigter Zwecke

Überschneidungen steuerbegünstigter Zwecke

Überschneidungen steuerbegünstigter Zwecke können sich ergeben

- zwischen den mildtätigen Zwecken und der Förderung des Wohlfahrtswesens. Denn eine Einrichtung der Wohlfahrtspflege liegt nach § 66 AO vor, wenn sie zu mindestens zwei Dritteln persönlich oder wirtschaftlich Hilfsbedürftige fördert.
- zwischen den mildtätigen Zwecken und der Förderung der Altenhilfe, wenn persönlich hilfsbedürftige, alte Menschen gefördert werden.

Die steuerbegünstigten Zwecke sind in Abbildung 5 im Rahmen eines Überblicks zusammengefasst.

Merksatz

> Man unterteilt die steuerbegünstigten Zwecke in die gemeinnützigen, mildtätigen und kirchlichen Zwecke.
>
> Die Förderung gemeinnütziger Zwecke setzt die Förderung eines offenen Personenkreises voraus.
>
> Eine Körperschaft kann auch dann als mildtätig anerkannt werden, wenn sie keinen offenen Personenkreis fördert.
>
> Die Förderung kirchlicher Zwecke setzt die Förderung einer Religionsgemeinschaft voraus, die Körperschaft des öffentlichen Rechts ist. Die karitativen Aufgaben der Kirchen werden aber nicht der Förderung kirchlicher Zwecke, sondern der Förderung des Wohlfahrtswesens und ggf. der Förderung mildtätiger Zwecke zugerechnet.

Abbildung 5

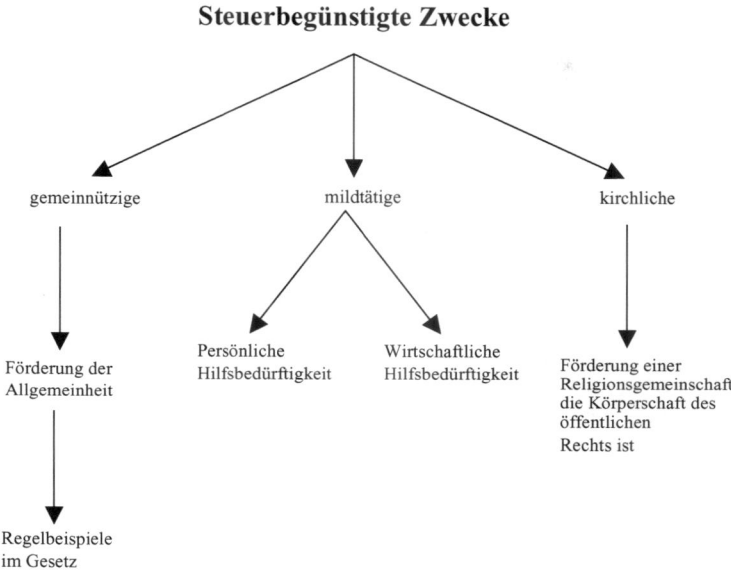

Steuerbegünstigte Zwecke

gemeinnützige · mildtätige · kirchliche

Förderung der Allgemeinheit

Persönliche Hilfsbedürftigkeit

Wirtschaftliche Hilfsbedürftigkeit

Förderung einer Religionsgemeinschaft, die Körperschaft des öffentlichen Rechts ist

Regelbeispiele im Gesetz

2.3   Selbstlosigkeit der Zweckerfüllung

Die Anerkennung als steuerbegünstigte Körperschaft ist – wie bereits oben ausgeführt – mit zahlreichen Vorteilen verbunden. Damit greift aber der Steuergesetzgeber zugleich grundsätzlich in den Wettbewerb zu nicht steuerbegünstigten Mitbewerbern ein, was einer Rechtfertigung bedarf. Die Rechtfertigung liegt dabei nicht nur im Bereich der verfolgten Zwecke. Denn auch eine private, mit Gewinnerzielung betriebene Pflegeeinrichtung pflegt persönlich hilfsbedürftige Menschen im Sinne des § 53 Nr. 1 AO. Im Vordergrund steht vielmehr die Tatsache, dass steuerbegünstigte Einrichtungen ihre Zwecke selbstlos verfolgen, d.h. dass ihrer Tätigkeit keine Gewinnerzielungsabsicht zugrunde liegt. Werden trotzdem Gewinne erzielt, so ist dies für die Anerkennung als steuerbegünstigte Körperschaft aber grundsätzlich unschädlich. Die Steuerbegünstigung wird dann dadurch erkauft, dass die erwirtschafteten Gewinne ihrerseits nicht an die Gesellschafter oder Mitglieder ausgeschüttet werden dürfen, sondern für steuerbegünstigte Zwecke verwendet werden müssen (sog. Grundsatz der Vermögensbindung, vgl. dazu noch unten 4., S. 72 ff.).

Rechtfertigung des Eingriffs in den Wettbewerb

Der Grundsatz der Selbstlosigkeit der Zweckerfüllung ist in § 55 AO geregelt. Dort heißt es:

Definition des Begriffs »Selbstlosigkeit«

»Eine Förderung oder Unterstützung geschieht selbstlos, wenn dadurch nicht in erster Linie eigenwirtschaftliche Zwecke – zum Beispiel gewerbliche Zwecke oder sonstige Erwerbszwecke – verfolgt werden.«

»Nicht in erster Linie eigenwirtschaftliche Zwecke«

Verfolgt eine steuerbegünstigte Körperschaft also *auch* eigenwirtschaftliche Zwecke, so schließt dies die Anerkennung als steuerbegünstigt nicht aus. Es entsteht dann ein sog. steuerpflichtiger wirtschaftlicher Geschäftsbetrieb, der besteuert wird. Dadurch wird eine Besserstellung von wirtschaftlichen Aktivitäten steuerbegünstigter Körperschaften gegenüber steuerpflichtigen Anbietern vermieden.

Dieser steuerpflichtige wirtschaftliche Geschäftsbetrieb darf aber der steuerbegünstigten Körperschaft nicht das Gepräge gegeben, d.h. er darf nicht überwiegen. Welche Kriterien im Rahmen dieser Prüfung maßgebend sind, ist allerdings nicht abschließend geklärt. Da die steuerbegünstigte Tätigkeit im Hinblick auf ihre Gewichtung nicht unbedingt von entsprechenden Einnahmen und Ausgaben abhängig ist – insoweit spielt auch die ehrenamtliche Tätigkeit eine bedeutende Rolle – wird überwiegend auf den Personaleinsatz abgestellt, in den auch die ehrenamtliche Tätigkeit einbezogen wird.

Arbeitsaufgabe

6. Ein Fußballclub hat neben der Profiabteilung, die über einen erheblichen Etat verfügt, zahlreiche Amateurabteilungen, in denen der Breitensport gefördert wird. Zahlreiche Übungsleiter betreuen Jugendliche, Erwachsene und Senioren in den verschiedenen Sportarten. Der Etat des Profibereichs beträgt ein Vielfaches des Etats des Amateurbereichs. Dafür werden im Amateurbereich – unter Einbeziehung der Arbeit der Ehrenamtlichen – wesentlich mehr Arbeitsstunden abgeleistet.
   Kann der Fußballclub mit seinen ehrenamtlichen Tätigkeiten gemeinnützig sein?

Voraussetzungen für selbstloses Handeln

In einem Katalog werden die einzelnen Voraussetzungen näher konkretisiert, die im Hinblick auf die Selbstlosigkeit erfüllt sein müssen:

Mittelverwendung für eigene Satzungszwecke

- Die Mittel der steuerbegünstigten Körperschaft dürfen nur für ihre satzungsmäßigen Zwecke verwendet werden (§ 55 Abs. 1 Nr. 1 AO). Dies schließt es auch grundsätzlich aus, dass die Mittel für andere steuerbegünstigte Zwecke verwendet werden. Insoweit enthält aber § 58 AO

Überlassung von Mitteln, Arbeitskräften, Räumen

Ausnahmen: Danach ist es für die Anerkennung der Steuerbegünstigung unschädlich, wenn eine steuerbegünstigte Körperschaft ihre Mittel teilweise – nach Auffassung der Finanzverwaltung nicht überwiegend – an eine andere steuerbegünstigte Körperschaft oder eine Körperschaft des öffentlichen Rechts weitergibt, Arbeitskräfte anderen Personen, Unternehmen oder Einrichtungen für steuerbegünstigte

Zwecke zur Verfügung stellt (§ 58 Nr. 3 AO) oder Räume einer anderen steuerbegünstigten Körperschaft für steuerbegünstigte Zwecke zur Nutzung überlässt (§ 58 Nr. 4 AO).

Davon zu trennen ist allerdings die Frage, welche Konsequenzen sich aus einer entgeltlichen Personalgestellung oder Raumüberlassung ergeben. Darauf wird unten (vgl. Abschnitt 3., S. 47 ff.) im Zusammenhang mit den vier steuerlichen Sphären einer steuerbegünstigten Körperschaft noch näher eingegangen.

Entgeltliche Hilfestellungen

Ferner ist zu beachten, dass die genannten Aktivitäten keine steuerbegünstigte Tätigkeit begründen, sondern im Hinblick auf den Grundsatz der Vermögensbindung für steuerbegünstigte Zwecke lediglich geduldet werden.

Eine Ausnahme bildet insoweit § 58 Nr. 1 AO für sog. Mittelbeschaffungskörperschaften (v.a. Spendensammelvereine). Diese müssen keine weiteren steuerbegünstigten Zwecke verfolgen (vgl. unten 2.5.2, S. 44).

- Mitglieder oder Gesellschafter dürfen keine Gewinnanteile und in ihrer Eigenschaft als Mitglieder oder Gesellschafter auch keine sonstigen Zuwendungen aus den Mitteln der Gesellschaft erhalten (§ 55 Abs. 1 Nr. 1 AO). Zulässig sind allerdings – sofern dies nicht durch die Satzung ausdrücklich ausgeschlossen ist – angemessene Vergütungen für Leistungen, die z.B. ein Mitglied erbringt. Dies führt in der Praxis häufig zu der Frage, wann z.B. eine an einen Geschäftsführer oder Vorstand zu bezahlende Vergütung noch angemessen ist. Bei hauptamtlich Tätigen ist insoweit ein Vergleich zu anderen steuerbegünstigten Einrichtungen und vergleichbar qualifizierten, in der Wirtschaft tätigen Personen zu ziehen.

Keine Begünstigung von Mitgliedern/ Gesellschaftern

Zulässig sind außerdem – vor allem zur Mitgliederpflege – angemessene Aufmerksamkeiten, die sich nach der Praxis der Finanzverwaltung an den lohnsteuerlich zulässigen Beträgen orientieren sollen. Dabei kommen insbesondere persönliche Anlässe wie z.B. ein runder Geburtstag eines Mitglieds, eine Hochzeit oder die Geburt eines Kindes, aber auch besondere Vereinsanlässe, wie z.B. ein Vereinsjubiläum, in Betracht.

Aufwendungen zur Mitgliederpflege

- Die Mitglieder oder Gesellschafter dürfen bei ihrem Ausscheiden, bei Auflösung oder Aufhebung der Körperschaft nicht mehr erhalten als ihre eingezahlten Kapitalanteile und den gemeinen Wert der von ihnen geleisteten Sacheinlagen (§ 55 Abs. 1 Nr. 2 AO). Nach der überwiegend in der Literatur und von der Finanzverwaltung vertretenen Meinung gilt dies nur für Kapitalgesellschaften, also gemeinnützige GmbHs und Aktiengesellschaften, unmittelbar. Nach § 55 Abs. 3 AO gelten diese Grundsätze für Stiftungen und Betriebe gewerblicher Art entsprechend, nicht aber für Vereine. Denn bei Vereinen gebe es keine Anteile, d.h. es fehle am einbezahlten »Kapitalanteil«, und das Gesetz

Vermögensbindung bei Auflösung der Körperschaft

sehe – im Gegensatz zur Behandlung von Stiftungen und Betrieben gewerblicher Art von juristischen Personen des öffentlichen Rechts – keine entsprechende Anwendung dieser Grundsätze vor.

Bindung der Wertsteigerungen für steuerbegünstigte Zwecke

Sofern der Zuwendende den Gegenstand von der steuerbegünstigten Körperschaft nach den vorstehenden Grundsätzen wieder zurück erhalten kann, ist aber zu beachten, dass Wertsteigerungen den steuerbegünstigten Zwecken zugute kommen müssen.

Beispiel:
Gesellschafter G hat der G-GmbH, einer gemeinnützigen GmbH, deren Alleingesellschafter er ist, 1958 ein Grundstück zugewandt, auf dem die G-GmbH einen Kinderspielplatz betreiben sollte. Es war damals baurechtlich als Ackerland ausgewiesen und hatte einen Verkehrswert von umgerechnet € 1.000,–.

Zwischenzeitlich wurde das Grundstück als Bauland ausgewiesen. Es hat jetzt einen Verkehrswert von € 80.000,–. Da die G-GmbH ihre Fördertätigkeit dahingehend geändert hat, dass hilfsbedürftige Kinder im Ausland unterstützt werden sollen und sich das Grundstück als Baugrundstück für eine Villa eignet, beabsichtigt die G-GmbH, das Grundstück zu verkaufen. G fragt an, welchen Betrag er vom Kaufpreis erhalten kann. Er habe auf die Rückgewähr des Gegenwerts für das Grundstück ausdrücklich nicht verzichtet und auch den Spendenabzug nicht in Anspruch genommen.
Da die Wertsteigerung steuerbegünstigten Zwecken zugute kommen muss, hat G zwei Möglichkeiten: Entweder lässt er das Grundstück auf sich zurück übertragen und erstattet der G-GmbH den Betrag von € 79.000,– (Differenz zwischen dem heutigen Verkehrswert und dem Verkehrswert im Zeitpunkt der Übertragung auf die G-GmbH). Oder er lässt sich den Betrag von € 1.000,– von der G-GmbH erstatten. Die Differenz von € 79.000,– unterliegt in jedem Falle der Vermögensbindung für steuerbegünstigte Zwecke.

Vermögensbindung erfasst nur Gegenstände, die übereignet wurden

Von der Vermögensbindung für steuerbegünstigte Zwecke werden allerdings nur solche Gegenstände erfasst, deren Eigentum auf die steuerbegünstigte Körperschaft übertragen wurde. Es reicht also nicht aus, dass der steuerbegünstigten Körperschaft der entsprechende Gegenstand nur leihweise zur Verfügung gestellt wird.

Der Grundsatz der Vermögensbindung schließt allerdings nur Zuwendungen aus dem Vermögen der steuerbegünstigten Körperschaft aus. Es verstößt deshalb nicht gegen den Grundsatz der Vermögensbindung, wenn der Gesellschafter die Geschäftsanteile an einer gemeinnützigen GmbH verkauft. Dann stellt sich für den Erwerber allerdings die Frage, welchen Wert die Geschäftsanteile im Hinblick auf die Gemeinnützigkeit der GmbH haben.

Vermögensbindung bei Wegfall steuerbegünstigter Zwecke

• Das Vermögen einer steuerbegünstigten Körperschaft ist auch dann für steuerbegünstigte Zwecke zu verwenden, wenn die steuerbegünstigte Körperschaft nicht mehr ihre bisherigen Zwecke verfolgt (§ 55 Abs. 1 Nr. 4 AO). Nach Auffassung der Finanzverwaltung ist es allerdings unschädlich, wenn eine steuerbegünstigte Körperschaft anstelle ihrer bisherigen steuerbegünstigten Zwecke andere steuerbegünstigte

Zwecke verfolgt (Mustersatzung der Finanzverwaltung, Anlage 1 zu
§ 60 AEAO, abgedruckt in Anhang 2).

> Beispiel:
> Verein V hat als Vereinszweck die Förderung der Jugendhilfe. Angesichts der
> demographischen Entwicklung der Bevölkerung wird sein Zweck dahingehend
> geändert, dass V künftig die Altenhilfe fördert.
> Nach dem Wortlaut von § 55 Abs. 1 Nr. 4 AO wäre der Verein streng genommen
> aufzulösen und sein Vermögen für steuerbegünstigte Zwecke zu verwenden.
> Denn die »bisherigen« steuerbegünstigten Zwecke des Vereins sind entfallen.
> Darauf verzichtet aber die Finanzverwaltung, weil die Bindung des Vermögens
> für steuerbegünstigte Zwecke – nämlich die Förderung der Altenhilfe – erhalten
> bleibt.

Einen Sonderfall der Selbstlosigkeit betraf dagegen das sog. Betriebsärz-
tezentrums-Urteil (BFH Urt. v. 26. 4. 1989 BStBl. II 1989 S. 670). Im
Urteilsfall wurde das Ärztezentrum ausschließlich durch Darlehen der
Vereinsmitglieder finanziert, die die Darlehen nach der Satzung zu gewähren hatten. Die Vereinsmitglieder hatten keine Mitgliedsbeiträge zu
leisten. Nach Auffassung des BFH verstieß dies gegen den Grundsatz der
Selbstlosigkeit. Denn die Verzinsung und Rückzahlung der Darlehen war
nach Meinung des Gerichts nur dadurch möglich, dass der Verein entsprechende Überschüsse erwirtschaftete. Die Finanzverwaltung folgt dieser
Auffassung des Gerichts dann, wenn sich ein steuerbegünstigter Verein
ausschließlich durch Mitgliederdarlehen finanziert.

Schädliche Darlehensfinanzierung durch Mitglieder

> Der Grundsatz der Selbstlosigkeit verlangt zunächst, dass die steuerbe-
> günstigte Körperschaft nicht in erster Linie eigenwirtschaftliche Zwecke
> verfolgt. Die untergeordnete Verfolgung eigenwirtschaftlicher Zwecke
> führt zum Entstehen eines steuerpflichtigen wirtschaftlichen Geschäfts-
> betriebs.
>
> Ob in erster Linie eigenwirtschaftliche Zwecke verfolgt werden, ist da-
> von abhängig, ob die eigenwirtschaftlichen Zwecke der steuerpflichti-
> gen Körperschaft das Gepräge geben. Dafür können verschiedene Krite-
> rien herangezogen werden. Häufig wird auf den Umfang des Personal-
> einsatzes abgestellt, wobei die ehrenamtliche Tätigkeit mit einzubezie-
> hen ist.
>
> Teil des Grundsatzes der Selbstlosigkeit ist auch die Vermögensbindung
> für steuerbegünstigte Zwecke. Dies schließt die Verwendung von Mit-
> teln für nicht steuerbegünstigte Zwecke aus. Von wesentlicher Bedeu-
> tung ist die Vermögensbindung vor allem für Mittelzuwendungen an
> Mitglieder und Organmitglieder sowie für Mittelzuwendungen an
> Dritte. Die Vermögensbindung muss auch für den Fall der Auflösung
> der steuerbegünstigten Körperschaft sowie dann gewährleistet sein,
> wenn die Körperschaft keine steuerbegünstigten Zwecke mehr verwirk-
> licht. Die Einzelheiten werden unten 4., S. 72 noch näher dargestellt.

Merksätze

2.4   Ausschließlichkeit der Erfüllung steuerbegünstigter Zwecke

Ausschließlichkeit   Steuerbegünstigte Körperschaften müssen auch ausschließlich ihre steuerbegünstigten Zwecke verfolgen. Was dies bedeutet, sagt § 56 AO:

»Ausschließlichkeit liegt vor, wenn eine steuerbegünstigte Körperschaft nur ihre steuerbegünstigten satzungsmäßigen Zwecke verfolgt.«

Ausnahmen   Das Gesetz kennt allerdings verschiedene Ausnahmen von diesem Grundsatz:

- Verfolgt eine steuerbegünstigte Körperschaft in untergeordnetem Umfang eigenwirtschaftliche Zwecke, so schließt dies die Anerkennung der Gemeinnützigkeit nicht aus. Dann liegt ein **steuerpflichtiger wirtschaftlicher Geschäftsbetrieb** vor, der besteuert wird (zugleich Ausnahme vom Grundsatz der Selbstlosigkeit).

> Beispiel:
> Wohlfahrtsverband W unterhält eine stationäre Pflegeeinrichtung. Zur Versorgung von Besuchern unterhält sie eine Cafeteria, die auch Passanten offen steht.

- Es ist gemeinnützigkeitsrechtlich unschädlich, wenn eine steuerbegünstigte Körperschaft – z.B. neben der unmittelbaren Verwirklichung steuerbegünstigter Zwecke – **Mittel für** eine **andere steuerbegünstigte Körperschaft beschafft** (§ 58 Nr. 1 AO). Dies muss dann allerdings in der Satzung verankert sein.

- Die **teilweise Weiterleitung von Mitteln** an eine andere steuerbegünstigte Körperschaft ist nach § 58 Nr. 2 AO zulässig.

- Nach § 58 Nr. 3 AO darf eine steuerbegünstigte Körperschaft **Arbeitskräfte** anderen Personen, Unternehmen oder Einrichtungen zu steuerbegünstigten Zwecken **überlassen.**

- Es ist nach § 58 Nr. 4 AO für die Anerkennung als steuerbegünstigte Körperschaft unschädlich, wenn eine Körperschaft ihr gehörende **Räume** einer anderen steuerbegünstigten Körperschaft für steuerbegünstigte Zwecke **zur Nutzung überlässt.**

- Stiftungen dürfen nach § 58 Nr. 5 AO einen Teil ihres Einkommens, jedoch höchstens ein Drittel, zum **angemessenen Unterhalt des Stifters** und seiner nahen Angehörigen verwenden. Entsprechendes gilt für die Grabpflege und die Ehrung des Andenkens an den gleichen Personenkreis.

- Die **Veranstaltung geselliger Zusammenkünfte** ist nach § 58 Nr. 8 AO dann gemeinnützigkeitsunschädlich, wenn diese von untergeordneter Bedeutung sind. Dadurch soll es steuerbegünstigten Körperschaften ermöglicht werden, den Kontakt zu ihren Mitgliedern, aber auch Dauerspendern, zu pflegen. Dies bedeutet aber nicht, dass die

Durchführung geselliger Zusammenkünfte steuerbegünstigter Satzungszweck ist. Vielmehr wird ihre Durchführung gemeinnützigkeitsrechtlich lediglich geduldet. Etwas anderes gilt aber für den Bereich der Altenhilfe (vgl. dazu bereits oben 2.2.1, S. 29). Entsprechendes gilt auch für die Jugendhilfe. Dort kann die Durchführung entsprechender Veranstaltungen dem Satzungszweck dienen. Denn mit solchen Veranstaltungen wird der Vereinsamung älterer Menschen vorgebeugt bzw. die Jugendhilfe gefördert.

Zwar ist die Durchführung geselliger Zusammenkünfte zur Mitgliederpflege grundsätzlich gemeinnützigkeitsunschädlich. Davon zu trennen ist aber die Frage, wie einzelne Aspekte im Zusammenhang mit der Durchführung geselliger Veranstaltungen zu beurteilen sind. Von besonderer Bedeutung sind die folgenden

---

Beispiele:
Es erfolgt bei einer Veranstaltung, die nicht der Förderung der Alten- oder Jugendhilfe dient, eine Bewirtung gegen Entgelt.
Da gesellige Veranstaltungen gemeinnützigkeitsrechtlich lediglich geduldet werden und – abgesehen von den vorgestellten Sonderfällen im Bereich der Alten- und Jugendhilfe – nicht unmittelbar steuerbegünstigte Zwecke fördern, liegt ein steuerpflichtiger wirtschaftlicher Geschäftsbetrieb vor, der besteuert wird (vgl. dazu noch im Einzelnen im Zusammenhang mit den vier Sphären unten 3.4, S. 61).
Bei der Veranstaltung werden den Mitgliedern Vergünstigungen gewährt (z.B. Verzehrgutscheine). Dies ist nach Auffassung der Finanzverwaltung zulässig, soweit es sich nur um Aufmerksamkeiten im lohnsteuerlichen Sinne handelt (vgl. dazu auch oben im Zusammenhang mit der Selbstlosigkeit).
Die Veranstaltung wird gegen Entgelt durchgeführt. Es entsteht ein Verlust. Dieser ist grundsätzlich gemeinnützigkeitsschädlich.

Der Grundsatz der Ausschließlichkeit verlangt, dass eine steuerbegünstigte Körperschaft nur steuerbegünstigte Zwecke verfolgt. Danach

• kann zwar eine steuerbegünstigte Körperschaft *mehrere steuerbegünstigte Zwecke*, wie z.B. verschiedene gemeinnützige Zwecke oder mildtätige und gemeinnützige Zwecke verfolgen. Diese Zwecke müssen aber alle in der Satzung verankert sein. Wichtig ist jedoch eine buchhalterische Trennung bzw. Zuordnung von Einnahmen und Ausgaben zu den verschiedenen Zwecken dann, wenn Spenden verwendet werden. Denn die steuerbegünstigte Körperschaft muss ggf. nachweisen können, dass sie eine Spende, die sie für mildtätige Zwecke erhalten hat, auch für mildtätige Zwecke verwendet hat. Kann sie dies nicht und hat sie eine Zuwendungsbestätigung für eine Spende zu mildtätigen Zwecken ausgestellt, so haftet sie für die nicht zweckentsprechende Mittelverwendung nach § 10 b EStG.

• darf eine steuerbegünstigte Körperschaft *nur* solche *Zwecke* verfolgen, *die in* der *Satzung enthalten* sind.

Merksätze

Der Grundsatz der Ausschließlichkeit verlangt, dass eine steuerbegünstigte Körperschaft nur ihre steuerbegünstigten Zwecke verfolgt. Von diesem Grundsatz gibt es jedoch

Ausnahmen:

Die untergeordnete Verfolgung eigenwirtschaftlicher Zwecke schließt die Anerkennung als gemeinnützig nicht aus.

Körperschaften, die für andere Körperschaften nach ihrer Satzung nur Mittel für steuerbegünstigte Zwecke beschaffen, können ebenfalls als steuerbegünstigt anerkannt werden. Ist der Empfänger eine Körperschaft des privaten Rechts mit Sitz im Inland, muss der Empfänger ebenfalls als steuerbegünstigte Körperschaft anerkannt sein.

Es ist gemeinnützigkeitsunschädlich, wenn eine steuerbegünstigte Körperschaft ihre Mittel teilweise – nach Auffassung der Finanzverwaltung nicht überwiegend – einer anderen steuerbegünstigten Körperschaft zuwendet.

Eine steuerbegünstigte Körperschaft darf auch einer anderen steuerbegünstigten Körperschaft Arbeitskräfte oder Räume für steuerbegünstigte Zwecke überlassen.

Bei Stiftungen ist es für die Anerkennung der Steuerbegünstigung unschädlich, wenn sie einen Teil ihres Einkommens, jedoch höchstens ein Drittel, zum angemessenen Unterhalt des Stifters und seiner nahen Angehörigen verwenden. Dies gilt auch für die Ehrung des Andenkens und die Grabpflege.

Die Veranstaltung geselliger Zusammenkünfte ist gemeinnützigkeitsunschädlich, wenn diese von untergeordneter Bedeutung sind. Es ist jedoch im Einzelfall zu prüfen, ob damit ein steuerpflichtiger wirtschaftlicher Geschäftsbetrieb verbunden ist.

2.5   Unmittelbarkeit der Erfüllung steuerbegünstigter Zwecke

2.5.1   *Unmittelbares Tätigwerden und Hilfsperson*

Unmittelbarkeit

Der Grundsatz der Unmittelbarkeit ist in § 57 AO geregelt. Danach ist es erforderlich, dass die steuerbegünstigte Körperschaft ihre Zwecke selbst verwirklicht. Das setzt aber nicht voraus, dass eine steuerbegünstigte Körperschaft dies z.B. mit eigenem Personal tut.

Beispiel:
Das DRK sammelt Spenden für Notunterkünfte im Katastrophengebiet. Die Notunterkünfte werden im Bestimmungsgebiet von der dortigen Rotkreuz- oder Rothalbmondorganisation aufgebaut.
Eine steuerbegünstigte Körperschaft hat die Förderung der Entwicklungshilfe zum Satzungszweck. Sie beabsichtigt, in der Dritten Welt Brunnen zu bohren. Mit der Durchführung wird ein örtliches Unternehmen beauftragt.

Gemeinnützigkeitsrechtlich zulässig ist es, dass sich die steuerbegünstigte Körperschaft einer sog. Hilfsperson bedient (§ 57 Abs. 1 Satz 2 AO). Das setzt aber voraus, dass derjenige, der als Hilfsperson tätig werden soll, von den Weisungen der steuerbegünstigten Körperschaft abhängig ist. Er muss gewissermaßen zum verlängerten Arm der steuerbegünstigten Körperschaft werden. Die Finanzverwaltung nimmt dann ein entsprechendes Verhältnis an, wenn der Dritte beispielsweise durch einen Geschäftsbesorgungsvertrag, einen Dienst- oder Werkvertrag verpflichtet ist, bestimmte Aufgaben einer steuerbegünstigten Körperschaft nach deren Weisung durchzuführen (AEAO Nr. 2 zu § 57). Diese Voraussetzungen sind aber auch dann erfüllt, wenn bei der steuerbegünstigten Körperschaft auf der Grundlage einer konkreten Projektbeschreibung Mittel für ein Projekt beantragt werden, die steuerbegünstigte Körperschaft die Mittel bewilligt und sie sich die korrekte Mittelverwendung nachweisen lässt.

Einschaltung einer Hilfsperson

Arbeitsaufgabe

7.   Eine gemeinnützige GmbH, die eine Werkstätte für behinderte Menschen betreibt, beantragt bei einer Stiftung einen Zuschuss für eine bestimmte Maschine. Der Zuschuss wird bewilligt. Die Stiftung lässt sich die korrekte Mittelverwendung durch Vorlage einer Rechnung nachweisen.
Wird die gemeinnützige GmbH zur Hilfsperson der Stiftung?

Eine besondere Problematik stellt sich allerdings dann, wenn die Hilfsperson ihrerseits eine steuerbegünstigte Körperschaft ist: Verfolgt sie dann nur die steuerbegünstigten Zwecke ihres Auftraggebers oder auch zugleich eigene steuerbegünstigte Zwecke? Die Finanzverwaltung vertritt zwischenzeitlich die Auffassung, dass die Hilfsperson mit ihrer Tätigkeit für den Auftraggeber keine eigenen steuerbegünstigten Zwecke verwirklicht (AEAO Nr. 2 letzter Satz zu § 57 AO). Mit anderen Worten: Die Hilfsperson kann nur dann steuerbegünstigt sein, wenn sie außerdem eigene steuerbegünstigte Zwecke verfolgt. Wird sie entgeltlich für den Auftraggeber tätig, so entsteht sogar ein steuerpflichtiger wirtschaftlicher Geschäftsbetrieb. Auf die Einzelheiten wird noch im Zusammenhang mit den vier Sphären einer steuerbegünstigten Körperschaft näher eingegangen.

Steuerbegünstigte Körperschaften als Hilfsperson

Beispiel:
Stiftung S hat bis zum Jahre 2000 mehrere Pflegeeinrichtungen betrieben. Im Rahmen einer Neugestaltung hat sich der Vorstand entschlossen, für jede einzelne Pflegeeinrichtung eine gemeinnützige GmbH zu errichten. Geschäftsführer sind der jeweilige Einrichtungsleiter und ein Vorstandsmitglied von S. S ist Alleingesellschafterin aller gGmbHs. Durch die personelle Verflechtung und die enge Führung der gGmbHs durch S liegen die Voraussetzungen einer umsatzsteuerlichen Organschaft vor (vgl. dazu noch unten 2. Hauptteil, 1.3, S. 148).

> Bisher wurde S, die keine eigenen gemeinnützigen Tätigkeiten mehr unterhält, die Tätigkeit der gGmbHs gemeinnützigkeitsrechtlich zugerechnet. Ab 2004 ist dies im Hinblick auf die Neufassung des Anwendungserlasses zur AO nicht mehr möglich. Übernimmt S keine eigene gemeinnützige Tätigkeit und werden die gGmbHs weiterhin als Hilfsperson für S tätig, so verlieren die Tochtergesellschaften ihre Steuerbegünstigung. Denn sie verfolgen dann nach Auffassung der Finanzverwaltung nicht mehr eigene steuerbegünstigte Zwecke.

2.5.2 Generelle Ausnahmen vom Grundsatz der Unmittelbarkeit

Dachverbände

Die erste Ausnahme vom Grundsatz der Unmittelbarkeit enthält ebenfalls § 57 Abs. 2 AO. Danach wird eine Dachorganisation, in der ausschließlich steuerbegünstigte Körperschaften zusammengeschlossen sind, einer Körperschaft, die selbst steuerbegünstigte Zwecke verfolgt, gleichgestellt.

Das bedeutet zunächst, dass alle Mitglieder der Dachorganisation steuerbegünstigt sein müssen. Verliert auch nur ein einziges Mitglied seine Anerkennung als steuerbegünstigte Körperschaft, so wird auch die Dachorganisation steuerpflichtig. Dies kann vor allem dann gravierende Folgen haben, wenn eine andere steuerbegünstigte Körperschaft der Dachorganisation gemeinnützigkeitsrechtlich gebundene Mittel zugewendet hat.

Diese Problematik kann dadurch gelöst werden, dass

- die Dachorganisation ihrerseits unmittelbar steuerbegünstigte Zwecke verfolgt. Dann ist sie nicht mehr von dem Privileg des § 57 Abs. 2 AO abhängig.
- in der Satzung der Dachorganisation vorgesehen wird, dass ein Mitglied, das seine Anerkennung als steuerbegünstigte Körperschaft verliert, automatisch aus der Dachorganisation ausscheidet.

Mittelbeschaffungskörperschaften, Spendensammelvereine

Eine weitere generelle Ausnahme vom Grundsatz der Unmittelbarkeit enthält ferner § 58 Nr. 1 AO. Danach müssen sog. Mittelbeschaffungskörperschaften – häufig Spendensammelvereine – überhaupt keine eigenen steuerbegünstigte Zwecke verfolgen. Bei ihnen reicht es aus, das sie Mittel für die Verwirklichung der steuerbegünstigten Zwecke einer anderen Körperschaft oder einer Körperschaft des öffentlichen Rechts beschaffen. Hat der Empfänger seinen Sitz im Inland und ist er eine Körperschaft des privaten Rechts, so muss er selbst als steuerbegünstigte Körperschaft anerkannt sein. Gemeinnützigkeitsrechtlich unschädlich ist es allerdings, wenn der Empfänger ein steuerpflichtiger Betrieb gewerblicher Art einer juristischen Person des öffentlichen Rechts ist, sofern er die zugewendeten Mittel für steuerbegünstigte Zwecke verwendet. Dies wurde durch eine entsprechende Ergänzung von § 58 Nr. 1 AO im Juli 2004 klargestellt. Die Anerkennung des Empfängers als steuerbegünstigte Körperschaft muss sich die Mittelbeschaffungskörperschaft durch Vorlage eines Freistellungsbescheids nachweisen lassen.

Die Beschaffung von Mitteln für eine andere Körperschaft muss allerdings satzungsmäßiger Zweck der Mittelbeschaffungskörperschaft sein.

Beispiel:
Die Zahl der Mitglieder des operativ tätigen Diakonievereins soll auf 20 begrenzt sein. Um auch einen größeren Personenkreis für eine laufende Förderung zu gewinnen, wird ein Förderverein für den Diakonieverein gegründet. Mitglied im Förderverein kann jedermann werden.
Eine Kirchengemeinde betreibt selbst eine Sozialstation. Diese erfüllt die Voraussetzungen für einen Betrieb gewerblicher Art. Da dieser eine Satzung hat, die die gemeinnützigkeitsrechtlichen Anforderungen erfüllt, ist der Betrieb gewerblicher Art auch als steuerbegünstigt anerkannt. Um die Arbeit der Sozialstation zu fördern, gründen engagierte Gemeindeglieder einen Förderverein für die Sozialstation. Nach der im Juli 2004 erfolgten Ergänzung von § 58 Nr. 1 AO wäre die Mittelbeschaffung für die Sozialstation auch dann zulässig, wenn sie keine Satzung hätte, die die gemeinnützigkeitsrechtlichen Anforderungen erfüllt.
Das Bayerische Rote Kreuz, Körperschaft des öffentlichen Rechts, unterstützt Obdachlose. Diese sind persönlich hilfsbedürftig i.S.d. § 53 AO. Es wird ein Förderverein gegründet, der für das Bayerische Rote Kreuz Mittel beschafft, die in der Hilfe für Obdachlose eingesetzt werden sollen.

2.5.3 Einzelausnahmen

Weitere Ausnahmen vom Grundsatz der Unmittelbarkeit sind die Regelungen in

Weitere Einzelausnahmen

- § 58 Nr. 2 AO: teilweise – nicht überwiegende – Mittelweiterleitung an eine andere steuerbegünstigte Körperschaft
- § 58 Nr. 3 AO: Überlassung von Arbeitskräften für steuerbegünstigte Zwecke
- § 58 Nr. 4 AO: Überlassung von Räumen für steuerbegünstigte Zwecke.

In den genannten Fällen ist aber darauf zu achten, dass sich die Tätigkeit der steuerbegünstigten Körperschaft nicht in der Mittelweiterleitung, der Überlassung von Arbeitskräften und/oder Räumen erschöpfen darf.

Merksätze

Der Grundsatz der Unmittelbarkeit verlangt, dass die steuerbegünstigte Körperschaft ihre steuerbegünstigten Zwecke selbst verfolgt. Dazu kann sie auch eine Hilfsperson einschalten, die von ihr weisungsabhängig sein muss. Vom Grundsatz der Unmittelbarkeit gibt es folgende

Ausnahmen:

Wenn alle Mitglieder einer Dachorganisation steuerbegünstigte Körperschaften sind, muss die Dachorganisation nicht unmittelbar steuerbegünstigte Zwecke verfolgen.

Mittelbeschaffungskörperschaften – Körperschaften, die satzungsmäßig nur Mittel für andere Körperschaften zu steuerbegünstigten Zwecken beschaffen – müssen ebenfalls nicht unmittelbar steuerbegünstigte Zwecke verwirklichen. Handelt es sich beim Mittelempfänger um eine Körperschaft des privaten Rechts im Inland, so muss sie ebenfalls als steuerbegünstigte Körperschaft anerkannt sein.

Weitere Ausnahmen vom Grundsatz der Unmittelbarkeit finden sich in § 58 Nr. 2 AO (teilweise Weiterleitung von Mitteln an eine andere steuerbegünstigte Körperschaft), in § 58 Nr. 3 AO (Überlassung von Arbeitskräften für steuerbegünstigte Zwecke) und § 58 Nr. 4 AO (Überlassung von Räumen für steuerbegünstigte Zwecke). Die Überlassung von Arbeitskräften und von Räumen darf aber nicht alleiniger Zweck der steuerbegünstigten Körperschaft sein.

3. Die vier steuerlichen Sphären einer steuerbegünstigten Körperschaft

Die Betätigung einer steuerbegünstigten Körperschaft kann sehr vielgestaltig sein: Sie kann von der Mittelverwendung im Rahmen der Katastrophenhilfe über die gewinnbringende Anlage des Stiftungsvermögens in Wertpapieren oder Grundstücken bis hin zum Betrieb einer Klinik reichen. Neben der satzungsmäßigen steuerbegünstigten Tätigkeit der Körperschaft ist aber auch der Wettbewerb zu gewerblichen Unternehmen zu beachten. Betreibt eine steuerbegünstigte Körperschaft beispielsweise in ihrer Pflegeeinrichtung eine Cafeteria, die der Allgemeinheit offen steht, tritt sie in Wettbewerb zur umliegenden Gastronomie. *Vier Sphären*

Um diese Vielseitigkeit der Betätigung steuerlich korrekt erfassen zu können, wurde die Lehre von den vier steuerlichen Sphären einer steuerbegünstigten Körperschaft entwickelt:

- Den Kernbereich der Betätigung steuerbegünstigter Körperschaften bildet der sog. **ideelle Bereich**. Dieser ist dadurch gekennzeichnet, dass die steuerbegünstigte Körperschaft ihre Mittel ausgibt, um ihre satzungsmäßigen Zwecke zu verfolgen. Sie erbringt nicht eine Leistung an einen Dritten, die dieser bezahlt.
- Im Bereich der **Vermögensverwaltung** nutzt die steuerbegünstigte Körperschaft ihr Vermögen. Sie erzielt dabei Einnahmen, die sie wiederum für steuerbegünstigte Zwecke einsetzt.
- Erbringt eine steuerbegünstigte Körperschaft gegen Entgelt im Rahmen ihres Satzungszwecks Leistungen an einen Dritten, die dieser bezahlt, betreibt sie also beispielsweise eine Pflegeeinrichtung, so liegt ein **steuerbegünstigter Zweckbetrieb** vor.
- Sofern eine steuerbegünstigte Körperschaft gegen Entgelt Leistungen erbringt, die weder dem ideellen Bereich, der Vermögensverwaltung noch einem steuerbegünstigten Zweckbetrieb zuzuordnen sind, liegt ein **steuerpflichtiger wirtschaftlicher Geschäftsbetrieb** vor.

Um die steuerliche Behandlung der Aktivitäten der steuerbegünstigten Körperschaft im Einzelfall korrekt erfassen zu können, empfiehlt es sich, die oben verwendete Prüfungsfolge einzuhalten.

Die vier Sphären und die einzuhaltende Prüfungsfolge sind in der nachfolgenden Abbildung 6 näher dargestellt (vgl. S. 48).

3.1 Der ideelle Bereich

Wie bereits ausgeführt, ist der ideelle Bereich dadurch gekennzeichnet, dass die steuerbegünstigte Körperschaft gewissermaßen unentgeltliche Leistungen erbringt. Dazu die folgenden *Definition*

> Beispiele:
> Das DRK liefert Bekleidung in ein Katastrophengebiet.
> Der Caritasverband gibt an Obdachlose unentgeltlich Speisen und Getränke aus.
> Ein Diakonieverein führt eine unentgeltliche Fortbildungsveranstaltung über Pflegemaßnahmen durch, die für jedermann zugänglich ist.

Abbildung 6

Die vier Sphären steuerbegünstigter Körperschaften

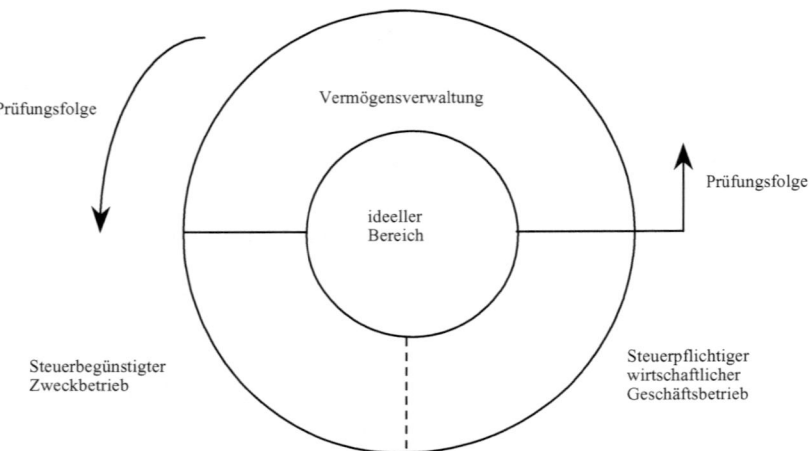

Wirtschaftlicher Geschäftsbetrieb

Zuflüsse in den ideellen Bereich Damit sind nur solche Zuflüsse bei der steuerbegünstigten Körperschaft dem ideellen Bereich zuzurechnen, die unentgeltlich, d.h. ohne Gegenleistung der steuerbegünstigten Körperschaft, gewährt werden. Dazu zählen im wesentlichen

- echte **Mitgliedsbeiträge**. Diese sind nicht als Gegenleistung für eine Tätigkeit des Vereins anzusehen. Sie sind von den unechten Mitgliedsbeiträgen abzugrenzen, für die das Mitglied konkrete Gegenleistungen erhält.

  In diesem Zusammenhang ist allerdings auch auf die neue Rechtsprechung des Europäischen Gerichtshofs (EuGH) zur umsatzsteuerlichen Behandlung von Mitgliedsbeiträgen bei Freizeitvereinen hinzuweisen. Dazu hat der EuGH die Auffassung vertreten, dass die Zurverfügungstellung der Vereinseinrichtung, z.B. die Möglichkeit, einen Tennisplatz zu nutzen, als Gegenleistung für den Mitgliedsbeitrag anzusehen sei.

- **Spenden.** Nach einer allgemein gängigen Definition (vgl. z.B. Buchna, Gemeinnützigkeit im Steuerrecht, S. 310) sind Spenden »freiwillige und unentgeltliche Wertabgaben, also Geld- oder Sachzuwendungen (Ausgaben), die das geldwerte Vermögen des Spenders mindern (ein freiwilliges Vermögensopfer).« Da die Spende also nicht mit einer Leistung für eine Gegenleistung der steuerbegünstigten Einrichtung verbunden ist, ist sie in der Regel dem ideellen Bereich zuzuordnen (zur entsprechenden Problematik bei den öffentlichen Fördermittel – Zuwendung in den Zweckbetrieb – vgl. unten). Allerdings stellt sich in der Praxis häufiger die Frage, ob nicht doch eine Gegenleistung vorliegt.

Beispiel:
Der Rettungsdienst des Wohlfahrtsverbandes W erhält von Spender S eine Zuwendung mit der Maßgabe, diese zum Erwerb eines Rettungsfahrzeugs zu verwenden und das Fahrzeug mit der Aufschrift »Gespendet von S« zu versehen.
Hier gibt S das Geld nicht, damit W für ihn Werbung macht. Es handelt sich lediglich um einen unschädlichen Spenderhinweis.
Sponsor SP entschließt sich, W für seine Sozialstation einen Lieferwagen zur Verfügung zu stellen. Da SP ein Autohaus betreibt, versieht er das Fahrzeug mit Werbung für sein Unternehmen und verlangt von W, dass er das Fahrzeug werbewirksam einsetzt.
Hier ist die Werbung Gegenleistung für die Zurverfügungstellung des Fahrzeugs.

Die mit diesen Abgrenzungen zusammenhängenden Fragen sind so komplex, dass man mittlerweile sogar von »Spendenrecht« spricht. Dabei stellen sich Fragen, die die steuerliche Behandlung beim Zuwendungsempfänger betreffen, und solche nach den steuerlichen Auswirkungen beim Zuwendenden.

Die Voraussetzungen für eine Spende sowie ihre steuerliche Behandlung beim Zuwendenden sowie die Abgrenzung von Spende und Sponsoring werden in Abschnitt 7. (S. 125) noch näher dargestellt. Auf die Sonderfragen, die sich im Hinblick auf die Verpflichtung zur zeitnahen Mittelverwendung (Verwendung von Zuwendungen) ergeben, gehen wir in Abschnitt 4.2 (S. 78) näher ein.

• **Öffentliche Fördermittel**, die keine Gegenleistung für eine Tätigkeit der steuerbegünstigten Körperschaft sind. Öffentliche Fördermittel fließen allerdings auch häufig in einen steuerbegünstigten Zweckbetrieb.

Beispiel:
Fördermittel zur Finanzierung von Anlagevermögen von Krankenhäusern nach dem Krankenhausfinanzierungsrecht, Zuwendungen zum Bau von Pflegeeinrichtungen.

Insoweit wird allerdings gelegentlich auch die Meinung vertreten, diese Fördermittel würden zunächst in den ideellen Bereich gegeben, der sie in den Zweckbetrieb weiterleitet. Soweit jedoch der Zuwendungsgeber die Fördermittel unmittelbar zur Verwendung im Zweckbetrieb gibt (wie in den oben genannten Beispielen), dürfte eine solche Betrachtungsweise nicht in Frage kommen.

Im Rahmen der derzeitigen Sozialreformen ist allerdings ein Trend der öffentlichen Hand dahingehend zu verzeichnen, keine Zuschüsse mit Verwendungsauflage zu gewähren, sondern **Leistungsverträge** abzuschließen. Dann verpflichtet sich die steuerbegünstigte Körperschaft, an die fördernde Stelle eine Leistung zu erbringen, die die Zuordnung zum ideellen Bereich grundsätzlich ausschließt. Es stellt sich dann die Frage, ob eine Zuordnung zum steuerbegünstigten Zweckbetrieb möglich ist oder die steuerbegünstigte Körperschaft sogar zur Hilfsperson der fördernden Stelle wird und ein steuerpflichtiger wirtschaftlicher Geschäftsbetrieb vorliegt.

- **Schenkungen, Erbschaften, Vermächtnisse, bei Stiftungen in der Regel auch die Erstausstattung der Stiftung mit** dem stiftungsrechtlich erforderlichen **Grundstockvermögen, Zustiftungen.**
 Diese Zuwendungen unterscheiden sich von der Spende darin, dass sie nach dem Willen des Zuwendenden nicht zeitnah für die satzungsmäßigen Zwecke ausgegeben, sondern im Bestand erhalten werden sollen. Nach dem Willen des Gebers soll also bei solchen Zuwendungen die dauerhafte Sicherung der Einrichtung, verbunden mit einer Verwendung nur der Erträge für die steuerbegünstigten Zwecke im Vordergrund stehen (vgl. dazu noch im Einzelnen unten 4.2.1, S. 78).
 Ausnahmsweise können auch solche Zuwendungen dem steuerbegünstigten Zweckbetrieb zuzuordnen sein, wenn der steuerbegünstigten Körperschaft ein Zweckbetrieb zugewendet wird:

Beispiel:
Der Orden O betreibt seit hunderten von Jahren zahlreiche Pflegeeinrichtungen. Angesichts einer schwindenden Zahl von Ordensangehörigen entschließt sich O, eine Stiftung zu errichten, die die Pflegeeinrichtungen weiterführen soll. Er überträgt auf die Stiftung die Pflegeeinrichtungen. Diese bilden bei der Stiftung einen steuerbegünstigten Zweckbetrieb (Einrichtung der Wohlfahrtspflege, vgl. unten 3.3.2, S. 56 ff.).

Merksätze

Der ideelle Bereich ist dadurch gekennzeichnet, dass die steuerbegünstigte Körperschaft keine Leistungen erbringt, die sie sich von einem Dritten bezahlen lässt.

Im ideellen Bereich werden vor allem Spenden, Mitgliedsbeiträge, echte Zuschüsse, Schenkungen, Erbschaften, Vermächtnisse und bei Stiftungen die Erstausstattung mit Vermögen sowie Zustiftungen vereinnahmt.

3.2   Die Vermögensverwaltung

Ist eine Einzelmaßnahme einer steuerbegünstigten Körperschaft nicht dem ideellen Bereich zuzuordnen, so ist zunächst zu prüfen, ob eine Betätigung im Bereich der Vermögensverwaltung vorliegt. Der Begriff der Vermögensverwaltung ist in § 14 S. 3 AO wie folgt definiert:

Definition

»Eine Vermögensverwaltung liegt in der Regel vor, wenn Vermögen genutzt, zum Beispiel Kapitalvermögen verzinslich angelegt oder unbewegliches Vermögen vermietet oder verpachtet wird.«

Damit ist für die Vermögensverwaltung die Nutzung von Vermögen und kein aktives Tun kennzeichnend. Die Abgrenzung kann im Einzelfall schwierig sein:

Bloße Nutzung von Vermögen

Beispiele:
Diakonieverein D hat S in seinen letzten Lebensjahren mit seinem ambulanten Pflegedienst sehr gut versorgt. S entschließt sich, D testamentarisch seine Immobilie zuzuwenden. Eine Teilfläche ist als Ladenfläche vermietet. In den anderen Räumen hat S ein Hotel betrieben.
Die längerfristige Vermietung der Ladenfläche stellt sich als Vermögensverwaltung dar. Denn die Nutzungsüberlassung steht aus der Sicht des Eigentümers im Vordergrund.
Die Zimmervermietung im Rahmen des Hotelbetriebs ist als aktive, gewerbliche Betätigung zu qualifizieren. Sie geht über eine reine Nutzungsüberlassung, d.h. eine reine Vermögensverwaltung hinaus.

Vergleichbare Fragen stellen sich auch bei der Verwaltung von Kapitalvermögen, etwa dann, wenn eine steuerbegünstigte Stiftung über ein Wertpapierdepot verfügt, das sie umschichtet. Auch dann ist im Einzelfall die zentrale Frage zu stellen, ob die Nutzung von Vermögen (im Juristendeutsch auch »Fruchtziehung«) oder die aktive Tätigkeit im Vordergrund steht.

Abgrenzung Nutzung/aktive Tätigkeit

Für die Abgrenzung sind im allgemeinen die Grundsätze heranzuziehen, die für die steuerliche Qualifikation bei der Privatperson gelten. Konkret bedeutet dies: Hat die entsprechende Betätigung bei der Privatperson gewerblichen Charakter, so bildet sie in der Regel bei der steuerbegünstigten Körperschaft einen steuerpflichtigen wirtschaftlichen Geschäftsbetrieb. Würde dagegen eine Privatperson Einkünfte aus Vermietung und Verpachtung, aus Kapitalvermögen oder sonstige Einkünfte im Sinne des Einkommensteuerrechts erzielen, so ist die Betätigung bei der steuerbegünstigten Körperschaft der Vermögensverwaltung zuzuordnen.

In der Praxis von besonderer Bedeutung ist diese Thematik vor allem bei

Wichtige Einzelfälle

*   der Vermietung und Verpachtung von Grundstücken und Gebäuden
*   der Einräumung von Lizenzen zur Nutzung von Rechten.

> Beispiel:
> Wohlfahrtsverband W gestattet einer Tochtergesellschaft die Nutzung seines Namens gegen Entgelt.

- der Verwaltung von Kapitalvermögen.
- Grundstücksverkäufen. Unklar ist insoweit, ob die strengen einkommensteuerlichen Kriterien auch für die steuerbegünstigten Körperschaften gelten. Denn eine Privatperson betreibt einen gewerblichen Grundstückshandel und keine private Vermögensverwaltung bereits dann, wenn sie innerhalb von fünf Jahren mehr als drei Grundstücke veräußert.

> Arbeitsaufgabe
>
> 8. Stiftung S hat bei ihrer Errichtung ein umfangreiches Wertpapierdepot als Vermögensausstattung erhalten, das sie im Rahmen der Depotpflege umschichtet. Zwischen der Anschaffung und Veräußerung von Wertpapieren liegt gelegentlich eine Frist von weniger als einem Jahr. S verhält sich aber nicht wie ein Aktienspekulant. Wie sind die Wertpapierumschichtungen gemeinnützigkeitsrechtlich zu würdigen?

Beteiligungen an Kapitalgesellschaften

Besonderheiten gelten dann, wenn eine steuerbegünstigte Körperschaft an einer Kapitalgesellschaft beteiligt ist.

Beteiligungen an einer **steuerbegünstigten Kapitalgesellschaft** werden nach Auffassung der Finanzverwaltung stets der steuerbegünstigten Vermögensverwaltung zugerechnet.

Die **Beteiligung an** einer **steuerpflichtigen Kapitalgesellschaft** kann – je nach Ausgestaltung der tatsächlichen Verhältnisse – der steuerbegünstigten Vermögensverwaltung oder einem steuerpflichtigen wirtschaftlichen Geschäftsbetrieb zuzuordnen sein. Die damit zusammenhängenden (Sonder-)Fragen werden im Zusammenhang mit dem steuerpflichtigen wirtschaftlichen Geschäftsbetrieb unter 3.4.1, S. 62 noch näher dargestellt.

Konsequenzen der Vermögensverwaltung

Die Zuordnung zum Bereich der Vermögensverwaltung hat folgende Konsequenzen:

- Die Abdeckung von Verlusten aus der Vermögensverwaltung mit gemeinnützigkeitsrechtlich gebundenen Mitteln ist nach Auffassung der Finanzverwaltung nur unter sehr engen Voraussetzungen zulässig (vgl. unten 4.1.2, S. 75).
- Im Bereich der Vermögensverwaltung dürfen grundsätzlich nur nicht zeitnah zu verwendende Mittel eingesetzt werden (vgl. dazu unten 4.2.1, S. 78 ff.).
- Überschüsse aus der Vermögensverwaltung sind von der Körperschaft- und der Gewerbesteuer befreit.

- Sofern die Leistungen der steuerbegünstigten Körperschaft nicht im
  Einzelfall von der Umsatzsteuer befreit sind, z.B. bei der Vermietung
  von Grundstücken und Gebäuden, unterliegen die Umsätze der steuerbegünstigten Körperschaft, die dem Bereich der Vermögensverwaltung zuzuordnen sind, der Umsatzsteuer mit dem ermäßigten Umsatzsteuersatz von derzeit 7 %.

Die Überschüsse aus der Vermögensverwaltung sind grundsätzlich zeitnah für steuerbegünstigte Zwecke auszugeben. Von diesem Grundsatz
gibt es vier Ausnahmen:

*Grundsätzlich zeit-
nahe Verwendung der
Überschüsse*

- Nach § 58 Nr. 7a) AO kann eine freie Rücklage in Höhe von höchstens
  einem Drittel der Überschüsse aus der Vermögensverwaltung gebildet
  werden.
- § 58 Nr. 7b) AO gestattet es, unter bestimmten Voraussetzungen Mittel zum Erwerb von Gesellschaftsrechten an Kapitalgesellschaften einzusetzen. Der Erwerb der Beteiligung muss allerdings der Erhaltung
  der prozentualen Beteiligungsquote dienen.
- Nach Auffassung der Finanzverwaltung (AEAO Nr. 3 zu § 55 Abs. 1
  Nr. 1 AO) dürfen in ganz eingeschränktem Umfang in der Vermögensverwaltung auch Mittel zur Bestandssicherung eingesetzt werden (z.B.
  zur Erneuerung des undichten Dachs eines Mietwohngebäudes).

Die Einzelheiten werden unten 4.2 (S. 78 ff.) noch näher dargestellt.

3.3 Der steuerbegünstigte Zweckbetrieb

In der Praxis werden die Begriffe »wirtschaftlicher Geschäftsbetrieb« und
»steuerpflichtiger wirtschaftlicher Geschäftsbetrieb« häufig gleichgesetzt.
Dies ist aber nicht richtig. Denn es gibt

*»Wirtschaftlicher
Geschäftsbetrieb« als
Oberbegriff*

- steuerbegünstigte wirtschaftliche Geschäftsbetriebe, die sogenannten
  Zweckbetriebe, die den satzungsmäßigen, steuerbegünstigten Zwek-
  ken der Körperschaft dienen und die
- **steuerpflichtigen wirtschaftlichen Geschäftsbetriebe**, die in der
  Regel der Mittelbeschaffung für steuerbegünstigte Zwecke dienen.

Wie bereits im Zusammenhang mit der Vermögensverwaltung dargestellt,
ergibt sich die Abgrenzung der Vermögensverwaltung vom wirtschaftlichen Geschäftsbetrieb im weiteren Sinne aus § 14 AO. Nach dieser Bestimmung ist – sofern keine Maßnahme des ideellen Bereichs vorliegt –
zunächst zu prüfen, ob eine Zuordnung zur Vermögensverwaltung möglich ist. Ist diese Frage zu verneinen, so liegt im Rahmen des Negativab-
gleichs ein wirtschaftlicher Geschäftsbetrieb vor. Diesen definiert § 14
S. 1 und 2 wie folgt:

*»Ein wirtschaftlicher Geschäftsbetrieb ist eine selbstständige, nachhaltige
Tätigkeit, durch die Einnahmen oder andere wirtschaftliche Vorteile er-*

zielt werden und die über den Rahmen der Vermögensverwaltung hinausgeht. Die Absicht, Gewinn zu erzielen, ist nicht erforderlich.«

Merksätze

> Dadurch dass für die Annahme eines wirtschaftlichen Geschäftsbetriebs die Erzielung wirtschaftlicher Vorteile erforderlich ist, wird der wirtschaftliche Geschäftsbetrieb zum ideellen Bereich abgegrenzt.
>
> Von der Vermögensverwaltung unterscheidet sich der wirtschaftliche Geschäftsbetrieb im weiteren Sinne dadurch, dass sich die Vermögensverwaltung in einer Nutzungsüberlassung erschöpft, der wirtschaftliche Geschäftsbetrieb dagegen eine aktive Tätigkeit voraussetzt.

Ganz generell kann man sagen, dass ein steuerbegünstigter Zweckbetrieb ein wirtschaftlicher Geschäftsbetrieb ist, der unmittelbar den steuerbegünstigten satzungsmäßigen Zwecken dient. Daneben gibt es jedoch weitere Beschränkungen, die erforderlich sind, um den Wettbewerb zu schützen.

3.3.1. *§ 65 AO als generelle Zweckbetriebsdefinition*

Generalklausel
§ 65 AO

Die generelle Definition des steuerbegünstigten Zweckbetriebs enthält § 65 AO:

»Ein Zweckbetrieb ist gegeben, wenn

1. *der wirtschaftliche Geschäftsbetrieb in seiner Gesamtrichtung dazu dient, die steuerbegünstigten satzungsmäßigen Zwecke der Körperschaft zu verwirklichen,*
2. *die Zwecke nur durch einen solchen Geschäftsbetrieb erreicht werden können und*
3. *der wirtschaftliche Geschäftsbetrieb zu nicht begünstigten Betrieben derselben oder ähnlicher Art nicht in größerem Umfang in Wettbewerb tritt, als es bei der Erfüllung der steuerbegünstigten Zwecke unvermeidbar ist.«*

Förderung satzungsmäßiger Zwecke

Damit ist es zunächst erforderlich, dass mit dem wirtschaftlichen Geschäftsbetrieb die *satzungsmäßigen* steuerbegünstigten Zwecke gefördert werden. Es reicht also nicht aus, dass steuerbegünstigte Zwecke gefördert werden. In der Sozialwirtschaft treten in der Praxis häufiger Fälle auf, in denen die steuerbegünstigte Körperschaft, z.B. ein Wohlfahrtsverband, ein Benefizkonzert veranstaltet. Der Wohlfahrtsverband fördert dann zwar Kunst und Kultur. Umfasst der Vereinszweck jedoch die Förderung von Kunst und Kultur nicht, so fehlt es an der Förderung satzungsmäßiger Zwecke. Es liegt dann ein wirtschaftlicher Geschäftsbetrieb vor, der nicht steuerbegünstigt ist.

Erforderlichkeit

Um als steuerbegünstigter Zweckbetrieb anerkannt zu werden, muss der wirtschaftliche Geschäftsbetrieb zur Verwirklichung der steuerbegünstigten satzungsmäßigen Zwecke auch unbedingt erforderlich sein (§ 65 Nr. 2 AO).

Er darf außerdem den Wettbewerb zu steuerpflichtigen Wettbewerbern nicht in vermeidbarer Weise beeinträchtigen (§ 65 Nr. 3 AO). Da die Anerkennung als gemeinnützig im Hinblick auf die Steuerbefreiung der steuerbegünstigten Körperschaft und ihre Berechtigung, steuerwirksame Zuwendungsbestätigungen auszustellen, wie eine Subvention wirkt, muss der steuerpflichtige Wettbewerb geschützt werden. Deshalb ist die Bedeutung des wirtschaftlichen Geschäftsbetriebs für die Verwirklichung steuerbegünstigter Zwecke dem Interesse des steuerpflichtigen Wettbewerbs an einer Vermeidung von Wettbewerbsverzerrungen gegenüber zu stellen. Dabei gilt:

Wettbewerbsklausel § 65 Nr. 3 AO

Je wichtiger die wirtschaftliche Betätigung für die unmittelbare Förderung steuerbegünstigter Zwecke für die Körperschaft ist, umso mehr muss der steuerpflichtige Wettbewerb die Betätigung hinnehmen.

Wechselwirkung Erforderlichkeit/ Wettbewerbsbeeinträchtigung

Ein sehr schönes Beispiel für diese Wechselwirkung bildet der vom Bundesfinanzhof mit Urteil vom 26. April 1995 (BStBl. II 1995, S. 767) entschiedene

Fall:

Eine GmbH beschäftigte und betreute entsprechend ihrer Satzung Langzeitarbeitslose. Ihre Tätigkeit unterschied sich von einer reinen Beschäftigungsgesellschaft darin, dass die Langzeitarbeitslosen psychologisch und sozialpädagogisch mit dem Ziel betreut wurden, ihre Persönlichkeit zu festigen und sie wieder in das Arbeitsleben zu integrieren. Dazu nahm die GmbH Industrieaufträge an und führte z.B. auch Gartenarbeiten durch.

Die Finanzverwaltung teilte zwar die Auffassung der GmbH, dass die Tätigkeit dem satzungsmäßigen Gesellschaftszweck diente. Mit der Übernahme von Aufträgen aus der Wirtschaft verstoße die GmbH aber gegen die Wettbewerbsklausel nach § 65 Nr. 3 AO. Sie lehnte die Anerkennung der GmbH als gemeinnützig ab.

Der Bundesfinanzhof war anderer Meinung: Zwar beeinträchtige die GmbH mit der Übernahme der Industrieaufträge den Wettbewerb zu steuerpflichtigen Unternehmen. Dieser sei jedoch unvermeidbar: Die GmbH könne ihre gemeinnützigen Zwecke nur dann erfüllen, wenn sie die Langzeitarbeitslosen unter realistischen Bedingungen beschäftige (§ 65 Nr. 2 AO). Daraus ergebe sich, dass der Wettbewerb zu steuerpflichtigen Unternehmen unvermeidbar sei und damit auch kein Verstoß gegen die Konkurrenzklausel des § 65 Nr. 3 AO vorliege.

Zur Generalklausel des § 65 AO für steuerbegünstigte Zweckbetriebe sind außerdem im Einzelnen die folgenden Gesichtspunkte zu beachten:

Einzelheiten zur Wettbewerbsklausel

- Der **Wettbewerb zu** ausschließlich **steuerbegünstigten Wettbewerbern** ist gemeinnützigkeitsunschädlich.
- Gibt es **keine steuerpflichtigen Wettbewerber**, z.B. weil der »Markt« von steuerbegünstigten Körperschaften beherrscht wird, so

kommt es darauf an, ob steuerpflichtige Wettbewerber bei einer steuerlichen Gleichstellung mit den steuerbegünstigten Körperschaften die Leistungen auch erbringen könnten.

- Verstößt eine steuerbegünstigte Körperschaft gegen die Wettbewerbsklausel des § 65 Nr. 3 AO, so können die benachteiligten Wettbewerber nach der Rechtsprechung (vgl. BFH-Urteil vom 15. Oktober 1997 (BStBl. II 1998, S. 63 ff.) dagegen eine sogenannte **Konkurrentenklage** erheben. Diese setzt aber voraus, dass der Wettbewerber ganz konkret wirtschaftliche Nachteile nachweisen kann. Außerdem muss er nachweisen, dass der konkrete Verstoß gegen die Wettbewerbsklausel zu dem Schaden geführt hat. Da die Anforderungen insoweit sehr hoch sind, kommt der Konkurrentenklage in der Praxis keine nennenswerte Bedeutung zu.

Zweckbetriebe im Bereich der Wohlfahrtspflege

Neben dieser allgemeinen Zweckbetriebsdefinition gibt es aber auch Sonderregelungen, die dem Zweckbetrieb nach § 65 AO vorgehen. In der Praxis bedeutet das, dass zunächst zu klären ist, ob die Voraussetzungen einer Sonderregelung in den §§ 66 ff. AO erfüllt sind, bevor auf die allgemeine Regelung des § 65 AO zurückgegriffen wird.

Wettbewerbssituation ohne Bedeutung

Besonders wichtig ist, dass es bei den Sonderregelungen ohne Bedeutung ist, ob eine Wettbewerbssituation zu nicht begünstigten Wettbewerbern vorliegt.

Die §§ 66 ff. AO enthalten zahlreiche Einzelfallregelungen, die nur teilweise für die Sozialwirtschaft von Bedeutung sind. Nachfolgend werden die wichtigsten vorgestellt.

3.3.2 Einrichtungen der Wohlfahrtspflege (§ 66 AO)

Einrichtungen der Wohlfahrtspflege sind unter den Voraussetzungen des § 66 AO Zweckbetriebe. Diese Bestimmung ist die zentrale Zweckbetriebsvorschrift für den Bereich der Sozialwirtschaft.

Definition

Der Begriff der Wohlfahrtspflege ist gesetzlich wie folgt definiert:

»Wohlfahrtspflege ist die planmäßige, zum Wohle der Allgemeinheit und nicht des Erwerbes wegen ausgeübte Sorge für notleidende oder gefährdete Mitmenschen. Die Sorge kann sich auf das gesundheitliche, erzieherische oder wirtschaftliche Wohl erstrecken und Vorbeugung oder Abhilfe bezwecken.«

Förderung Hilfsbedürftiger

Eine Einrichtung der Wohlfahrtspflege liegt nach § 66 Abs. 1 und Abs. 3 AO vor, wenn ihre Leistungen zu mindestens zwei Dritteln persönlich oder wirtschaftlich hilfsbedürftigen Personen zugute kommen. Mit dem Hinweis auf die persönliche oder wirtschaftliche Hilfsbedürftigkeit wird auf die Bestimmung des § 53 AO Bezug genommen, d.h. Einrichtungen der Wohlfahrtspflege müssen im Grunde mildtätige Zwecke fördern. Dabei ist es aber – im Gegensatz zur Förderung mildtätiger Zwecke – erforderlich, dass ein offener Personenkreis gefördert wird.

Insbesondere von privaten Pflegeeinrichtungen unterscheidet sich die Ein-   »Nicht des Erwerbes
richtung der Wohlfahrtspflege darin, dass die steuerbegünstigte Einrich-   wegen«
tung der Wohlfahrtspflege nicht »des Erwerbes wegen« betrieben wird.
Dies schließt es aber freilich nicht aus, dass es gemeinnützigkeitsunschädlich ist, wenn eine Einrichtung der Wohlfahrtspflege tatsächlich einmal
Gewinne erzielt.

> Beispiele für Einrichtungen der Wohlfahrtspflege:
> * stationäre Pflegeeinrichtungen
> * ambulante Pflegedienste
> * Behindertentransporte
> * Rettungsdienst
> * Flugrettungsdienste

3.3.3   Sonderregelungen in § 68 AO

Zu den Einrichtungen der Wohlfahrtspflege gibt es darüber hinaus noch   Weitergehende
Sonderregelungen in § 68 AO. Damit ergibt sich eine   Sonderregelungen

Abbildung 7

Dreistufigkeit bei Zweckbetrieben in der Sozialwirtschaft
– Prüfungsfolge –

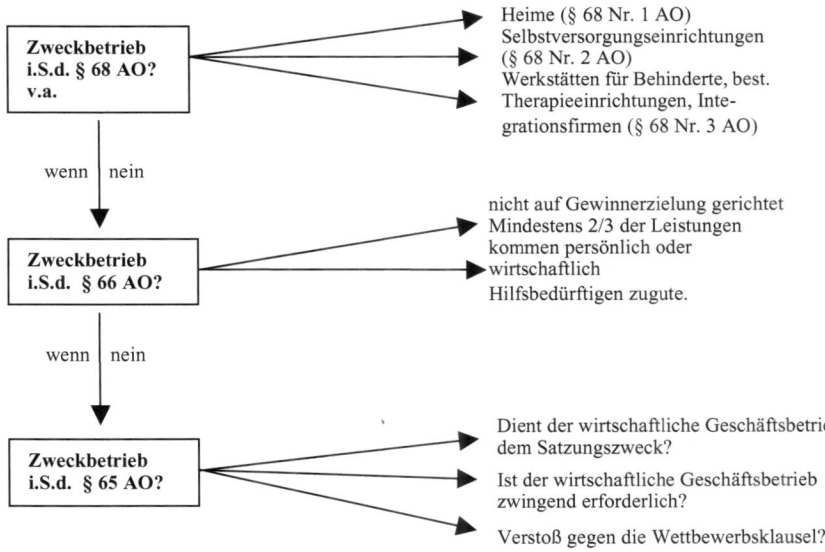

Solche wesentliche Regelungen gelten insbesondere für

- **Alten-, Altenwohn- und Pflegeheime, Erholungsheime, Mahlzeitendienste**, wenn sie zu mindestens zwei Dritteln persönlich oder wirtschaftlich Hilfsbedürftigen zugute kommen (§ 68 Nr. 1 a) AO).

  Dabei nimmt die Finanzverwaltung die persönliche Hilfsbedürftigkeit bei Personen, die das 75. Lebensjahr vollendet haben, ohne weitere Prüfung an (AEAO Nr. 4 zu § 53).

  Für die Frage, ob im Einzelfall ein Heim vorliegt, ist entscheidend, ob die Einrichtung unter das **Heimgesetz** fällt. Dies ist bei Einrichtungen der Kurzzeitpflege ohne weiteres der Fall. Bei Einrichtungen des Betreuten Wohnens ist insoweit entscheidend, ob Unterkunft, Verpflegung und Betreuung vorgehalten werden, d.h. ob der Betreiber den Bewohnern diese drei Angebote macht. Im Regelfall wird aber Betreutes Wohnen deshalb die Voraussetzungen eines steuerbegünstigten Zweckbetriebs nicht erfüllen, weil die Bewohner nicht zu mindestens zwei Dritteln älter als 75 Jahre und/oder persönlich hilfsbedürftig sind.

- **Kindergärten, Kinder-, Jugend- und Studentenheime, Schullandheime und Jugendherbergen** (§ 68 Nr. 1 b) AO).

- sog. **Selbstversorgungseinrichtungen** (§ 68 Nr. 2 AO). Das Gesetz nennt als **Beispiele** für Selbstversorgungseinrichtungen landwirtschaftliche Betriebe und Gärtnereien, die der Selbstversorgung dienen und dadurch die sachgemäße Ernährung und ausreichende Versorgung von »Anstaltsangehörigen« sichern. Außerdem sind begünstigt andere Einrichtungen, die für die Selbstversorgung von Einrichtungen erforderlich sind, wie Tischlereien, Schlossereien.

  Wichtig ist aber, dass nur die »Urproduktion« und Dienstleistungen die Voraussetzungen für eine Selbstversorgungseinrichtung erfüllen können, nicht aber Handelsbetriebe. Wird die Grenze von 20 % jedoch auch nur geringfügig überschritten, so erfüllt die Belieferung der Außenstehenden insgesamt nicht mehr die Voraussetzungen eines steuerbegünstigten Zweckbetriebs, d.h. es liegt insoweit insgesamt ein steuerpflichtiger wirtschaftlicher Geschäftsbetrieb vor. Davon unberührt bleibt aber die Zuordnung der Belieferung der eigenen Einrichtung zum steuerbegünstigten Zweckbetrieb.

  Weitere Voraussetzung für die Anerkennung einer Selbstversorgungseinrichtung als Zweckbetrieb ist aber, dass ihre Außenlieferungen, d.h. **Lieferungen an Dritte**, dem Wert nach **nicht mehr als 20 % der gesamten Lieferungen des Betriebes** – »einschließlich der an die Körperschaft selbst bewirkten« – nicht übersteigen. Übersteigen die Außenlieferungen diesen Anteil nicht, so liegt insgesamt ein steuerbegünstigter Zweckbetrieb vor, d.h. etwaige durch die Selbstversorgungseinrichtung erzielte Überschüsse sind von der Körperschaft- und der Gewerbesteuer befreit, und die Umsätze unterliegen – sofern sie nicht ohnehin z.B. als Lieferung von Speisen oder Lebensmitteln dem ermäßigten Umsatzsteuersatz unterworfen sind – der Umsatzsteuer mit 7 %.

Dazu die folgenden

> Beispiele:
> Die Küche der Pflegeeinrichtung P hat noch Kapazitäten frei. Sie beliefert einen nahe gelegenen Industriebetrieb mit Speisen und unterhält einen Catering-Service. Solange die 20 %-Grenze eingehalten ist, liegt ein Zweckbetrieb vor.
>
> Das Krankenhaus K unterhält eine Apotheke, die auch andere Krankenhäuser beliefert. Die Lieferungen an die anderen Krankenhäuser überschreiten 20 % der Gesamtlieferungen nicht. Hier wäre zwar die Wertgrenze eingehalten. Es liegt aber keine Einrichtung der Urproduktion und kein Dienstleistungsbetrieb, sondern ein Handelsbetrieb vor, der nach Auffassung der Finanzverwaltung und der Rechtsprechung keine Selbstversorgungseinrichtung sein kann.

- bestimmte **Einrichtungen für Behinderte** (§ 68 Nr. 3 AO). Durch die im April 2004 erfolgte Erweiterung des Gesetzeswortlauts wurden einige Zweifelsfragen entschieden, die bis dahin in der Praxis von erheblicher Bedeutung waren. Nach der Neuregelung sind begünstigt:

  ➤ *»Werkstätten für behinderte Menschen, die nach den Vorschriften des Dritten Buches Sozialgesetzbuch förderungsfähig sind und Personen Arbeitsplätze bieten, die wegen ihrer Behinderung nicht auf dem allgemeinen Arbeitsmarkt tätig sein können«* (§ 68 Nr. 3 a) AO)

  ➤ *»Einrichtungen für Beschäftigungs- und Arbeitstherapie, in denen behinderte Menschen aufgrund ärztlicher Indikationen außerhalb eines Beschäftigungsverhältnisses zum Träger der Therapieeinrichtung mit dem Ziel behandelt werden, körperliche oder psychische Grundfunktionen zum Zwecke der Wiedereingliederung in das Alltagsleben wiederherzustellen oder die besonderen Fähigkeiten und Fertigkeiten auszubilden, zu fördern und zu trainieren, die für eine Teilnahme am Arbeitsleben erforderlich sind«* (§ 68 Nr. 3 b) AO)

  ➤ *»Integrationsprojekte im Sinne des § 132 Abs. 1 des Neunten Buches Sozialgesetzbuch, wenn mindestens 40 vom Hundert der Beschäftigten besonders betroffene schwerbehinderte Menschen im Sinne des § 132 Abs. 1 des Neunten Buches Sozialgesetzbuch sind«* (§ 68 Nr. 3 c) AO).

Die gesetzliche Regelung hat insbesondere die steuerlichen Möglichkeiten im Bereich der **Integrationsprojekte** erweitert: Vor der Neuregelung waren derartige Projekte nur entweder als Werkstätten für behinderte Menschen (§ 68 Nr. 3 a) AO alter Fassung) oder nach der allgemeinen Zweckbetriebsregelung für Einrichtungen der Wohlfahrtspflege nach § 66 AO begünstigt. Die Anerkennung als Einrichtung der Wohlfahrtspflege setzte aber voraus, dass der Anteil der behinderten Menschen mindestens zwei Drittel betrug. Und diese Voraussetzung konnte in der Regel sozialrechtlich nicht erfüllt werden.

- Einrichtungen, die zur Durchführung der **Blindenfürsorge** und zur Durchführung der **Fürsorge für Körperbehinderte** unterhalten werden (§ 68 Nr. 4 AO).

- von den zuständigen Behörden **genehmigte Lotterien und Ausspielungen**, die eine steuerbegünstigte Körperschaft zu ausschließlich gemeinnützigen, mildtätigen oder kirchlichen Zwecken veranstaltet (§ 68 Nr. 6 AO). Darunter fallen ausschließlich genehmigungspflichtige Ausspielungen, die auch genehmigt sind. Andere bilden einen steuerpflichtigen wirtschaftlichen Geschäftsbetrieb. Die staatliche Genehmigung kann auch pauschal erteilt sein.

3.3.4 *Zweckbetrieb im Bereich des Gesundheitswesens (§ 67 AO)*

Nach dieser Bestimmung können auch Krankenhäuser – trotz der bestehenden, erheblichen Konkurrenz zu steuerpflichtigen Anbietern – (noch) steuerbegünstigte Zweckbetriebe sein. Dies setzt voraus, dass bei Krankenhäusern, die in den Anwendungsbereich der Bundespflegesatzverordnung fallen, mindestens 40 % der jährlichen Pflegetage auf Patienten entfallen, bei denen nur Entgelte für allgemeine Krankenhausleistungen nach der Bundespflegesatzverordnung berechnet werden. Krankenhäuser, die nicht unter den Geltungsbereich der Bundespflegesatzverordnung fallen, können ebenfalls unter den vergleichbaren Voraussetzungen steuerbegünstigte Zweckbetriebe sein. Begünstigt sind allerdings nur eigentliche Krankenhausleistungen, also nicht z.B. die (Außen-)Leistungen einer Krankenhauswäscherei.

Definition des Krankenhausbegriffs

Unter Krankenhäusern werden Einrichtungen verstanden, in denen durch ärztliche und pflegerische Hilfeleistung Krankheiten, Leiden oder Körperschäden festgestellt, geheilt oder gelindert werden sollen oder Geburtshilfe geleistet wird und in denen die zu versorgenden Personen untergebracht und verpflegt werden können.

Merksätze

Im Bereich der Sozialwirtschaft ist zunächst zu prüfen, ob ein wirtschaftlicher Geschäftsbetrieb i.S.d. § 14 AO die Voraussetzungen des § 68 AO erfüllt. Darunter fallen vor allem Heime, Behinderteneinrichtungen und Selbstversorgungseinrichtungen. Auf das Vorliegen einer Wettbewerbssituation kommt es insoweit nicht an.

Sind diese Voraussetzungen im Einzelfall nicht erfüllt, so ist zu prüfen, ob eine Einrichtung der Wohlfahrtspflege i.S.d. § 66 AO vorliegt. Diese setzt voraus, dass die Leistungen nicht »um des Erwerbes willen« erbracht werden und sie zu mindestens zwei Dritteln persönlich oder wirtschaftlich hilfsbedürftigen Personen zugute kommen. Auch bei Einrichtungen der Wohlfahrtspflege i.S.d. § 66 AO ist eine Wettbewerbssituation zu nicht begünstigten Einrichtungen gemeinnützigkeitsunschädlich.

Sofern auch die Voraussetzungen des § 66 AO nicht erfüllt sind, ist zu klären, ob nach der Generalklausel des § 65 AO ein steuerbegünstigter Zweckbetrieb vorliegt. Dieser setzt voraus, dass die Tätigkeit den satzungsmäßigen Zwecken dient, zur Verwirklichung der steuerbegünstigten satzungsmäßigen Zwecke unbedingt erforderlich ist und der Wettbewerb des wirtschaftlichen Geschäftsbetriebs zu nicht steuerbegünstigten Betrieben nicht vermeidbar ist.

Konkurrenten können bei einer Verletzung der Wettbewerbsklausel zwar Klage erheben, müssen aber nachweisen, welche konkreten wirtschaftlichen Nachteile sie durch einen Verstoß gegen das Wettbewerbsverbot erlitten haben.

3.4   Der steuerpflichtige wirtschaftliche Geschäftsbetrieb

Abbildung 8

Erscheinungsformen steuerpflichtiger wirtschaftlicher Geschäftsbetriebe

Unmittelbarer Betrieb, z.B.
– Betrieb einer Cafeteria
– Weihnachtsbasar

Beteiligung an einer Personengesellschaft

Beteiligung an steuerpflichtigen, gewerblich tätigen Kapitalgesellschaften

Gewerblich tätig, z.B.
– Zusammenschluss von Wohlfahrtsverbänden zu einer Einkaufsgesellschaft in der Rechtsform der Gesellschaft bürgerlichen Rechts

Gewerblich geprägt, z.B.
– Beteiligung an einer GmbH & Co. KG

Mit Einfluss auf die laufende Geschäftsführung

Betriebsaufspaltung zwischen Gesellschafter und Gesellschaft
➜ Mehrheitsbeteiligung
➜ Überlassung einer wesentlichen Betriebsgrundlage

Ausübung von Weisungsrechten in der Gesellschafterversammlung einer GmbH

Personenidentische Besetzung der Führung von steuerbegünstigtem Gesellschafter und Tochtergesellschaft

3.4.1 Die Entstehung eines steuerpflichtigen wirtschaftlichen Geschäftsbetriebs

Sofern eine Maßnahme weder dem ideellen Bereich, noch der steuerbegünstigten Vermögensverwaltung oder dem Zweckbetrieb zugeordnet werden kann, liegt ein steuerpflichtiger wirtschaftlicher Geschäftsbetrieb vor. Dabei sind verschiedene Erscheinungsformen denkbar, die nachfolgend im Rahmen eines Überblicks dargestellt werden (vgl. auch Abb. 8).

Unmittelbarer Betrieb
Die steuerbegünstigte Körperschaft kann zunächst den steuerpflichtigen wirtschaftlichen Geschäftsbetrieb unmittelbar betreiben.

> Beispiel:
> Ein Wohlfahrtsverband veranstaltet einen Weihnachtsbasar und veräußert dort Waren.

In derartigen Fällen ist die Zuordnung und Sachbehandlung vergleichsweise einfach, sofern die vorherige Prüfung ergeben hat, dass ein steuerpflichtiger wirtschaftlicher Geschäftsbetrieb vorliegt.

Beteiligung an einer Mitunternehmerschaft
Ein steuerpflichtiger wirtschaftlicher Geschäftsbetrieb entsteht auch dann, wenn sich eine steuerbegünstigte Körperschaft an einer sog. Mitunternehmerschaft beteiligt. Der Begriff der Mitunternehmerschaft entstammt dem Einkommensteuerrecht. Seine Grundlagen sind insbesondere in § 15 EStG geregelt.

Begriff der Mitunternehmerschaft
Eine Mitunternehmerschaft entsteht insbesondere dann, wenn sich mehrere Gesellschafter zu einer gewerblich tätigen oder gewerblich geprägten Gesellschaft zusammenschließen, um einen gemeinsamen Zweck zu verwirklichen. Außerdem setzt die Beteiligung als Mitunternehmer voraus, dass der Gesellschafter Mitunternehmerinitiative hat und Mitunternehmerrisiko trägt.

Gewerblich geprägte Personengesellschaften
Gewerblich geprägte Personengesellschaften sind solche, bei denen ausschließlich eine oder mehrere Kapitalgesellschaften persönlich haften und nur diese oder Personen, die nicht Gesellschafter sind, zur Geschäftsführung berechtigt sind.

In der Regel haben Mitunternehmerschaften die Rechtsform einer GmbH & Co. KG, einer offenen Handelsgesellschaft oder einer Kommanditgesellschaft (vgl. zu diesen Rechtsformen ausführlich: Schick, Rechts- und Unternehmensformen, S. 25 ff.). Als Mitunternehmerschaften kommen aber auch – unter bestimmten Voraussetzungen – die stille Beteiligung, d.h. eine nicht nach außen in Erscheinung tretende Beteiligung an dem Handelsgewerbe eines anderen – und die Gesellschaft bürgerlichen Rechts in Betracht.

Gesellschaften des bürgerlichen Rechts
Häufig schließen sich aber auch steuerbegünstigte Körperschaften zusammen, um gemeinsam wirtschaftliche Aktivitäten zu entfalten. Dann kann

eine Gesellschaft bürgerlichen Rechts entstehen (vgl. dazu im Einzelnen: Schick, Rechts- und Unternehmensformen, S. 23).

Beispiele:
Der DRK-Ortsverein O veranstaltet gemeinsam mit dem örtlichen Musikverein und dem Sportverein ein Dorffest. Die Bewirtung erfolgt durch Mitglieder der drei beteiligten Vereine. Den Überschuss aus der Veranstaltung teilen sich die drei Vereine.
Hier haben sich die drei Vereine zu einem gemeinsamen Zweck, der Durchführung des Dorffestes, zusammengeschlossen. Es ist eine Gesellschaft bürgerlichen Rechts entstanden.

Zwei Wohlfahrtsverbände beschließen, gemeinsam der Stadtverwaltung von S die Koordination eines Jugendprojekts anzubieten. Die fachlichen Leistungen werden von Honorarkräften erbracht, die ihre Leistungen unmittelbar an die Stadtverwaltung abrechnen.
Die Wohlfahrtsverbände werden gemeinsam tätig. Es entsteht eine Gesellschaft des bürgerlichen Rechts. Bei ihren Leistungen handelt es sich nicht um satzungsmäßige, steuerbegünstigte Leistungen, sondern lediglich um die Projektkoordination. Die aus den beiden Wohlfahrtsverbänden bestehende Gesellschaft bürgerlichen Rechts erbringt Leistungen, die einem steuerpflichtigen wirtschaftlichen Geschäftsbetrieb zuzuordnen sind.
Eine vergleichbare Problematik kann sich aber auch dann stellen, wenn die Gesellschaft bürgerlichen Rechts auf vertraglicher Grundlage und nach Weisung von S Leistungen erbringt, die eigentlich die Verwirklichung steuerbegünstigter Zwecke zum Gegenstand haben. Denn die Finanzverwaltung geht im Anwendungserlass zur AO (Nr. 2 letzter Unterabsatz zu § 57 AO) davon aus, dass die Tätigkeit einer steuerbegünstigten Körperschaft als Hilfsperson für einen anderen keine eigene steuerbegünstigte Tätigkeit bildet.

Nehmen steuerbegünstigte Körperschaften, wie z.B. Wohlfahrtsverbände, gemeinsam als Gesellschaft bürgerlichen Rechts am Rechtsverkehr teil, so ergeben sich dadurch auch umsatzsteuerliche Folgen. Diese sind unten im 2. Hauptteil, 1.1, S. 145 näher dargestellt. *Beteiligungen an steuerpflichtigen Kapitalgesellschaften*

Die Beteiligung einer steuerbegünstigten Körperschaft an einer steuerpflichtigen Kapitalgesellschaft ist dagegen im Regelfall der steuerbegünstigten Vermögensverwaltung zuzuordnen. Dies gilt allerdings dann nicht, wenn die steuerbegünstigte Körperschaft entweder Einfluss auf die laufende Geschäftsführung der GmbH nimmt oder die Voraussetzungen einer steuerlichen Betriebsaufspaltung vorliegen. Dann geht die Finanzverwaltung davon aus, dass die steuerbegünstigte Körperschaft über ihre Beteiligung an der Gesellschaft am allgemeinen wirtschaftlichen Verkehr teilnimmt. Die Finanzverwaltung »sieht dann gewissermaßen durch die GmbH hindurch«.

Die Beteiligungsverwaltung ist in folgenden Fällen einem steuerpflichtigen wirtschaftlichen Geschäftsbetrieb zuzuordnen: *Zuordnung zum steuerpflichtigen wirtschaftlichen Geschäftsbetrieb*

• Die Einflussnahme auf die laufende Geschäftsführung erfolgt in der Weise, dass die steuerbegünstigte Körperschaft der GmbH-Geschäftsführung als **Mehrheitsgesellschafterin Weisungen** erteilt. Dazu ist die Gesellschafterversammlung einer GmbH gmbH-rechtlich ohne weiteres berechtigt (vgl. dazu auch Schick, Rechts- und Unternehmensformen, S. 32). Ist die steuerbegünstigte Körperschaft Mehrheitsgesellschafterin, so kann dieses Recht, das sie ohne weiteres hat, gesellschaftsvertraglich ausgeschlossen werden. Es kann insbesondere auf einen Beirat übertragen werden, dem allerdings nicht mehrheitlich Mitglieder der Geschäftsführung der steuerbegünstigten Körperschaft angehören dürfen.

• Die steuerbegünstigte Körperschaft nimmt dadurch Einfluss auf die laufende Geschäftsführung ihrer Tochter-GmbH, dass die **Geschäftsführungsorgane** der steuerbegünstigten Körperschaft und der Tochtergesellschaft zumindest **teilweise personenidentisch besetzt** sind.

• Eine **steuerliche Betriebsaufspaltung** setzt voraus, dass der Gesellschafter der Gesellschaft eine wesentliche Betriebsgrundlage zur Nutzung überlässt (sog. sachliche Verflechtung). Außerdem muss der Gesellschafter, der seinen Willen in Vermietungsfragen durchsetzen kann, seinen Willen auch in der Tochtergesellschaft durchsetzen können (sog. personelle Verflechtung).

• Die Beteiligung an einer **Aktiengesellschaft** ist nur dann einem steuerpflichtigen wirtschaftlichen Geschäftsbetrieb zuzuordnen, wenn die Geschäftsführungsorgane von Gesellschafter und AG zumindest teilweise personenidentisch besetzt sind oder die Voraussetzungen einer steuerlichen Betriebsaufspaltung vorliegen. Denn im Gegensatz zur GmbH gibt es im Aktienrecht weder Weisungsbefugnisse der Hauptversammlung noch solche des Aufsichtsrats gegenüber dem Vorstand.

Arbeitsaufgabe

9.   Eine Stiftung erbt alle Geschäftsanteile an einer steuerpflichtigen GmbH. Wie muss die innere Struktur (die Organe der Gesellschaft und deren Befugnisse) ausgestaltet werden, damit die Beteiligungsverwaltung bei der Stiftung der steuerbegünstigten Vermögensverwaltung zuzuordnen ist?

Einfluss auf vermögensverwaltende GmbH

Ist eine steuerbegünstigte Körperschaft an einer steuerpflichtigen Kapitalgesellschaft beteiligt und nimmt sie Einfluss auf die laufende Geschäftsführung der Kapitalgesellschaft, so ist die Beteiligung ausnahmsweise trotzdem der steuerbegünstigten Vermögensverwaltung zuzuordnen, wenn die Kapitalgesellschaft ihrerseits nur Vermögensverwaltung betreibt.

Beispiel:
Ein Wohlfahrtsverband hat eine 100 %ige Beteiligung an einer steuerpflichtigen GmbH geerbt. Einzige Tätigkeit der GmbH ist die langfristige Vermietung des Wohnhauses, das ihr gehört.

3.4.2 Die Grundsätze der Besteuerung des steuerpflichtigen wirtschaftlichen Geschäftsbetriebs

Sofern eine steuerbegünstigte Körperschaft einen steuerpflichtigen wirtschaftlichen Geschäftsbetrieb unterhält, verliert sie mit diesem grundsätzlich ihre Steuerbefreiungen (§ 64 Abs. 1 AO). Dadurch wird die steuerliche Gleichbehandlung des steuerpflichtigen wirtschaftlichen Geschäftsbetriebs mit steuerpflichtigen Wettbewerbern sichergestellt. Dies ist vor allem von Bedeutung bei der Körperschaft- und der Gewerbesteuer. Bei der Umsatzsteuer tritt an die Stelle des ermäßigten Umsatzsteuersatzes von derzeit 7 % grundsätzlich der Regelsteuersatz von derzeit 16 % (§ 12 Abs. 2 Nr. 8a) S. 2 UStG).

Verlust der Steuerbefreiungen

Dabei ist auch zu beachten, dass alle steuerpflichtigen wirtschaftlichen Geschäftsbetriebe als *ein* steuerpflichtiger wirtschaftlicher Geschäftsbetrieb behandelt werden (§ 64 Abs. 2 AO).

Zusammenfassung aller steuerpflichtigen wirtschaftlichen Geschäftsbetriebe

Eine Vereinfachungsregelung für die Besteuerung steuerpflichtiger wirtschaftlicher Geschäftsbetriebe enthält § 64 Abs. 3 AO. Danach wird der steuerpflichtige wirtschaftliche Geschäftsbetrieb dann nicht besteuert, wenn die Einnahmen (einschließlich etwaiger Umsatzsteuer) im Kalenderjahr nicht mehr als € 30.678,– betragen. Bei diesem Betrag handelt es sich allerdings nicht um einen Freibetrag, sondern um eine Freigrenze. Dies bedeutet, dass die wirtschaftlichen Geschäftsbetriebe dann vollständig besteuert werden, wenn diese Freigrenze auch nur geringfügig überschritten wird. Dabei gilt die Aufteilung einer einheitlichen steuerbegünstigten Körperschaft in mehrere steuerlich selbstständige Körperschaften zur Vervielfältigung dieser Besteuerungsfreigrenze als Gestaltungsmissbrauch, der steuerlich nicht anzuerkennen ist (§ 64 Abs. 4 AO).

Besteuerungs-freigrenze

Bei Vorliegen eines steuerpflichtigen wirtschaftlichen Geschäftsbetriebs ergeben sich die folgenden Rechtsfolgen:

Folgen bei den einzelnen Steuerarten

- **Körperschaftsteuer:** Der steuerpflichtige wirtschaftliche Geschäftsbetrieb unterliegt der Körperschaftsteuer. Der steuerbegünstigten Körperschaft wird ein Freibetrag von € 3.835,– gewährt, d.h. diesen Betrag kann sie von ihren steuerpflichtigen Einkünften abziehen (§ 24 KStG). Der Steuersatz beträgt 25 %, für 2003 einmalig 26,5 % (§ 23 Abs. 1 KStG).
  Besonderheiten gelten seit dem 1. Januar 2004 für Gewinnausschüttungen steuerpflichtiger Kapitalgesellschaften, an denen die steuerbegünstigte Körperschaft beteiligt ist, wenn die Beteiligung von der steuerbegünstigten Körperschaft in einem steuerpflichtigen wirtschaftlichen Geschäftsbetrieb gehalten wird. Dann sind zwar grundsätzlich die Gewinnausschüttungen nach § 8 b KStG von der Körperschaftsteuer befreit. Nach § 8 b Abs. 3 KStG werden jedoch 5 % der Gewinnausschüttung besteuert, d.h. auf diesen Betrag fällt – ggf. nach Abzug des

Freibetrags von € 3.835,– – Körperschaftsteuer auf der Grundlage eines Steuersatzes von 25 % an.

- **Gewerbesteuer:** Mit ihren Einkünften aus dem steuerpflichtigen wirtschaftlichen Geschäftsbetrieb – ausgenommen Betriebe der Land- und Forstwirtschaft – unterliegt die steuerbegünstigte Körperschaft auch der Gewerbesteuer. Bei der Gewerbesteuer wird der steuerbegünstigten Körperschaft – abweichend von der körperschaftsteuerlichen Behandlung – ein Freibetrag von € 3.900,– gewährt (§ 11 Abs. 1 Nr. 2 GewStG). Die Steuer ergibt sich daraus, dass der von der jeweiligen Gemeinde festgesetzte Hebesatz auf den nach § 11 GewStG ermittelten Steuermessbetrag angewendet wird. Die Gewerbesteuer ist ihrerseits bei der Bemessungsgrundlage für die Körperschaftsteuer abzugsfähig.

- **Umsatzsteuer:** Lieferungen und Leistungen einer steuerbegünstigten Körperschaft im Rahmen eines steuerpflichtigen wirtschaftlichen Geschäftsbetriebs werden nicht mit dem ermäßigten Umsatzsteuersatz von derzeit 7 %, sondern mit dem Regelsteuersatz von 16 % besteuert (§ 12 Abs. 2 Nr. 8 a) UStG), sofern die Leistungen nicht aus anderen Gründen, z.B. als von der Umsatzsteuer befreite Grundstücksvermietung, von der Umsatzsteuer befreit sind oder eine Ermäßigung der Umsatzsteuer aus anderen Gründen zu gewähren ist (vgl. dazu im Einzelnen noch unten im 2. Hauptteil, Abschnitt 2., S. 152 ff.).

- **Spendenabzug:** Für Zuwendungen in einen steuerpflichtigen wirtschaftlichen Geschäftsbetrieb dürfen keine Zuwendungsbestätigungen ausgestellt werden.

- **Erbschaft- und Schenkungsteuer:** Zuwendungen in einen steuerpflichtigen wirtschaftlichen Geschäftsbetrieb, die den Freibetrag von € 5.200,– (§ 16 Abs. 1 Nr. 5 ErbStG) übersteigen, unterliegen der Erbschaft- und Schenkungsteuer nach der ungünstigsten Steuerklasse III. Dagegen unterliegt nach Auffassung der Finanzverwaltung die Zuwendung eines gesamten steuerpflichtigen wirtschaftlichen Geschäftsbetriebs nicht der Erbschaft- und Schenkungsteuer.

- **Übungsleiterfreibetrag:** Für Aufwandsentschädigungen an Übungsleiter und Personen, die nach § 3 Nr. 26 EStG eine vergleichbare Tätigkeit im steuerpflichtigen wirtschaftlichen Geschäftsbetrieb erbringen, wird der Übungsleiterfreibetrag nicht gewährt (Lohnsteuerrichtlinien Abschn. 17 Abs. 5).

Arbeitsaufgabe

10. Wohlfahrtsverband W unterhält einen Rettungsdienst. Daneben führt er mit Fahrzeugen, die nicht für den Krankentransport besonders hergerichtet sind, Krankenfahrten durch, die von der Finanzverwaltung dem steuerpflichtigen wirtschaftlichen Geschäftsbetrieb zugeordnet werden. Spender S möchte W unentgeltlich ein Fahrzeug zur Verfügung stellen und erkundigt sich bei Ihnen nach den steuerlichen Folgen.

3.4.3   Ergebnisermittlung im steuerpflichtigen wirtschaftlichen Geschäftsbetrieb (Überblick)

Dadurch dass alle steuerpflichtigen wirtschaftlichen Geschäftsbetriebe als ein wirtschaftlicher Geschäftsbetrieb zu behandeln sind (§ 64 Abs. 2 AO), sind zunächst im Rahmen der Besteuerung die Ergebnisse aller wirtschaftlichen Geschäftsbetriebe zu saldieren. Dies bedeutet, dass Gewinne des einen wirtschaftlichen Geschäftsbetriebs mit den Verlusten eines anderen wirtschaftlichen Geschäftsbetriebs saldiert werden können bzw. müssen.

Saldierung der Ergebnisse aller wirtschaftlichen Geschäftsbetriebe

Die Ergebnisermittlung im Einzelnen, insbesondere die Zuordnung von Einnahmen und Ausgaben zum steuerpflichtigen wirtschaftlichen Geschäftsbetrieb, wird im Zusammenhang mit der Rechnungslegung (vgl. unten 5.5.2, S. 108 ff.) noch näher dargestellt.

3.4.4   Rücklagenbildung im und zeitnahe Verwendung von Überschüssen des steuerpflichtigen wirtschaftlichen Geschäftsbetriebs

Die Überschüsse des steuerpflichtigen wirtschaftlichen Geschäftsbetriebs sind grundsätzlich zeitnah für steuerbegünstigte Zwecke zu verwenden. Nur ausnahmsweise ist die Bildung von Rücklagen im steuerpflichtigen wirtschaftlichen Geschäftsbetrieb zulässig.

Grundsätzlich zeitnahe Verwendung der Überschüsse

Die Grundsätze für die Bildung von Rücklagen im steuerpflichtigen wirtschaftlichen Geschäftsbetrieb fasst die Finanzverwaltung im Anwendungserlass zur AO (Nr. 3 zu § 55 Abs. 1 Nr. 1) so zusammen:

»*Dies [die Verpflichtung zur zeitnahen Verwendung der Überschüsse] schließt die Bildung von Rücklagen im wirtschaftlichen Geschäftsbetrieb und im Bereich der Vermögensverwaltung nicht aus. Die Rücklagen müssen bei vernünftiger kaufmännischer Beurteilung wirtschaftlich begründet sein (entsprechend § 14 Nr. 4 KStG). Für die Bildung einer Rücklage im wirtschaftlichen Geschäftsbetrieb muss ein konkreter Anlass gegeben sein, der auch aus objektiver unternehmerischer Sicht die Bildung der Rücklage rechtfertigt (z.B. eine geplante Betriebsverlegung, Werkserneuerung oder Kapazitätsausweitung). Eine fast vollständige Zuführung des Gewinns zu einer Rücklage im wirtschaftlichen Geschäftsbetrieb ist nur dann unschädlich für die Steuerbegünstigung, wenn die Körperschaft nachweist, dass die betriebliche Mittelverwendung zur Sicherung ihrer Existenz geboten war...«*

3.4.5 Die Verlustabdeckung im steuerpflichtigen wirtschaftlichen Geschäftsbetrieb

Verluste grundsätz-
lich gemeinnützig-
keitsschädlich

Die Abdeckung von Verlusten im steuerpflichtigen wirtschaftlichen Geschäftsbetrieb ist grundsätzlich gemeinnützigkeitsschädlich. Denn sie bedeutet einen Verbrauch gemeinnützigkeitsrechtlich gebundener Mittel für satzungsfremde, nicht gemeinnützige Zwecke.

Grundsätze

Nach Auffassung der Finanzverwaltung (AEAO Nr. 4 zu § 55 Abs. 1 Nr. 1) gelten die folgenden Grundsätze:

- Zunächst sind die Gewinne und Verluste aller steuerpflichtigen wirtschaftlichen Geschäftsbetriebe, die in einem Jahr entstanden sind, zu saldieren.
- Verbleibt nach der Saldierung noch ein Verlust, so kann dieser mit den (saldierten) Gewinnen der letzten sechs Jahre verrechnet werden.
- Verbleibt danach noch ein Verlust, so muss dieser bis zum Ende des Jahres, in dem die Verluste entstanden sind, durch Überschüsse steuerpflichtiger wirtschaftlicher Geschäftsbetriebe oder Zuwendungen Dritter, für die kein Spendenabzug zulässig ist, ausgeglichen werden.
- Beim Aufbau eines neuen steuerpflichtigen wirtschaftlichen Geschäftsbetriebs ist eine Verwendung von Mitteln des ideellen Bereichs für den Ausgleich von Verlusten dann unschädlich, wenn mit Anlaufverlusten zu rechnen war. Allerdings müssen die Mittel dem ideellen Bereich innerhalb von drei Jahren nach dem Ende des Verlustentstehungsjahrs wieder zugeführt werden (AEAO Nr. 8 zu § 55 Abs. 1 Nr. 1).

Ermittlung des maß-
geblichen Verlusts

Für die Ermittlung des maßgeblichen Verlusts sind die Abschreibungen mit einzubeziehen. Besonderheiten gelten für gemischt genutzte Wirtschaftsgüter, d.h. für solche Wirtschaftsgüter, die sowohl im steuerbegünstigten Bereich als auch im steuerpflichtigen wirtschaftlichen Geschäftsbetrieb genutzt werden.

Beispiel:
Die Pflegeeinrichtung P beliefert mit ihrer Küche fremde Dritte. Der Anteil der Außenlieferung beträgt 23 % der Gesamtleistung. Damit liegt keine Selbstversorgungseinrichtung vor. Soweit die Leistungen für die eigene Einrichtung erbracht werden, sind sie dem steuerbegünstigten Zweckbetrieb zuzurechnen. Die Außenleistungen bilden dagegen einen steuerpflichtigen wirtschaftlichen Geschäftsbetrieb.

Die Küche wird im Beispielsfall sowohl für den steuerbegünstigten Zweckbetrieb als auch für den steuerpflichtigen wirtschaftlichen Geschäftsbetrieb genutzt. Falls die Außenlieferungen insgesamt – unter Einbeziehung der Abschreibungen – nicht kostendeckend sind, stellt sich die Frage, ob die Verluste gemeinnützigkeitsschädlich sind.

Nach Auffassung der Finanzverwaltung sind die Verluste unter folgenden Voraussetzungen gemeinnützigkeitsunschädlich:

Gemischt genutzte Wirtschaftsgüter und Aufwendungen

- Das Wirtschaftsgut wurde **für** den **ideellen Bereich** angeschafft und wird nur zur besseren Kapazitätsauslastung und Mittelbeschaffung teil- oder zeitweise im steuerpflichtigen wirtschaftlichen Geschäftsbetrieb eingesetzt. Die Körperschaft darf nicht schon im Hinblick auf die beabsichtigte Nutzung im steuerpflichtigen wirtschaftlichen Geschäftsbetrieb ein größeres Wirtschaftsgut angeschafft oder hergestellt haben, als es für die ideelle Tätigkeit notwendig war.
- Die Körperschaft verlangt für ihre Leistungen **marktübliche** Preise.
- Der steuerpflichtige wirtschaftliche Geschäftsbetrieb bildet keinen eigenständigen Sektor eines Gebäudes.
- Diese Grundsätze gelten entsprechend für die Berücksichtigung anderer gemischt genutzter Aufwendungen, wie z.B. aus dem Einsatz von Personal.

Die ertragsteuerliche Behandlung der vier Sphären steuerbegünstigter Körperschaften ist in Abbildung 9 dargestellt.

Abbildung 9

Die vier Sphären steuerbegünstigter Körperschaften
- steuerbegünstigter Bereich -

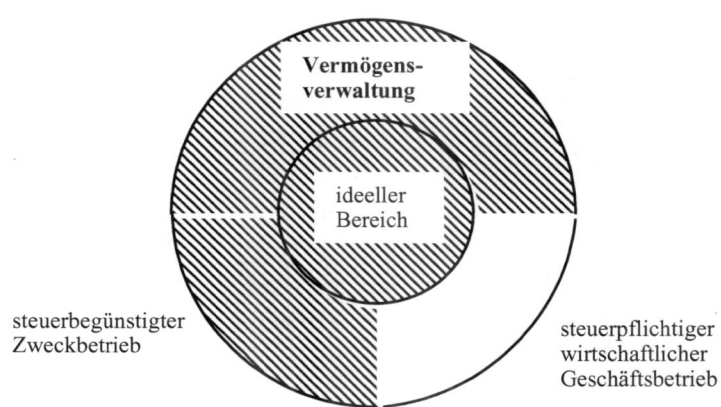

wirtschaftlicher Geschäftsbetrieb

Steuerpflichtige wirtschaftliche Geschäftsbetriebe sind solche wirtschaftlichen Geschäftsbetriebe i.S.d. § 14 AO, die die Voraussetzungen für einen steuerbegünstigten Zweckbetrieb nicht erfüllen.

Zusammenfassung steuerpflichtiger wirtschaftlicher Geschäftsbetrieb

Steuerpflichtige wirtschaftliche Geschäftsbetrieb können unmittelbar von der steuerbegünstigten Körperschaft betrieben werden. Sie können aber auch dann entstehen, wenn die steuerbegünstigte Körperschaft an einer Mitunternehmerschaft, d.h. einer Personengesellschaft, bei der die Gesellschafter Mitunternehmerrisiko und Mitunternehmerinitiative haben, oder unter weiteren Voraussetzungen an einer steuerpflichtigen Kapitalgesellschaft beteiligt ist, die nicht nur Vermögensverwaltung betreibt. Anteile an steuerpflichtigen Kapitalgesellschaften, die nur Vermögensverwaltung betreiben, sowie Anteile an steuerbegünstigten Kapitalgesellschaften werden stets in der Vermögensverwaltung gehalten.

Die Beteiligung an einer steuerpflichtigen Kapitalgesellschaft ist aber nur dann einem steuerpflichtigen wirtschaftlichen Geschäftsbetrieb zuzuordnen, wenn die steuerbegünstigte Körperschaft auf die laufende Geschäftsführung der steuerpflichtigen Tochtergesellschaft Einfluss nimmt oder die Voraussetzungen einer steuerlichen Betriebsaufspaltung vorliegen.

Die Einflussnahme auf die laufende Geschäftsführung kann durch eine personenidentische Besetzung der Leitungsorgane der steuerbegünstigten Körperschaft und der steuerpflichtigen Tochtergesellschaft oder dadurch erfolgen, dass die steuerbegünstigte Körperschaft über die Gesellschafterversammlung der Geschäftsführung der Tochtergesellschaft Weisungen erteilt.

Die Voraussetzungen einer steuerlichen Betriebsaufspaltung sind erfüllt, wenn die steuerbegünstigte Körperschaft der Tochtergesellschaft eine wesentliche Betriebsgrundlage zur Nutzung überlässt und sie außerdem ihren Willen in der Tochtergesellschaft zumindest in Fragen der Nutzungsüberlassung durchsetzen kann.

Steuerpflichtige wirtschaftliche Geschäftsbetriebe unterliegen der Körperschaftsteuer (Steuersatz 25 %) und der Gewerbesteuer.

Bei der Umsatzsteuer tritt an die Stelle des ermäßigten Steuersatzes von derzeit 7 % der Regelsteuersatz von derzeit 16 %.

Für Zuwendungen in einen steuerpflichtigen wirtschaftlichen Geschäftsbetrieb dürfen keine Zuwendungsbestätigungen ausgestellt werden.

Zuwendungen *in* einen steuerpflichtigen wirtschaftlichen Geschäftsbetrieb unterliegen der Erbschaft- und Schenkungsteuer. Die Zuwendung eines ganzen steuerpflichtigen wirtschaftlichen Geschäftsbetriebs ist dagegen nach Auffassung der Finanzverwaltung nicht erbschaft- und schenkungsteuerpflichtig.

Zur Ermittlung der steuerpflichtigen Ergebnisse der steuerpflichtigen wirtschaftlichen Geschäftsbetriebe sind die Ergebnisse aller steuerpflichtigen wirtschaftlichen Geschäftsbetriebe zu saldieren.

Die Überschüsse aus steuerpflichtigen wirtschaftlichen Geschäftsbetrieben sind grundsätzlich zeitnah für steuerbegünstigte Zwecke zu verwenden. Sofern eine betriebswirtschaftliche Notwendigkeit besteht, dürfen allerdings Rücklagen gebildet werden.

Gemeinnützigkeitsrechtlich gebundene Mittel, die der Verpflichtung zur zeitnahen Mittelverwendung unterliegen, dürfen nur dann – vorübergehend – im steuerpflichtigen wirtschaftlichen Geschäftsbetrieb eingesetzt werden, wenn sie dem steuerbegünstigten Bereich wieder rechtzeitig zur Verfügung stehen.

Für die Abdeckung von Verlusten aus steuerpflichtigen wirtschaftlichen Geschäftsbetrieben durch gemeinnützigkeitsrechtlich gebundene Mittel bestehen enge Einschränkungen. Nach Auffassung der Finanzverwaltung sind zunächst die in einem Jahr in allen steuerpflichtigen wirtschaftlichen Geschäftsbetrieben erwirtschafteten Verluste zu saldieren. Verbleibt danach noch ein Verlust, so kann er mit den in den vorangegangenen sechs Jahren erzielten Gewinnen verrechnet werden. Verbleibt auch danach noch ein Verlust, so muss er bis spätestens zum Ablauf des darauffolgenden Kalenderjahrs durch Überschüsse steuerpflichtiger wirtschaftlicher Geschäftsbetriebe oder Zuwendungen Dritter, für die kein Spendenabzug möglich ist, ausgeglichen werden.

Erleichterungen im Hinblick auf den Verlustausgleich steuerpflichtiger wirtschaftlicher Geschäftsbetriebe bestehen nach Auffassung der Finanzverwaltung dann, wenn ein Wirtschaftsgut gemischt – d.h. für steuerbegünstigte Zwecke und im steuerpflichtigen wirtschaftlichen Geschäftsbetrieb – genutzt wird.

Sofern das Wirtschaftsgut nur zur besseren Kapazitätsauslastung im steuerpflichtigen wirtschaftlichen Geschäftsbetrieb eingesetzt wird, im Hinblick auf den Einsatz im steuerpflichtigen wirtschaftlichen Geschäftsbetrieb kein größeres Wirtschaftsgut angeschafft wurde und marktübliche Preise für die Leistungen des steuerpflichtigen wirtschaftlichen Geschäftsbetriebs verlangt werden, sind die insoweit entstehenden Kosten, soweit sie zu Verlusten im steuerpflichtigen wirtschaftlichen Geschäftsbetrieb führen, gemeinnützigkeitsrechtlich unschädlich.

4. Die Mittelverwendung für steuerbegünstigte Zwecke

Vermögensbindung und zeitnahe Mittelverwendung

Die Anerkennung der Gemeinnützigkeit setzt voraus, dass die Mittel der steuerbegünstigten Körperschaft für steuerbegünstigte Zwecke einzusetzen sind. Dies wird daraus abgeleitet, dass die steuerbegünstigte Körperschaft selbstlos tätig sein muss (§ 55 AO, vgl. auch schon oben 2.3, S. 35). Dies beinhaltet auch die Verpflichtung, sie zeitnah, d.h. grundsätzlich im Jahr des Zuflusses oder spätestens im Folgejahr, für steuerbegünstigte Zwecke zu verwenden (§ 55 Abs. 1 Nr. 5 AO). Verstöße gegen diese beiden Verpflichtungen können es rechtfertigen, dass die Finanzverwaltung die Anerkennung als gemeinnützig versagt. Bei einem Verstoß gegen den Grundsatz der Vermögensbindung kann die Finanzverwaltung die steuerbegünstigte Körperschaft sogar bis zu zehn Jahre rückwirkend besteuern (§§ 61, 63 AO).

Nachfolgend wird zunächst der Grundsatz der Vermögensbindung im Allgemeinen dargestellt (vgl. unten 4.1). Dabei stellen sich zunächst die Fragen, welche »Mittel« der Vermögensbindung unterliegen und was »Mittelverwendung« bedeutet. In diesem Zusammenhang ist im Hinblick auf einen etwaigen Verlust der Steuerbegünstigung von zentraler Bedeutung, wann eine fehlerhafte Mittelverwendung vorliegt. Anschließend wird auf die Verpflichtung zur zeitnahen Mittelverwendung eingegangen (vgl. unten 4.2, S. 78).

Die wesentlichen Aspekte im Zusammenhang mit der Vermögensbindung sind in Abbildung 10 dargestellt.

4.1 Der Grundsatz der Vermögensbindung im Allgemeinen

Nach § 55 AO sind die »Mittel« der steuerbegünstigten Körperschaft für steuerbegünstigte Zwecke zu verwenden. Damit stellt sich zunächst die Frage, was »Mittel« sind.

Der Grundsatz der Vermögensbindung und die Beurteilung der Mittelverwendung gehen zunächst nicht von feststehenden bilanzrechtlichen Begriffen aus. Damit ist es kaum möglich, zum Beispiel aus der Handelsbilanz einer steuerbegünstigten Körperschaft (sofern sie bilanziert) oder der Vermögensübersicht (sofern sie eine Einnahmen-Überschuss-Rechnung erstellt) zu beurteilen, ob die steuerbegünstigte Körperschaft ihre Mittel bestimmungsgemäß verwendet hat.

Abbildung 10

Überblick über die Vermögensbindung für steuerbegünstigte Zwecke

Mittel sind nach allgemeiner Auffassung alle Vermögenswerte, die eine steuerbegünstigte Körperschaft hat. Dazu zählen auch alle Einnahmen, gleichgültig ob sie Spenden sind oder Überschüsse aus steuerpflichtigen wirtschaftlichen Geschäftsbetrieben (nach Steuern).

Begriff der Mittel

Des weiteren stellt sich die Frage, wann die Mittel »verwendet« sind. Dazu folgende

---

Beispiele:
Ein Wohlfahrtsverband verwendet Spenden dafür, Essen an Obdachlose auszugeben.
Mit der Verteilung von Essen an wirtschaftlich Hilfsbedürftige verfolgt der Wohlfahrtsverband mildtätige Zwecke. Auch die Einordnung unter »Förderung des Wohlfahrtswesens« kommt in Betracht. Mit der Essensausgabe wird der Wohlfahrtsverband ärmer, die Mittel sind zweifelsfrei verwendet.
Eine gemeinnützige GmbH betreibt eine Pflegeeinrichtung. Sie entschließt sich, an das vorhandene Gebäude einen neuen Pflegetrakt anzubauen. Die Finanzierung erfolgt durch Spendengelder.
In diesem Fall wird die gGmbH durch die Finanzierung des Anbaus nicht ärmer. In bilanzieller Hinsicht tritt lediglich ein sog. Aktivtausch ein: An die Stelle eines Bankguthabens tritt ein Gebäude. Die Mittel sind aber gemeinnützigkeitsrechtlich dennoch verwendet. Denn sie werden unmittelbar für die satzungsmäßigen Zwecke eingesetzt.

Begriff der
Mittelverwendung

Eine Mittelverwendung für steuerbegünstigte Zwecke ist immer dann gegeben, wenn die Mittel bei der steuerbegünstigten Körperschaft liquiditätsmäßig für satzungsmäßige Zwecke abfließen (§ 55 Abs. 1 Nr. 5 Satz 2 AO).

Der Grundsatz der Vermögensbindung ist vor allem dann von Bedeutung, wenn die steuerbegünstigte Körperschaft Leistungen an Dritte, d.h. an Organmitglieder, Vereinsmitglieder oder auch völlig Außenstehende erbringt (vgl. unten 4.1.1). Der Grundsatz der Vermögensbindung ist aber auch im Zusammenhang mit den vier steuerlichen Sphären von zentraler Bedeutung (vgl. dazu unten 4.1.2, S. 75).

4.1.1 Leistungsbeziehungen mit Organmitgliedern, Mitgliedern und Außenstehenden

Der Grundsatz der Vermögensbindung im Zusammenhang mit Leistungsbeziehungen zu Organmitgliedern, wie z.B. Vorstandsmitgliedern, Geschäftsführern, Aufsichts- oder Beiräten, zu Vereinsmitgliedern bzw. Gesellschaftern einer gGmbH und Außenstehenden ergibt sich aus § 55 AO. Die wesentlichen Gesichtspunkte sind:

- Die Zahlung **angemessener Vergütungen** an Organmitglieder ist zulässig (§ 55 Abs. 1 Nr. 3 AO und oben 2.3, S. 35 im Zusammenhang mit dem Grundsatz der Selbstlosigkeit).
- Die Mitglieder bzw. Gesellschafter dürfen keine **Gewinnanteile** und in dieser Eigenschaft auch keine sonstigen Zuwendungen aus den Mitteln des Vereins bzw. der Gesellschaft erhalten (§ 55 Abs. 1 Nr. 1 AO).
  Diese Bestimmung verbietet zunächst nur Zuwendungen im Hinblick auf die Mitgliedschaft bzw. Gesellschafterstellung, denen keine angemessene Gegenleistung gegenüber steht.

Beispiele:
Installateur I ist Mitglied im DRK. Aufgrund seiner langjährigen Mitgliedschaft und im Hinblick auf seine guten Leistungen als Handwerker wird I vom DRK gerne gerufen, wenn wieder einmal ein Wasserhahn tropft. I berechnet seine Leistungen – im Hinblick auf seine Mitgliedschaft – zu einem Vorzugspreis.
I erhält zwar eine Vergütung vom DRK. Er erhält sie jedoch nicht in seiner Eigenschaft als Vereinsmitglied, sondern für seine Tätigkeit als Handwerker. Da die Vergütung angemessen ist, bestehen keine gemeinnützigkeitsrechtlichen Bedenken.

Zuwendungen an ein Mitglied oder einen Gesellschafter sind allerdings ausnahmsweise dann gemeinnützigkeitsrechtlich zulässig, wenn es sich beim Empfänger seinerseits um eine steuerbegünstigte Körperschaft handelt, bei der sichergestellt ist, dass der Vorteil/die Zuwendung für steuerbegünstigte Zwecke verwendet wird.

Beispiel:
Der ASB ist Alleingesellschafter einer gGmbH, die eine stationäre Pflegeeinrichtung betreibt. Die gGmbH erwirtschaftet Überschüsse, die der ASB
zur Anschaffung eines Rettungsfahrzeugs dringend benötigt.
Die Mittelweiterleitung ist gemeinnützigkeitsrechtlich grundsätzlich zulässig, da die Bindung der zugewendeten Mittel für steuerbegünstigte Zwecke
gewährleistet ist. Dabei ist allerdings der sog. Halbteilungsgrundsatz zu beachten (vgl. bereits oben 2.4, S. 40 im Zusammenhang mit dem Grundsatz
der Ausschließlichkeit).

Entsprechendes gilt auch für die Vermögensbindung für steuerbegünstigte Zwecke für den Fall der Auflösung der steuerbegünstigten Körperschaft (vgl. oben 2.3, S. 35). In diesem Fall ist die **Übertragung** des
nach **Liquidation** der steuerbegünstigten Körperschaft verbleibenden
Vermögens auf **ein steuerbegünstigtes Mitglied/einen steuerbegünstigten Gesellschafter** zulässig (sog. Anfallberechtigter). Da die
Liquidation zu einer vollständigen Auskehrung des Vermögens der
steuerbegünstigten Körperschaft führt, gilt insoweit naturgemäß der
Halbteilungsgrundsatz nicht.
Zulässig sind auch angemessene **Aufwendungen zur Mitgliederpflege** (vgl. bereits oben 2.4, S. 40).

Arbeitsaufgabe

11. Alleingesellschafterin   einer   DRK-Krankenhaus-GmbH   ist   der
    DRK-Landesverband. Im Gesellschaftsvertrag der GmbH ist vor-
    gesehen, dass Gewinnausschüttungen an den Landesverband zuläs-
    sig sind. Ist eine solche Satzungsbestimmung gemeinnützigkeits-
    schädlich?

4.1.2   *Auswirkungen des Grundsatzes der Vermögensbindung auf den Mitteleinsatz in den vier Sphären*

Im ideellen Bereich und im steuerbegünstigten Zweckbetrieb werden die
steuerbegünstigten Zwecke unmittelbar verfolgt. Alle Mittel, die dort zum
Einsatz kommen, werden folglich entsprechend der gemeinnützigkeitsrechtlichen Widmung verwendet; Fragen im Hinblick auf die Vermögensbindung können deshalb insoweit nur im Zusammenhang mit der Verpflichtung zur zeitnahen Mittelverwendung auftreten, die unter 4.2 (vgl.
unten S. 78) noch näher dargestellt wird.

Im Gegensatz zum ideellen Bereich und dem Zweckbetrieb dienen die
Sphären Vermögensverwaltung und steuerpflichtiger wirtschaftlicher Geschäftsbetrieb nicht unmittelbar steuerbegünstigten Zwecken, sondern lediglich der Mittelbeschaffung für steuerbegünstigte Zwecke. Sie werden
deshalb gemeinnützigkeitsrechtlich nur geduldet. Der Zweck einer steuerbegünstigten Körperschaft darf deshalb nicht auf die Vermögensverwal-

*Vermögens-
verwaltung und
wirtschaftlicher
Geschäftsbetrieb zur
Mittelbeschaffung*

tung oder einen steuerpflichtigen wirtschaftlichen Geschäftsbetrieb gerichtet sein. Daher ergeben sich im Zusammenhang mit der Vermögensverwaltung und dem steuerpflichtigen wirtschaftlichen Geschäftsbetrieb die folgenden Einzelfragen:

Vermögensverwaltung und Vermögensbindung

Ob und ggf. welche Mittel eine steuerbegünstigte Körperschaft in der Vermögensverwaltung einsetzen darf, ist eine Frage der zeitnahen Mittelverwendung. Die damit zusammenhängenden Probleme werden im Einzelnen unter 4.2 (vgl. unten S. 78) noch näher behandelt.

Kein Ausgleich von Verlusten der Vermögensverwaltung

Der Grundsatz der Vermögensbindung verlangt es, dass die Mittel für steuerbegünstigte Zwecke verwendet werden. Daraus zieht die Finanzverwaltung im Anwendungserlass zur AO (AEAO Nr. 9 zu § 55 Abs. 1 Nr. 1) den Schluss, dass der Verbrauch von Mitteln in der Vermögensverwaltung grundsätzlich gemeinnützigkeitsschädlich ist. Sie stellt den Ausgleich von Verlusten aus Vermögensverwaltung durch gemeinnützigkeitsrechtlich gebundene Mittel dem Ausgleich von Verlusten aus steuerpflichtigen wirtschaftlichen Geschäftsbetrieben gleich.

Damit ergeben sich im Einzelnen die bereits oben 3.2 (S. 51) dargestellten Konsequenzen:

Grundsätze für den Verlustausgleich in der Vermögensverwaltung

- Die in einem Jahr erzielten Verluste aus Vermögensverwaltung können durch Überschüsse aus der Vermögensverwaltung ausgeglichen werden, die die steuerbegünstigte Körperschaft in den sechs vorangegangenen Jahren erzielt hat.
- Verbleibt nach diesem Verlustausgleich immer noch ein Verlust, so muss er in dem Jahr, das auf den Zeitpunkt der Verlustentstehung folgt, mit Überschüssen aus der Vermögensverwaltung oder Zahlungen Dritter ausgeglichen werden, für die keine Zuwendungsbestätigungen ausgestellt werden dürfen.

Die Einzelheiten zum Ausgleich von Verlusten aus der Vermögensverwaltung sind nicht abschließend geklärt. Dies betrifft insbesondere die Frage, wann ein Verlust aus Vermögensverwaltung vorliegt. Dazu das folgende

> Beispiel:
> Die gemeinnützige Stiftung S hat einen Teil ihres Vermögens in Aktien angelegt. Die Aktien hat sie mit Eigenkapital finanziert, d.h. sie hat dafür kein Darlehen aufgenommen. Die Aktien haben seit ihrem Erwerb erheblich an Wert verloren. Es werden geringfügige Dividenden ausgeschüttet. Da S bei einigen Aktien weitere Kursverluste erwartet, hat S diese – mit Verlust – verkauft.

Was sind Verluste aus Vermögensverwaltung?

Im Hinblick auf den Verlust aus Vermögensverwaltung können die folgenden Ansichten vertreten werden:

- Für die Frage, wann ein Verlust aus Vermögensverwaltung vorliegt, kommt es im Rahmen einer Einnahmen-/Ausgabenrechnung nur darauf an, ob die **Dividenden** den **laufenden Finanzierungsaufwand** decken. Wertminderungen – gleichgültig, ob sie durch Verkauf der Wertpapiere realisiert wurden oder nicht – bleiben außer Betracht.

Als Begründung dafür lässt sich anführen, dass im Gemeinnützigkeitsrecht das Zu- und Abflussprinzip gilt. Dagegen spricht, dass alle »Mittel« der steuerbegünstigten Körperschaft für steuerbegünstigte Zwecke einzusetzen sind und dass dazu auch das Vermögen der steuerbegünstigten Körperschaft zählt.

Diese Meinung wird von Teilen der Finanzverwaltung vertreten.

Diese Rechtsauffassung führt im Beispielsfall dazu, dass keine Verluste aus Vermögensverwaltung vorliegen. Denn den Dividenden steht kein entsprechender Aufwand der Stiftung gegenüber: Die Aktien wurden über Eigenkapital finanziert, S hat daher keine Finanzierungszinsen zu bezahlen.

- Entscheidend ist, ob die **Kursverluste realisiert** wurden. Denn nur insoweit steht definitiv fest, dass der Kursverlust nicht mehr für steuerbegünstigte Zwecke verwendet werden kann.

  Im Beispielsfall hat dies zur Folge, dass nur die durch den Verkauf der Aktien realisierten Verluste von Bedeutung sind. Diese können zunächst mit den Dividenden verrechnet werden. Der danach verbleibende Verlust ist mit Überschüssen aus der Vermögensverwaltung der vorangegangenen sechs Jahre zu verrechnen.

- **Jede Wertminderung** – also nicht nur die realisierten Kursverluste – ist in die Betrachtung mit einzubeziehen. Diese – besonders restriktive – Auffassung wird derzeit von der Finanzverwaltung überwiegend vertreten.

Da auch der steuerpflichtige wirtschaftliche Geschäftsbetrieb gemeinnützigkeitsrechtlich zur Mittelbeschaffung lediglich geduldet wird, gelten die oben zur Vermögensverwaltung dargestellten Grundsätze auch für den steuerpflichtigen wirtschaftlichen Geschäftsbetrieb. Wegen der Einzelheiten, auch im Zusammenhang mit der Ermittlung des gemeinnützigkeitsschädlichen Verlusts, kann auf die Ausführungen oben 3.4.5, S. 68 zur steuerlichen Behandlung des steuerpflichtigen wirtschaftlichen Geschäftsbetriebs verwiesen werden.

Vermögensbindung und wirtschaftlicher Geschäftsbetrieb

Mittel im Sinne der Vermögensbindung sind alle Vermögenswerte, die eine steuerbegünstigte Körperschaft hat.

Mittel sind gemeinnützigkeitsrechtlich dann verwendet, wenn sie bei der steuerbegünstigten Körperschaft liquiditätsmäßig abfließen. Es ist nicht erforderlich, dass die steuerbegünstigte Körperschaft dadurch ärmer wird. Es reicht aus, wenn beispielsweise Wirtschaftsgüter, die unmittelbar dem Satzungszweck dienen, angeschafft werden.

Der Grundsatz der Vermögensbindung schließt die Bezahlung angemessener Vergütungen nicht aus. Dies gilt auch für Leistungen an Mitglieder bzw. Gesellschafter.

Merksätze

Mitglieder bzw. Gesellschafter dürfen *in ihrer Eigenschaft als Mitglieder/Gesellschafter* keine Gewinnanteile erhalten. Eine Ausnahme gilt für solche Mitglieder/Gesellschafter, die selbst steuerbegünstigte Körperschaften sind. Bei diesen versteht das Gemeinnützigkeitsrecht die Gewinnausschüttung (bei der GmbH, handelsrechtlich betrachtet) als Mittelzuwendung i.S.d. § 58 Nr. 2 AO, die nicht überwiegen darf.

Zulässig sind angemessene Aufwendungen zur Mitgliederpflege.

Der Grundsatz der Vermögensbindung schließt es nicht aus, dass Mitglieder bzw. Gesellschafter, die steuerbegünstigte Körperschaften sind, als Anfallberechtigte für den Fall der Liquidation der steuerbegünstigten Körperschaft vorgesehen werden.

Gemeinnützigkeitsrechtlich gebundene Mittel dürfen im steuerpflichtigen wirtschaftlichen Geschäftsbetrieb und in der Vermögensverwaltung nicht (zur Verlustabdeckung) verbraucht werden.

Nicht abschließend geklärt ist, was Verluste aus der Vermögensverwaltung sind. Es ist nicht auszuschließen, dass auch nicht realisierte Kursverluste bei Wertpapieren zu einem gemeinnützigkeitsrechtlich problematischen Verlust aus Vermögensverwaltung führen.

4.2   Das Gebot der zeitnahen Mittelverwendung

Steuerbegünstigte Körperschaften müssen ihre Mittel grundsätzlich zeitnah für steuerbegünstigte Zwecke verwenden. Wegen der Begriffe »Mittel« und »Mittelverwendung« kann auf die Ausführungen oben 4.1., S. 72 verwiesen werden.

Hinsichtlich der zeitnahen Mittelverwendung kann eine Dreiteilung erfolgen in

- Mittel, die überhaupt nicht zeitnah verwendet werden müssen (vgl. unten 4.2.1),
- Mittel, die mittelfristig verwendet werden müssen, insbesondere vorübergehend in eine Rücklage gestellt werden können (vgl. unten 4.2.2, S. 83) und
- Mittel, die zeitnah verwendet werden müssen (vgl. unten 4.2.3, S. 86).

4.2.1   *Nicht der zeitnahen Mittelverwendung unterliegende Mittel*

Umschichtungs-
gewinne

Sind Mittel nicht zeitnah zu verwenden, so gilt dies auch für etwaige Umschichtungsgewinne.

Beispiel:
Stiftung S hat vor vielen Jahren mit einem ihr zugewendeten Vermächtnis ein landwirtschaftliches Grundstück erworben, das nun Bauland wird. Die Stiftung verkauft das Grundstück mit großem Gewinn.

Abbildung 11

Zeitnahe Mittelverwendung

Mittel

nicht zeitnah zu verwenden (4.2.1)	mittelfristig zu verwenden (4.2.2)	zeitnah zu verwenden (4.2.3)
– Zuwendungen von Todes wegen (§ 58 Nr. 11a) AO)	– Projektrücklagen (§ 58 Nr. 6 AO)	– im Jahr des Zuflusses oder spätestens im Folgejahr
– zur Vermögensausstattung oder -erhöhung bestimmte Beträge (§ 58 Nr. 11b) AO)	– Betriebsmittelrücklagen (§ 58 Nr. 6 AO)	
– Zuwendungen aufgrund eines Spendenaufrufs zur Vermögenserhöhung (§ 58 Nr. 11 c) AO)	– Rücklagen in der Vermögensverwaltung	
– Sachzuwendungen, die zum Vermögen gehören (§ 58 Nr. 11 d) AO)	– Rücklagen im steuerpflichtigen wirtschaftlichen Geschäftsbetrieb	
– vor dem 1.1.1977 angesammelte Mittel (streitig)		
– freie Rücklagen und Rücklagen zur Erhaltung der prozentualen Beteiligungsquote (§ 58 Nr. 7 AO)		

In § 58 Nr. 11 AO sind die wesentlichen Mittel zusammengefasst, die nicht zeitnah für steuerbegünstigte Zwecke verwendet werden müssen. Dazu zählen auch – wie im Beispielsfall – Zuwendungen von Todes wegen, also Erbschaften und Vermächtnisse. Nach der genannten Gesetzesregelung unterliegen nicht der Verpflichtung zur zeitnahen Mittelverwendung:

Generell nicht zeitnah zu verwendende Mittel

- **Zuwendungen von Todes wegen**, wenn der Erblasser nicht vorgeschrieben hat, dass die Zuwendung für den laufenden Aufwand der steuerbegünstigten Körperschaft einzusetzen ist (§ 58 Nr. 11a) AO),
- **Zuwendungen**, bei denen der Zuwendende ausdrücklich erklärt, dass sie zur Ausstattung der Körperschaft mit Vermögen oder zur Erhöhung des Vermögens bestimmt sind (§ 58 Nr. 11b) AO). Darunter fällt beispielsweise bei der Errichtung von Stiftungen in der Regel die Ausstattung mit dem sog. Grundstockvermögen (vgl. z.B. Schick, Rechts- und Unternehmensformen, S. 96 ff.).
- **Zuwendungen aufgrund eines Spendenaufrufs** der Körperschaft, wenn aus dem Spendenaufruf ersichtlich ist, dass Beiträge zur Aufstockung des Vermögens erbeten werden (§ 58 Nr. 11c) AO),
- **Sachzuwendungen, die ihrer Natur nach zum Vermögen gehören** (§ 58 Nr. 11d) AO). Als Beispiel wird insoweit die Zuwendung eines Mietwohngrundstücks genannt.

Ebenfalls nicht zeitnah zu verwenden sind solche Mittel, die bei der steuerbegünstigten Körperschaft vor dem 1. Januar 1977 – dem Zeitpunkt des

Inkrafttretens der Abgabenordnung – angesammelt wurden. Dies ist allerdings nicht unumstritten.

Freie Rücklagen und Vermögenszuführungen bei neuen Stiftungen

Nicht zeitnah zu verwenden sind außerdem freie Rücklagen, die nach § 58 Nr. 7a) AO unter bestimmten Voraussetzungen gebildet werden können, sowie die Mittel, die eine Stiftung nach § 58 Nr. 12 AO im Jahr ihrer Errichtung und in den beiden Folgejahren zulässigerweise ihrem Vermögen zuführt.

Bildung freier Rücklagen nach § 58 Nr. 7a) AO

Nach § 58 Nr. 7a) AO ist es für die Steuerbegünstigung unschädlich, wenn eine Körperschaft höchstens ein Drittel des Überschusses der Einnahmen über die »Unkosten« aus Vermögensverwaltung und höchstens 10 % der übrigen zeitnah zu verwendenden Mittel einer Rücklage zuführt.

Mit dem – verunglückten – gesetzlichen Begriff der »Unkosten« sind solche Aufwendungen gemeint, die bei Steuerpflichtigen Werbungskosten oder Betriebsausgaben wären, also vor allem Verwaltungskosten und Darlehenszinsen.

Zum Begriff der übrigen zeitnah zu verwendenden Mittel verweist das Gesetz auf § 55 AO (vgl. dazu bereits oben 4.1, S. 72). Trotzdem bleiben nach dem Gesetzeswortlaut verschiedene Fragen offen. Wesentliche Zweifelsfragen beurteilt die Finanzverwaltung wie folgt (vgl. AEAO Nr. 14 zu § 58 Nr. 7 AO):

- **Rücklagenzuführungen aus dem ideellen Bereich:** Hier gestattet es die Finanzverwaltung, dass die Bruttoeinnahmen aus dem ideellen Bereich als Bemessungsgrundlage herangezogen werden. Konkret bedeutet dies: Der mit dem Fundraising/der Spendenwerbung verbundene Aufwand mindert die Bemessungsgrundlage bei der Rücklagenzuführung nicht.
- **Rücklagenzuführungen aus dem Zweckbetrieb:** Insoweit sind die Zweckbetriebsüberschüsse maßgebend.
- **Rücklagenzuführungen aus dem steuerpflichtigen wirtschaftlichen Geschäftsbetrieb:** Entscheidend sind die Gewinne. Werden für die Besteuerung die Gewinne aus wirtschaftlichen Geschäftsbetrieben pauschaliert, so können nach Auffassung der Finanzverwaltung für die Rücklagenbildung dennoch die tatsächlich erzielten Gewinne zugrunde gelegt werden.

Getrennte Betrachtung der Sphären bei der Rücklagenbildung

Bei der Rücklagenbildung ist nach Auffassung der Finanzverwaltung jede Sphäre getrennt zu betrachten: Dies bedeutet, dass z.B. Verluste des Zweckbetriebs die Bemessungsgrundlage für Rücklagenzuführungen aus Mitteln des steuerpflichtigen wirtschaftlichen Geschäftsbetriebs nicht mindern.

Keine Verpflichtung zur Auflösung freier Rücklagen

Die freie Rücklage hat den Vorteil, dass sie während des Bestehens der steuerbegünstigten Körperschaft nicht aufgelöst werden muss. Sofern keine sonstigen, nicht zeitnah zu verwendende Mittel vorhanden sind, ermöglichen sie Maßnahmen, für die keine zeitnah zu verwendende Mittel

eingesetzt werden dürfen. Dies gilt insbesondere dann, wenn Mittel zum –
nicht nur vorübergehenden – Einsatz in der Vermögensverwaltung oder in
einem steuerpflichtigen wirtschaftlichen Geschäftsbetrieb benötigt werden.

Beispiel:
Der Träger der Pflegeeinrichtung P hat die Reinigung von P an ein Unternehmen
fremd vergeben. Das Unternehmen muss für seine Leistungen Umsatzsteuer (auf
der Grundlage des Regelsteuersatzes von derzeit 16 %) abführen. Da P nicht
zum Abzug dieser Vorsteuer berechtigt ist – P erbringt beinahe ausschließlich
Leistungen, die nach § 4 Nr. 16 UStG von der Umsatzsteuer befreit sind – bietet
das Unternehmen P eine Gestaltung an, bei der P und das Unternehmen gemeinsam eine steuerpflichtige GmbH gründen, an der P mit 51 % und das Unternehmen mit 49 % beteiligt sein soll. Geschäftsführer der GmbH soll der Geschäftsführer von P, Rainer Rührig, werden. Die neue Gesellschaft soll die Reinigungs-
dienstleistungen des Unternehmens übernehmen (vgl. Abb. 12).

Abbildung 12

Mittelverwendung und umsatzsteuerliche Organschaft

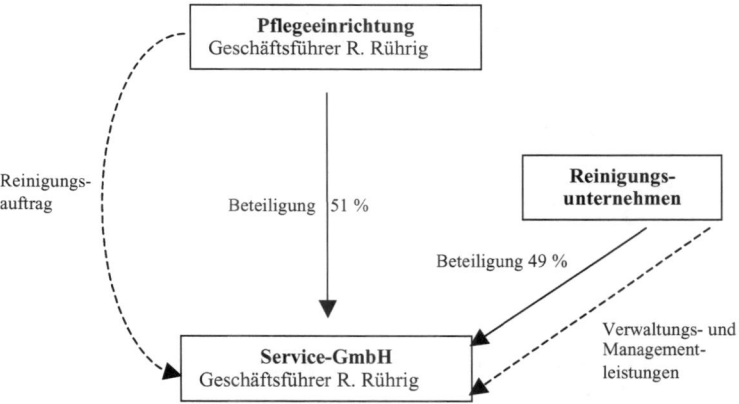

Mit dieser Gestaltung werden die Voraussetzungen einer sog. umsatzsteuerlichen Organschaft geschaffen (vgl. dazu noch im einzelnen die Ausführungen im 2. Hauptteil, Abschnitt 1.3, S. 148). Die Leistungsbeziehungen
zwischen der neuen GmbH und P sind nicht umsatzsteuerbar, d.h. sie unterliegen nicht der Umsatzsteuer. Da P aus umsatzsteuerlichen Gründen
Einfluss auf die laufende Geschäftsführung nehmen können muss, wird die
Beteiligung an der GmbH – zwingend – in einem steuerpflichtigen wirtschaftlichen Geschäftsbetrieb gehalten. Es dürfen dort zur Finanzierung
keine zeitnah zu verwendenden Mittel eingesetzt werden. Sofern P eine
freie Rücklage gebildet hat, kommt diese zur Finanzierung in Betracht.

Achtung: keine Nachholung der freien Rücklage!

Die Bildung der freien Rücklage darf in späteren Jahren nicht nachgeholt werden. Dies bedeutet, dass die freie Rücklage nach Möglichkeit im höchstmöglichen Umfang dotiert werden sollte, um die vorstehend beschriebene Flexibilität zu erreichen. Eine einmal gebildete freie Rücklage muss jedoch nicht dauerhaft erhalten bleiben. Es ist auch zulässig, sie später wieder aufzulösen und zeitnah für die steuerbegünstigten Zwecke auszugeben.

Rücklage zur Erhaltung der prozentualen Beteiligungsquote

Ebenfalls den dauerhaft nicht zeitnah zu verwendenden Rücklagen zuzurechnen ist die Rücklage zur Erhaltung der prozentualen Beteiligungsquote an Kapitalgesellschaften. Dadurch soll es steuerbegünstigten Körperschaften, die insbesondere an gewerblichen Unternehmen beteiligt sind, zur Vermögenserhaltung ermöglicht werden, an Kapitalerhöhungen teilzunehmen und dafür auch gemeinnützigkeitsrechtlich gebundene, grundsätzlich zeitnah zu verwendende Mittel einzusetzen. Dazu das folgende

> Beispiel:
> Wohlfahrtsverband W hat Mittel aus einer Erbschaft dafür verwendet, eine sog. Gemeinschaftsstiftung zu errichten (vgl. Schick, Rechts- und Unternehmensformen, S. 61). Mit dieser Gemeinschaftsstiftung sollen Dritte für Zuwendungen gewonnen werden. Tatsächlich entschließt sich der kinderlose Unternehmer U, im Rahmen eines Vermächtnisses sein Aktienpaket an »seiner« AG der Stiftung zuzuwenden. Die Geschäfte der AG entwickeln sich so gut, dass zur Finanzierung eine Kapitalerhöhung gegen Einlagen erforderlich ist.
> W darf nach § 58 Nr. 7b) AO auch zeitnah zu verwendende Mittel zum Erwerb junger Aktien (das sind die Aktien, die im Rahmen der Kapitalerhöhung neu ausgegeben werden) einsetzen.

Die zur Bildung einer Rücklage oder für die Kapitalerhöhung eingesetzten Mittel mindern aber die Bemessungsgrundlage für die Bildung der freien Rücklage nach § 58 Nr. 7a) AO.

Für den Mitteleinsatz zur Erhaltung der prozentualen Beteiligungsquote gelten die folgenden Besonderheiten:

- Die Mittelverwendung ist **nur für Kapitalerhöhungen bei Kapitalgesellschaften** zulässig, nicht aber für Kapitalerhöhungen bei Personengesellschaften.
- Die Mittel dürfen **nicht zum erstmaligen Erwerb einer Beteiligung** (z.B. für die oben beschriebene Gründung einer Service-GmbH) oder die Erhöhung der prozentualen Beteiligungsquote eingesetzt werden.

Vermögenszuführungen bei neuen Stiftungen

Seit Januar 2000 können Stiftungen über die oben beschriebenen Grundsätze der Rücklagenbildung hinaus Mittel ihrem Vermögen zuführen. Diese Regelung ist allerdings auf neu errichtete Stiftungen beschränkt und gilt nur für Vermögenszuführungen im Jahr der Errichtung der Stiftung und in den beiden Folgejahren.

Dem Vermögen zugeführt werden können Überschüsse aus der Vermögensverwaltung und Gewinne aus wirtschaftlichen Geschäftsbetrieben im
Sinne des § 14 AO, also die Gewinne aus Zweckbetrieben und steuerpflichtigen wirtschaftlichen Geschäftsbetrieben. Damit sind von der Ver-
mögenszuführung nur Zuflüsse im ideellen Bereich ausgenommen. Erklärt allerdings der Zuwendende, dass die Zuwendung nicht zeitnah für
steuerbegünstigte Zwecke verwendet werden soll, so sind die zugewendeten Mittel bereits nach § 58 Nr. 11 AO nicht zeitnah zu verwenden. Dazu
das folgende

Beispiel:
Stifter S errichtet eine Stiftung. Sein Bruder B entschließt sich, da er die Idee für
so gut hält, der Stiftung auch einen größeren Betrag zuzuwenden. Sofern B auf
der Überweisung z.b. als Verwendungszweck »Zustiftung« vermerkt, ist der Betrag nach § 58 Nr. 11b) AO nicht zeitnah für steuerbegünstigte Zwecke zu verwenden. Trägt dagegen der Überweisungsträger den Hinweis »Spende«, scheidet eine Zuführung zum Vermögen aus, da § 58 Nr. 12 AO nicht die Möglichkeit
vorsieht, Einnahmen des ideellen Bereichs dem Vermögen zuzuführen.
Die Stiftung übernimmt ein innovatives Pflegekonzept, das schon in den ersten
Jahren Überschüsse erwirtschaftet. Nach § 58 Nr. 7a) AO könnten (grundsätzlich) nur 10 % der Zweckbetriebsüberschüsse in eine freie Rücklage eingestellt
werden. Nach § 58 Nr. 12 AO ist es zulässig, im Jahr der Errichtung der Stiftung
und in den beiden Folgejahren die Zweckbetriebsüberschüsse vollständig dem
Vermögen zuzuführen. Damit können also im Beispielsfall die Zweckbetriebsüberschüsse in der Anfangszeit vollständig dem Vermögen zugeführt werden.

4.2.2   Mittelfristig zu verwendende Mittel

Mittelfristig zu verwenden sind solche Mittel, die zulässigerweise in eine
Rücklage – ausgenommen die Rücklagen nach § 58 Nr. 7 AO – eingestellt
werden. Dabei handelt es sich vor allem um folgende Rücklagen:

- Projekt- oder Zweckerfüllungsrücklagen (§ 58 Nr. 6 AO)
- Betriebsmittelrücklagen (§ 58 Nr. 6 AO)
- Rücklagen in der Vermögensverwaltung (AEAO Nr. 3 zu § 55 Abs. 1 Nr. 1 AO)
- Rücklagen im steuerpflichtigen wirtschaftlichen Geschäftsbetrieb (AEAO Nr. 3 zu § 55 Abs. 1 Nr. 1 AO)

Nach § 58 Nr. 6 AO ist es für die Steuervergünstigung unschädlich, wenn   Rücklagen nach § 58
eine steuerbegünstigte Körperschaft ihre Mittel ganz oder teilweise einer   Nr. 6 AO
Rücklage zuführt, um ihre steuerbegünstigten Zwecke nachhaltig erfüllen
zu können. Allerdings darf die Rücklagenbildung nicht dazu dienen,
»ganz allgemein« die Leistungsfähigkeit der steuerbegünstigten Körperschaft zu erhalten oder zu erhöhen. Dies wird durch die Bildung freier
Rücklagen nach § 58 Nr. 7a) AO erreicht. Damit kommt die Bildung von
Rücklagen nach § 58 Nr. 6 AO nur für Zwecke in Betracht, die unmittelbar
der gemeinnützigen Zweckerfüllung dienen, wie z.B. der Mittelansamm-

lung, um ein aufwändigeres, steuerbegünstigtes Projekt oder eine größere Investition für satzungsmäßige Zwecke durchführen zu können oder Vorsorge für die Bestreitung sicherer Ausgaben bei schwankenden Einnahmen zu schaffen.

Projekt- oder Zweckerfüllungsrücklagen

Die Bildung von Projekt- oder Zweckerfüllungsrücklagen kommt vor allem dann in Betracht, wenn die steuerbegünstigte Körperschaft ein größeres Projekt verwirklichen will und dafür die Mittel erst ansparen muss. Sie kann dann eine solche Rücklage bilden.

Allerdings müssen konkrete Zeitvorstellungen (in der Regel drei bis fünf Jahre) für die Projektverwirklichung bestehen. Im Hinblick auf diese Vorgaben ist es zweckmäßig, nicht nur die Zweckbestimmung bei der Rücklagenbildung bzw. -zuführung festzulegen, sondern darüber in den zuständigen Gremien (Vorstand/Geschäftsführung, Aufsichtsrat/Beirat/Stiftungsrat) Beschluss zu fassen.

Nach der »reinen Lehre« sind derartige Rücklagen abzuzinsen und die Erträge aus der – vorübergehenden – Anlage der Mittel wiederum der Rücklage gutzuschreiben.

Insbesondere die derzeitige, rasche Veränderung unserer Sozialsysteme birgt im Bereich der Sozialwirtschaft das Risiko schwankender, tendenziell zurückgehender Erträge in sich. Diesen raschen Veränderungen auf der Einnahmenseite stehen häufig feste Ausgaben gegenüber, die nur längerfristig beeinflusst werden können. Dazu folgendes

> Beispiel:
> Die neuen Entgeltsysteme führen bei Krankenhaus K dazu, dass die Bettenauslastung deutlich zurückgeht. Geschäftsführer G denkt zwar an eine Veränderung des Leistungsangebots, insbesondere durch die Angliederung einer Pflegeeinrichtung. Dies lässt sich aber nur im Laufe eines Jahres verwirklichen. G benötigt nicht mehr alle Pflegekräfte, kann sich aber von ihnen nur unter Einhaltung von Kündigungsfristen trennen.

Zulässige Höhe von Betriebsmittelrücklagen

Vor allem für solche Fälle lässt es die Finanzverwaltung zu, dass die steuerbegünstigte Körperschaft sog. Betriebsmittelrücklagen zu Absicherung der steuerbegünstigten Körperschaft bildet. Dabei ist das Ausmaß der zulässigen Rücklagen davon abhängig, wie sicher Einnahmen und Ausgaben sind. Insoweit gilt folgender

Grundsatz für die Bildung von Betriebsmittelrücklagen:

> Je unsicherer die Einnahmen der steuerbegünstigten Körperschaft sind und je sicherer ihre Ausgaben sind, desto höher ist die zulässige Rücklage.

Nach der Praxis der Finanzverwaltung führen die vorstehenden Grundsätze dazu, dass in der Regel Betriebsmittelrücklagen in Höhe der Ausga-

ben der steuerbegünstigten Körperschaft für einen Zeitraum von drei bis
neun Monaten gebildet werden können.

Mit einer – verwaltungsinternen, im Anwendungserlass zur AO (AEAO Nr. 3 zu § 55 Abs. 1 Nr. 1 AO) enthaltenen – Regelung lässt es die Finanzverwaltung zu, dass Rücklagen zur Durchführung konkreter Reparatur- oder Erhaltungsmaßnahmen an Vermögensgegenständen gebildet werden, die von der steuerbegünstigten Körperschaft vermietet werden. Die Maßnahmen, für die die Rücklagen gebildet werden, müssen notwendig sein, um den ordnungsgemäßen Zustand des Vermögensgegenstandes zu erhalten oder wiederherzustellen und in einem angemessenen Zeitraum durchgeführt werden können. Im Anwendungserlass zur AO wird als Beispiel die beabsichtigte Erneuerung eines Daches genannt. Im übrigen beschränkt sich die Mittelverwendung in der Vermögensverwaltung auf den Einsatz der Mittel, die in eine freie Rücklage gestellt sind.

Rücklagen in der Vermögensverwaltung

Ebenfalls aufgrund einer Erlassregelung der Finanzverwaltung dürfen (eingeschränkt) Rücklagen im steuerpflichtigen wirtschaftlichen Geschäftsbetrieb gebildet werden. Die Rücklagen im steuerpflichtigen wirtschaftlichen Geschäftsbetrieb müssen bei vernünftiger kaufmännischer Beurteilung wirtschaftlich begründet sein (AEAO Nr. 3 zu § 55 Abs. 1 Nr. 1 AO). Nach Auffassung der Finanzverwaltung muss für die Bildung der Rücklage ein konkreter Anlass gegeben sein, der auch aus objektiver unternehmerischer Sicht die Bildung der Rücklage rechtfertigt (z.B. eine geplante Betriebsverlegung, Werkserneuerung oder Kapazitätsausweitung). Eine fast vollständige Zuführung des Gewinns zu einer Rücklage im wirtschaftlichen Geschäftsbetrieb ist danach nur dann unschädlich für die Steuerbegünstigung, wenn die steuerbegünstigte Körperschaft nachweist, dass die betriebliche Mittelverwendung zur Sicherung ihrer Existenz geboten war.

Rücklagen im steuerpflichtigen wirtschaftlichen Geschäftsbetrieb

Hat eine steuerbegünstigte Körperschaft zulässigerweise eine Rücklage gebildet, d.h. entsprechende liquide Mittel angesammelt, so stellt sich die Frage nach ihrer Anlage bis zu dem Zeitpunkt, in dem die Mittel tatsächlich für satzungsmäßige Zwecke benötigt werden. Insoweit bestehen grundsätzlich keine Bedenken, sie **vorübergehend in** der Vermögensverwaltung oder im **steuerpflichtigen wirtschaftlichen Geschäftsbetrieb** einzusetzen, sofern sie

Vorübergehender Einsatz der einer Rücklage nach § 58 Nr. 6 AO zugeführten Mittel

- in der Vermögensverwaltung bzw. im steuerpflichtigen wirtschaftlichen Geschäftsbetrieb nicht verbraucht werden (d.h. nicht zum Ausgleich von Verlusten in diesen beiden Sphären verwendet werden).
- dem ideellen Bereich oder dem Zweckbetrieb zu dem Zeitpunkt wieder liquiditätsmäßig zur Verfügung stehen, in dem sie entsprechend ihrer Bestimmung verwendet werden sollen.

Arbeitsaufgabe

12. Orden O errichtet eine steuerbegünstigte Stiftung S, auf die als Ver-
    mögensausstattung die bisher vom Orden betriebene Pflegeeinrich-
    tung übertragen wird. S erzielt aus dem Betrieb der Pflegeeinrich-
    tung im Jahr der Errichtung (00) einen Überschuss von € 25.000,–,
    in den Jahren 01 und 02 einen solchen von jeweils € 50.000,– und
    im Jahr 03 einen Überschuss von € 75.000,–.

    S möchte von Ihnen wissen, in welcher Höhe Zuführungen zum
    Vermögen möglich sind. Sofern nicht alle Überschüsse dem Ver-
    mögen zugeführt werden können, stellt sich die Frage, welche wei-
    teren Möglichkeiten für die Mittelverwendung bestehen, wenn we-
    der Investitionen noch eine Verwendung von Mitteln für andere
    steuerbegünstigte Zwecke beabsichtigt ist.

4.2.3 Zeitnah zu verwendende Mittel

Begriff der zeitnahen Mittelverwendung

Sofern zeitnah zu verwendende Mittel nicht in eine Rücklage eingestellt
werden dürfen, sind sie nach § 55 Abs. 1 Nr. 5 AO zeitnah für steuerbegünstigte Zwecke zu verwenden. Nach der genannten Bestimmung bedeutet dies, dass die Mittel im Jahr des Zuflusses oder bis spätestens nach Ablauf des Folgejahres für steuerbegünstigte Zwecke einzusetzen sind.

Einzelheiten

Dabei sind die folgenden Einzelheiten zu beachten:

- Der dauerhafte **Einsatz** solcher Mittel in der **Vermögensverwaltung
  oder in** einem steuerpflichtigen **wirtschaftlichen Geschäftsbetrieb**
  ist selbst dann nicht zulässig, wenn die Mittel dort nicht verbraucht
  werden, d.h. nicht zur Verlustabdeckung verwendet werden.
- Der Einsatz zeitnah zu verwendender Mittel zur **Darlehensgewährung** ist dann zulässig, wenn die Darlehensgewährung der Verwirklichung satzungsmäßiger Zwecke dient. Dies setzt weiter voraus, dass
  der von der steuerbegünstigten Körperschaft verlangte Zins hinter dem
  allgemeinen Kapitalmarktzins zurückbleibt und die Mittel in der Rechnungslegung als zeitnah zu verwendende Mittel gekennzeichnet werden. Werden die Darlehen zurückbezahlt, so müssen sie entweder in
  gleicher Weise als Darlehen vergeben oder zeitnah für steuerbegünstigte Zwecke ausgegeben werden.

Beispiele:
Die von einem Wohlfahrtsverband unterhaltene Schuldnerberatungsstelle
unterstützt solche Personen, die im Sinne des § 53 Nr. 2 AO wirtschaftlich
hilfsbedürftig sind. Damit kann der Wohlfahrtsverband die Hilfsbedürftigen
satzungsmäßig ohne weiteres durch verlorene Zuschüsse unterstützen, d.h.
mit Zuwendungen, die nicht zurückzuzahlen sind. Dafür dürfen auch zeitnah
zu verwendende Mittel eingesetzt werden.
Alternativ zu verlorenen Zuschüssen kann der Wohlfahrtsverband aber auch
Darlehen gewähren, die die Zahlungsfähigkeit des Klienten sichern. Nach
der vorgenannten Regelung der Finanzverwaltung dürfen auch dafür zeitnah
zu verwendende Mittel, wie z.B. Spenden, eingesetzt werden.

Grundsätzlich sind alle Mittel einer steuerbegünstigten Körperschaft im Jahr des Zuflusses bei der steuerbegünstigten Körperschaft oder spätestens im Folgejahr für steuerbegünstigte Zwecke zu verwenden.

Nicht der Verpflichtung zur **zeitnahen Mittelverwendung** unterliegen

* Zuwendungen von Todes wegen, wenn der Erblasser nicht die Verwendung für den laufenden Aufwand vorgeschrieben hat,
* Zuwendungen, die ausdrücklich – aufgrund einer Erklärung des Zuwendenden – zur Erhöhung des Vermögens bestimmt sind,
* Zuwendungen aufgrund eines Spendenaufrufs zur Erhöhung des Vermögens und
* Sachzuwendungen, die ihrer Natur nach zum Vermögen gehören (Zuwendung eines Mietwohngrundstücks).

Freie Rücklagen können nach § 58 Nr. 7a) AO gebildet werden. Die freien Rücklagen unterliegen zwar auch der Bindung für steuerbegünstigte Zwecke, müssen aber während des Bestehens der steuerbegünstigten Körperschaft nicht aufgelöst zu werden. Eine in einem Kalenderjahr nicht gebildete Rücklage kann in Folgejahren nicht nachgeholt werden.

Die Höhe der Rücklagenzuführung ist auf 1/3 des Überschusses aus der Vermögensverwaltung und 10 % der übrigen zeitnah zu verwendenden Mittel (Spendeneinnahmen – ohne Abzug der Kosten für die Spendenwerbung –, Überschüsse von Zweckbetrieben und steuerpflichtigen wirtschaftlichen Geschäftsbetrieben) begrenzt.

Eine Sonderregelung enthält § 58 Nr. 7b) AO für die Rücklagenbildung und die **Mittelverwendung** zur Erhaltung der **prozentualen Beteiligungsquote** an Kapitalgesellschaften, an denen die steuerbegünstigte Körperschaft beteiligt ist.

Bei **Stiftungen** können die Überschüsse aus der Vermögensverwaltung, aus Zweckbetrieben und steuerpflichtigen wirtschaftlichen Geschäftsbetrieben im Jahr der Errichtung und in den beiden Folgejahren dem Vermögen zugeführt werden (§ 58 Nr. 12 AO). Andere Zuwendungen können nur dann dem Vermögen zugeführt werden, wenn es sich um nicht zeitnah zu verwendende Mittel handelt (vgl. dazu die allgemeinen Grundsätze oben).

Mittelfristig zu verwenden sind Projekt- oder Zweckerfüllungsrücklagen, Betriebsmittelrücklagen sowie Rücklagen in der Vermögensverwaltung und im steuerpflichtigen wirtschaftlichen Geschäftsbetrieb.

Bei der Bildung von **Projekt- oder Zweckerfüllungsrücklagen** müssen klare Vorstellungen bestehen, die auch in einem überschaubaren Zeitraum verwirklicht werden können (in der Regel innerhalb von drei bis fünf Jahren).

Betriebsmittelrücklagen können gebildet werden, um vor allem bei schwankenden Einnahmen und sicheren Ausgaben ein finanzielles Polster zu schaffen. Der Höhe nach sind sie in der Regel auf die Ausgaben für einen Zeitraum von drei bis neun Monaten begrenzt. Es gilt der Grundsatz: Je unsicherer die Einnahmen und je sicherer die Ausgaben sind, desto höhere Rücklagen dürfen gebildet werden.

Besondere Rücklagen in der **Vermögensverwaltung** und **im** steuerpflichtigen **wirtschaftlichen Geschäftsbetrieb** sind nur zulässig, wenn sie im Bereich der Vermögensverwaltung für konkrete Einzelmaßnahmen gebildet werden (z.B. die Erneuerung des Dachs eines Mietwohngebäudes) oder im steuerpflichtigen wirtschaftlichen Geschäftsbetrieb betriebswirtschaftlich begründet sind.

Mittel, die einer Projekt- bzw. Zweckerfüllungs- oder Betriebsmittelrücklage zugeführt wurden, dürfen vorübergehend auch im Bereich der Vermögensverwaltung oder in einem steuerpflichtigen wirtschaftlichen Geschäftsbetrieb eingesetzt werden, sofern sie dem steuerbegünstigten Bereich wieder zur Verfügung stehen, sobald sie dort benötigt werden.

5. Die Rechnungslegung bei steuerbegünstigten Körperschaften

Allgemeine, für alle Non-Profit-Organisationen geltende Rechnungslegungsvorschriften gibt es nicht. Teilweise ergeben sich die rechtlichen Vorgaben aus allgemeinem Handels- und Gesellschaftsrecht. Sie sind dann von der Rechtsform der Non-Profit-Organisation abhängig. Teilweise sind die einzuhaltenden Verpflichtungen von der Art der Betätigung abhängig. Daneben sind steuerliche Vorgaben zu beachten.

Ergänzt werden diese rechtlichen Verpflichtungen durch Rechnungslegungsgrundsätze, die – gewissermaßen als »Stand der Technik« – allgemein anerkannt sind (sog. Grundsätze der Ordnungsmäßigkeit der Buchführung und Bilanzierung) und solche Grundsätze, die vom Institut der Wirtschaftsprüfer (IdW) für diesen Berufsstand als Leitlinien herausgearbeitet wurden (speziell für Stiftungen und spendensammelnde Organisationen).

Im Hinblick auf diese Vielfalt der Rechnungslegungsgrundsätze und -vorschriften kann nachfolgend nur ein Überblick gegeben werden, wobei aber der Rechnungslegung bei Stiftungen und spendensammelnden Organisationen sowie den steuerlichen Vorgaben besondere Aufmerksamkeit geschenkt wird. Wegen der allgemein bei der Buchführung und Bilanzierung zu beachtenden Vorgaben und der Rechnungslegung nach der Pflegebuchführungsverordnung sowie der Krankenhausbuchführungsverordnung wird auf die einschlägige Fachliteratur dazu verwiesen.

Für die Rechnungslegung steuerbegünstigter Körperschaften sind zunächst die zivilrechtlichen Bestimmungen maßgebend, die für die jeweilige Rechtsform gelten. Dies bedeutet, dass beispielsweise eine GmbH die Bilanzierungsvorschriften einhalten muss, die für jede GmbH gelten. *Rechtsformabhängige...*

Daneben gibt es Sonderregelungen, die von der Art des Betriebs abhängen, wie z.B. für Krankenhäuser (nach Krankenhausrecht, z.B. Krankenhausbuchführungsverordnung) und Pflegeeinrichtungen (nach Sozialrecht, z.B. der Pflegebuchführungsverordnung). *Von der Art des Betriebs abhängige...*

Darüber hinaus ergeben sich auch Verpflichtungen aus dem Steuerrecht. *... Steuerliche*

Schließlich hat das Institut der Wirtschaftsprüfer (IdW) für die Wirtschaftsprüfer Grundsätze entwickelt, die bei der Rechnungslegung und Abschlussprüfung spendensammelnder Organisationen und von Stiftungen zu beachten sind. *Rechnungslegungsvorschriften für Stiftungen und spendensammelnde Organisationen*

Die nachfolgenden Ausführungen geben einen Überblick über die Rechtsgrundlagen (vgl. unten 5.1, S. 90). Es folgt eine Darstellung der nach Auffassung des IdW bei Stiftungen zu beachtenden Grundsätze (vgl. unten 5.2, S. 92). Anschließend (unten 5.3, S. 99) wird auf die aus Sicht des IdW wesentlichen Aspekte bei spendensammelnden Organisationen eingegangen, bevor die steuerlichen Aspekte im Zusammenhang mit der Rechnungslegung bei steuerbegünstigten Körperschaften dargestellt werden (vgl. unten 5.4, S. 105).

5.1 Ziele der und Rechtsgrundlagen für die Rechnungslegung bei Non-Profit-Organisationen

5.1.1 Ziele der Rechnungslegung

Ziele der
Rechnungslegung

Bei der Rechnungslegung von Non-Profit-Organisationen stehen vor allem die folgenden Adressaten bzw. Zwecke im Vordergrund:

- Die Rechnungslegung dient zunächst dem **Gläubigerschutz**. Es soll durch eine korrekte Rechnungslegung sichergestellt werden, dass eine etwaige Überschuldung des jeweiligen Rechtsträgers rasch und zuverlässig erkannt wird. Denn im Regelfall besteht dann eine Insolvenzantragspflicht. Mit ihr soll verhindert werden, dass überschuldete Rechtsträger am Rechtsverkehr teilnehmen. Durch die Insolvenzantragspflicht sollen die Vermögensinteressen der Vertragspartner der Non-Profit-Organisation geschützt werden.
- Die Rechnungslegung dient dazu, dass auch die Mitglieder der Organe, wie z.B. der **Vorstand** bzw. die Geschäftsführer, aber auch die Vereinsmitglieder oder Gesellschafter **zutreffend über die wirtschaftliche Lage** der Organisation **informiert** sind und damit ihr Handeln an der wirtschaftlichen Situation der Organisation orientieren können. Dazu zählt häufig auch ein Risikofrüherkennungssystem. Die Rechnungslegung wird häufig durch eine **Prüfung durch** einen **Abschlussprüfer** (Wirtschaftsprüfer) abgesichert, der vor allem die Richtigkeit des Zahlenwerks – je nach Prüfungsauftrag aber auch Einzelaspekte der Geschäftsführung – überprüft. Über Zweckmäßigkeitsfragen bei unternehmerischen Entscheidungen hat der Wirtschaftsprüfer grundsätzlich nicht zu befinden. Bei Vereinen wird die Prüfung durch einen Wirtschaftsprüfer häufig noch ergänzt um die Prüfung von vereinsinternen Rechnungsprüfern, die die Rechnungslegung mehr unter vereinsinternen Gesichtspunkten überprüfen.
- Bei **Stiftungen** dienen die Rechnungslegung sowie ihre Prüfung auch der Absicherung der Stiftungsaufsichtsbehörden, bei Betrieben gewerblicher Art von **juristischen Personen des öffentlichen Rechts** der Absicherung des Trägers.
- Bei **spendensammelnden Organisationen** dient die Rechnungslegung einschließlich ihrer Prüfung der Transparenz und der Absicherung der Spender. Dadurch kann Vertrauen der Spender in die ordnungsgemäße Spendenverwendung aufgebaut werden.
- Unter **steuerlichen Aspekten** stehen schließlich vor allem die Überprüfung der Ordnungsmäßigkeit der Geschäftsführung, insbesondere im Hinblick auf die Einhaltung des Grundsatzes der Vermögensbindung im allgemeinen sowie der Verpflichtung zur zeitnahen Mittelver-

wendung, und die ordnungsgemäße Besteuerung, vor allem der steuerpflichtigen wirtschaftlichen Geschäftsbetriebe, im Vordergrund.

5.1.2 Die Rechtsgrundlagen für die Rechnungslegung bei Non-Profit-Organisationen im Überblick

Für die Frage, nach welchen Bestimmungen eine Non-Profit-Organisation Rechnung legen muss, ist zunächst die Rechtsform der Organisation von Bedeutung.

Von der Rechtsform abhängige Vorgaben

- Auch steuerbegünstigte Körperschaften können **Kaufleute** sein. Kapitalgesellschaften – wie z.b. gemeinnützige GmbHs – sind nach § 6 Abs. 1 HGB unabhängig von der Art ihrer Tätigkeit Kaufleute kraft Rechtsform.

> Beispiel:
> Ein Wohlfahrtsverband betreibt ein Integrationsunternehmen im Sinne des § 68 Nr. 3 c) AO. Das Integrationsunternehmen, in dem zu mehr als 40 % behinderte Menschen eingesetzt werden, betreibt mehrere Lebensmittelläden.
> Der Wohlfahrtsverband ist mit diesen Lebensmittelläden Kaufmann im Sinne des Handelsrechts.

Ist die Non-Profit-Organisation Kaufmann, so richten sich ihre Bilanzierungspflichten nach den handelsrechtlichen Grundsätzen (insbesondere nach den §§ 238 ff. BGB).
- Welche Buchführungs- und Bilanzierungsanforderungen **juristische Personen, die keine Kaufleute sind**, zu erfüllen haben, richtet sich nach dem Organisationsrecht der juristischen Person, bei juristischen Personen des öffentlichen Rechts also vor allem nach Kommunalwirtschaftsrecht, Kirchenrecht oder auch der Landes- bzw. Bundeshaushaltsordnung.
- Die Verpflichtung zur Rechnungslegung bei **Stiftungen** richtet sich nach Stiftungsrecht. Das Stiftungsrecht ist zwar Landesrecht, doch gelten einige wesentliche Grundsätze im Ergebnis in allen Bundesländern: Die Stiftungsgesetze schreiben eine ordnungsmäßige Aufzeichnung von Einnahmen und Ausgaben sowie die Erstellung eines Jahresabschlusses oder einer Jahresrechnung vor. Dabei bedeutet die Verwendung des Begriffs »Jahresabschluss« in den Landesstiftungsgesetzen nicht ohne weiteres, dass nach handelsrechtlichen Grundsätzen zu bilanzieren, d.h. ein Jahresabschluss im Sinne des HGB aufzustellen ist. Vielmehr besteht auch grundsätzlich die Möglichkeit, eine reine Einnahmen-Überschuss-Rechnung sowie eine Vermögensübersicht zu erstellen. Auf die damit zusammenhängenden Grundsätze, die das Institut der Wirtschaftsprüfer aufgestellt hat, gehen wir nachfolgend unter 5.2 noch näher ein. Die Jahresrechnung bzw. der Jahresabschluss ist innerhalb einer bestimmten – in den einzelnen Bundesländern

unterschiedlichen – Frist bei der Stiftungsaufsichtsbehörde einzureichen.

- Für **alle anderen Organisationen, vor allem** für **Vereine**, ergeben
sich die Rechtsgrundlagen aus § 259 Abs. 1 BGB. Danach hat derjenige, der verpflichtet ist, über eine mit Einnahmen und Ausgaben
verbundene Verwaltung Rechenschaft abzulegen, dem Berechtigten
eine Zusammenstellung der Einnahmen und Ausgaben vorzulegen.
Soweit üblicherweise Belege vorgelegt werden, sind auch diese vorzulegen. Damit enthält insbesondere die zentrale gesetzliche Regelung
für Vereine kaum einen Anhaltspunkt für die Form, insbesondere
keine Aussage darüber, ob zu bilanzieren ist oder eine reine Einnahmen-Ausgaben-Rechnung ausreicht.

5.2   Die Rechnungslegung bei Stiftungen

Grundsätze des
Instituts der
Wirtschaftsprüfer

Für Stiftungen hat das Institut der Wirtschaftsprüfer Grundsätze aufgestellt, die zwar keinen Gesetzescharakter haben, von den Wirtschaftsprü-
fern aber – gewissermaßen als »Stand der Technik« – zu beachten sind.
Diese Stellungnahme zur Rechnungslegung von Stiftungen (IdW RS HFA
5, IdW-Fachnachrichten 2000, S. 129 sowie Die Wirtschaftsprüfung 2000,
S. 391) enthält im wesentlichen die folgenden Grundsätze:

5.2.1   *Allgemeines/Geltungsbereich*

Die Grundsätze gelten für alle rechtsfähigen Stiftungen des bürgerlichen
Rechts:

- Im Vordergrund steht die **Einhaltung des Stifterwillens**. Dies betrifft
vor allem die Verwaltung der Stiftung im Hinblick auf die Zweckverwirklichung, aber auch die Vermögensverwaltung und -erhaltung. Hat
beispielsweise ein Stifter bestimmt, dass das Stiftungsvermögen nicht
im realen Wert, sondern nur nominal zu erhalten ist, so ist dies auch für
die Verwaltung und Rechnungslegung der Stiftung entscheidend (zu
den Grundsätzen der Vermögensverwaltung bei Stiftungen vgl. auch
Schick, Rechts- und Unternehmensformen, S. 77 ff.).
- Aufgrund der Rechnungslegung muss eine etwaige Überschuldung der
Stiftung feststellbar sein. Denn die **Überschuldung von Stiftungen** ist
ein Insolvenzgrund nach §§ 86, 42 BGB.
- Anstelle einer in dem betreffenden Landesstiftungsgesetz vorgesehe-
nen Einnahmen-Ausgaben-Rechnung kann auf freiwilliger Grundlage
die Aufstellung eines **Jahresabschlusses nach handelsrechtlichen
Grundsätzen** erfolgen.
- Die **Dokumentations- und Informationsfunktion** der Rechnungsle-
gung steht bei Stiftungen im Vordergrund. Die Rechnungslegung von
Stiftungen muss ein zutreffendes, vollständiges und klares Bild der

Erzielung von Erträgen und deren Verwendung sowie der Vermögenslage der Stiftung wiedergeben.

* Die **Einnahmen-Ausgaben-Rechnung** gibt nur die Zahlungsströme
  wieder. Da die Zu- und Abflusszeitpunkte häufig zufällig sind, gibt die
  Einnahmen-Ausgaben-Rechnung nach Auffassung des IdW kein zu-
  verlässiges Bild von der wirtschaftlichen Situation einer Stiftung. Das
  IdW empfiehlt deshalb, nur bei kleinen Stiftungen mit leicht überschaubaren Verhältnissen eine Einnahmen-Ausgaben-Rechnung aufzustellen. Im übrigen wird die Bilanzierung nach handelsrechtlichen
  Grundsätzen empfohlen. Dabei solle die Rechnungslegung zumindest
  auf der Grundlage des für alle Kaufleute geltenden Ersten Abschnitts
  des Dritten Buchs des HGB (§§ 238 ff. HGB), besser noch nach den
  für Kapitalgesellschaften geltenden Bestimmungen (§§ 264 ff. HGB)
  erfolgen.

* Für die Rechnungslegung von Stiftungen gelten im übrigen die folgen-
  den allgemeinen Grundsätze:
  ➤ Grundsatz der Richtigkeit und der Willkürfreiheit
  ➤ Grundsatz der Klarheit und Übersichtlichkeit (§ 243 Abs. 2 HGB)
  ➤ Grundsatz der Vollständigkeit und Saldierungsverbot (§ 246 HGB)
  ➤ Grundsatz der Einzelbewertung der Vermögens- und Schuldposten
    (§ 252 Abs. 1 Nr. 3 HGB)
  ➤ Vorsichtige Bewertung von Vermögen und Schulden (§ 252 Abs. 1
    Nr. 4 HGB)
  ➤ Bewertungs- und Gliederungsstetigkeit (§§ 252 Abs. 1 Nr. 6 HGB)
  ➤ Fortführung der Tätigkeit.

Arbeitsaufgabe

13.   Nennen Sie die wesentlichen Ziele der Rechnungslegung bei Non-
      Profit-Organisationen!

5.2.2   Die Bilanzierung bei Stiftungen

Der Gliederung der Bilanz sowie der Gewinn- und Verlustrechnung ist   *Gesamtkosten-*
nach Auffassung des IdW das sog. Gesamtkostenverfahren zugrunde zu   *verfahren*
legen.

In der Bilanz sind das Anlage- und Umlaufvermögen, das Eigenkapital,
die Schulden sowie die Rechnungsabgrenzungsposten gesondert auszuweisen und hinreichend aufzugliedern. Dabei gelten grundsätzlich die allgemeinen handelsrechtlichen Bilanzierungsgrundsätze. Besonderheiten
ergeben sich allerdings vor allem im Hinblick auf die Gliederung des Eigenkapitals und die Darstellung der Mittelverwendung.

Grundsätzlich haben Stiftungen ihr Vermögen auf der Grundlage des An-   *Bewertung nach dem*
schaffungskostenprinzips zu bewerten. Dies bedeutet, dass von den histo-   *Anschaffungskosten-*
rischen Anschaffungskosten auszugehen ist, unter Berücksichtigung et-   *prinzip*
waiger Abschreibungen.

Ausnahmsweise zu Zeitwerten	Denkbar ist es allerdings auch, das Stiftungsvermögen zu Zeitwerten zu bewerten, d.h. die Aktiva und Passiva mit den Verkehrswerten anzusetzen, die diese am Abschlussstichtag haben. Da dies jedoch die Ausnahme bildet, muss die Bewertung zu Zeitwerten deutlich zum Ausdruck gebracht werden. Weil die Bewertung zu Zeitwerten im handelsrechtlichen Jahresabschluss zu einer Aufdeckung stiller Reserven führt, die stiftungsrechtlich grundsätzlich nicht für satzungsmäßige Zwecke ausgegeben werden dürfen (im Hinblick auf die Erhaltung des Stiftungsvermögens), sind die entsprechenden Beträge in eine sog. Neubewertungsrücklage einzustellen.
Gliederung des Eigenkapitals	Für die Gliederung des Eigenkapitals empfiehlt das IdW die folgenden Positionen:

- Stiftungskapital. Dieses kann untergliedert werden in Grundstockvermögen einschließlich Zustiftungen, Zuführungen aus der Ergebnisrücklage und Ergebnisse aus Vermögensumschichtungen.
- Ergebnisrücklagen, die ausschließlich aus dem erwirtschafteten Ergebnis der Stiftung dotiert werden. Diese sind zu untergliedern in eine Kapitalerhaltungsrücklage und sonstige Ergebnisrücklagen.
  Mit der Kapitalerhaltungsrücklage soll die – nach Möglichkeit reale – Erhaltung des Stiftungsvermögens sichergestellt werden. In sie dürfen im Hinblick auf den gemeinnützigkeitsrechtlichen Grundsatz der zeitnahen Mittelverwendung hauptsächlich Gewinne aus der Umschichtung des nicht zeitnah zu verwendenden Stiftungsvermögens, Mittel einer freien Rücklage und bei neu gegründeten Stiftungen die nach § 58 Nr. 11 AO zulässigen Vermögenszuführungen eingestellt werden. Die sonstigen Ergebnisrücklagen können vor allem in Projekt- bzw. Zweckerfüllungsrücklagen untergliedert werden.

Gewinn- und Verlustrechnung	Neben der Bilanz ist eine Gewinn- und Verlustrechnung aufzustellen, für die ebenfalls die handelsrechtlichen Grundsätze der Rechnungslegung gelten.
Stiftungsrechtliche Mittelverwendungs-rechnung	Da sowohl die Bilanz als auch die Gewinn- und Verlustrechnung sicherstellen müssen, dass das Vermögen der Stiftung in seinem Bestand erhalten bleibt und eine wesentliche Aussage der Rechnungslegung im Hinblick auf Stiftungsorgane und Öffentlichkeit in der Ordnungsmäßigkeit der Mittelverwendung besteht, sollte die Gewinn- und Verlustrechnung nach Auffassung des IdW um eine Mittelverwendungsrechnung ergänzt werden. Diese darf aber nicht mit der Mittelverwendungsrechnung verwechselt werden, wie sie von der Finanzverwaltung verlangt wird (vgl. dazu unten 5.4, S. 112).
	Während die handelsrechtliche Rechnungslegung insoweit auf die Herkunft aus den verschiedenen Vermögensbereichen und ihre Verwendung abstellt, steht für die steuerliche Betrachtung die Einhaltung des Gebots zur zeitnahen Mittelverwendung im Vordergrund.
Darstellung der Ergebnisverwendung nach IdW	Das IdW empfiehlt im Hinblick auf die stiftungsrechtliche Rechnungslegung die folgende Gliederung der Darstellung der Ergebnisverwendung:

Abbildung 13:   Mittelverwendungsrechnung bei bilanzierenden Stiftungen nach IdW

> * Mittelvortrag aus dem Vorjahr
> * Änderungen des Stiftungskapitals aus realisierten Vermögensumschichtungen
> * Entnahmen aus der Kapitalerhaltungsrücklage
> * Einstellungen in die Kapitalerhaltungsrücklage
> * Entnahmen aus sonstigen Ergebnisrücklagen
> * Einstellungen in sonstige Ergebnisrücklagen
> * Mittelvortrag

Im Gegensatz zum allgemeinen Handelsbilanzrecht ergeben sich bei Stiftungen im Hinblick auf die Zweckverwirklichung einige Besonderheiten:

Abweichungen vom Handelsbilanzrecht

- Hat die Stiftung am Bilanzstichtag einem Dritten eine **Zusage** für eine **Mittelzuwendung** gegeben, die **dem Grunde und der Höhe nach bestimmt und verpflichtend** ist, so hat die Stiftung eine Verbindlichkeit auszuweisen.

> Beispiel:
> Stiftung S ist eine Gemeinschaftsstiftung. Ihr Satzungszweck besteht in der Mittelbeschaffung für den Wohlfahrtsverband W. W beabsichtigt, einen Anbau für seine Pflegeeinrichtung zu errichten, der im Eigentum von W stehen und im Folgejahr errichtet werden soll. S sagt einen Zuschuss zu den Baukosten in Höhe von € 50.000,– zu.
> S muss in der Bilanz eine Verbindlichkeit in dieser Höhe ausweisen.

- Sofern die Stiftung Dritten eine **verpflichtende Zusage** macht, deren **Höhe ungewiss** ist, so ist eine Rückstellung – nicht zu verwechseln mit der Rücklage! – zu bilden.

> Beispiel:
> Stiftung S hat im oben genannten Beispielsfall nicht zugesagt, einen Baukostenzuschuss in Höhe von € 50.000,– zu leisten, sondern die Baukosten für den Anbau in der tatsächlich anfallenden Höhe zu übernehmen.

- Hat die Stiftung noch **keine verpflichtende Zusage** gemacht, sondern nur in ihren Gremien beschlossen, einem Dritten voraussichtlich eine Zuwendung zu machen oder eine Maßnahme durchzuführen, so ist weder eine Verbindlichkeit noch eine Rückstellung zu passivieren. Vielmehr ist eine Rücklage zu bilden. Denn das Vermögen der Stiftung ist noch nicht mit einer rechtlich durchsetzbaren Verpflichtung belastet. Die Entscheidung der Stiftung, die Maßnahme durchführen zu wollen, ist lediglich als interne Bindung von Vermögensteilen – Rücklagen – anzusehen, die die Stiftung jederzeit wieder einseitig aufheben kann.

Rechtsfähige Stiftungen, die unselbstständige Stiftungen verwalten

Verwaltet eine rechtsfähige Stiftung unselbstständige Stiftungen, so kann sie deren Vermögen entweder jeweils – auf der Aktiv- und der Passivseite – als letzte Bilanzposition ausweisen. Sie kann die entsprechenden Vermögenswerte aber auch »unter dem Strich«, d.h. unter der Bilanz, angeben.

5.2.3   Die Einnahmen-/Ausgaben- und Vermögensrechnung bei Stiftungen

Nach Auffassung des IdW kommen die Einnahmen-/Ausgabenrechnung und die Vermögensrechnung nur bei kleinen Stiftungen mit überschaubaren Verhältnissen in Betracht.

Grundsätze für die Einnahmen-/Ausgabenrechnung

Dabei gelten im wesentlichen die folgenden Grundsätze:

*   Einnahmen und Ausgaben sind alle Zu- und Abflüsse an Geldmitteln. Dies gilt auch für Geldbewegungen aus reinen Finanzierungsvorgängen, wie z.B. aus der Aufnahme und Tilgung von Darlehen.
*   Für die Gliederung der Einnahmen-/Ausgabenrechnung empfiehlt das IdW bei Stiftungen das folgende Schema:

Abbildung 14:   Einnahmen – Ausgabenrechnung von Stiftungen nach IdW

Mustergliederung einer Einnahmen-/Ausgabenrechnung von Stiftungen nach IdW

1. Einnahmen aus laufender Tätigkeit 2. – Ausgaben aus laufender Tätigkeit	
3. = Einnahmen-/Ausgabenüberschuss aus laufender Tätigkeit =====================================	
4. Einnahmen aus Abgängen von Gegenständen des Anlagevermögens mit Ausnahme der Finanzanlagen 5. – Ausgaben für Investitionen in das Anlagevermögen mit Ausnahme der Finanzanlagen	
6. = Einnahmen-/Ausgabenüberschuss aus der Investitionstätigkeit =====================================	
7. Finanzierungsfreisetzung/-bedarf (Summe der Zeilen 3 und 6) =====================================	
8. Einnahmen aus dem Finanzbereich 9. – Ausgaben aus dem Finanzbereich	
10. = Einnahmen-/Ausgabenüberschuss aus dem Finanzbereich =====================================	

11.	Erhöhung/Verminderung des Bestandes an Geldmitteln im engeren Sinne (Summe der Zeilen 7 und 10)
12.	+ Bestand der Geldmittel im engeren Sinne am Anfang der Periode
13.	= Bestand der Geldmittel im engeren Sinne am Ende der Periode

Wie bereits zur gemeinnützigkeitsrechtlichen Behandlung ausgeführt, können Schenkungen, Erbschaften und Vermächtnisse als Spende oder als Zustiftung zu behandeln sein. Für die Erfassung in der Einnahmen-/Ausgabenrechnung ist dies deshalb von großer Bedeutung, weil durch die stiftungsrechtliche Rechnungslegung sichergestellt werden muss, dass solche Vermögensteile, die stiftungsrechtlich in ihrem Bestand zu erhalten sind, nicht für die satzungsmäßigen Zwecke ausgegeben werden dürfen.

Qualifikation von Zuflüssen im Hinblick auf die Bestandshaltung

Die Ausgaben sollen nach Auffassung des IdW zumindest unterteilt werden in

Untergliederung der Ausgaben

- satzungsgemäße Leistungen
- Personalausgaben
- Sachausgaben
- sonstige Ausgaben.

Die Vermögensrechnung muss alle Vermögensgegenstände und Schulden enthalten. Dazu zählen auch Rentenverpflichtungen gegenüber Destinatären, d.h. den nach der Stiftungssatzung Begünstigten, und Pensionsverpflichtungen.

Gliederung der Vermögensrechnung

In der Vermögensrechnung sind lediglich Rückstellungen für ungewisse Verbindlichkeiten zu bilden. Die Bildung anderer Rückstellungen ist bilanzrechtlich nicht zulässig.

Die Vermögensrechnung sollte nach Auffassung des IdW wie folgt gegliedert werden:

Abbildung 15:   Vermögensrechnung bei Stiftungen nach IdW

Mustergliederung einer Vermögensrechnung von Stiftungen nach IdW
Vermögensgegenstände immaterielle Vermögensgegenstände Grundstücke und grundstücksgleiche Rechte einschließlich Bauten übrige Sachanlagen Finanzanlagen Vorräte Wertpapiere, soweit nicht unter Finanzanlagen auszuweisen Schecks, Kassenbestand, Bundesbankguthaben, Guthaben bei Kreditinstituten Forderungen und übrige Vermögensgegenstände

> **Stiftungskapital und Schulden**
> Stiftungskapital
> Kapitalerhaltungsrücklage
> sonstige Rücklagen
> Mittelvortrag (Mittelüberschuss/-fehlbetrag)
> Verbindlichkeiten aus erteilten Zusagen
> ungewisse Verbindlichkeiten
> Verbindlichkeiten gegenüber Kreditinstituten
> übrige Verbindlichkeiten

Mittelverwendungs-rechnung nach IdW

Nicht nur bei bilanzierenden Stiftungen ist nach Meinung des IdW eine Mittelverwendungsrechnung zu erstellen, sondern auch bei solchen Stiftungen, die eine Einnahmen-/Ausgabenrechnung erstellen. Dabei schlägt das IdW das folgende Schema vor:

Abbildung 16:   Mittelverwendungsrechnung bei nicht bilanzierenden Stiftungen nach IdW

	zu verwendende Mittel	Verwendung	Mittelvortrag
Vorjahr	Euro	Euro	Euro
lfd. Jahr	Euro	Euro	Euro

5.2.4   Der Bericht über die Erfüllung des Stiftungszwecks

Bericht über die Erfüllung des Stiftungszwecks

Da die Rechnungslegung bei Stiftungen ihre Tätigkeit transparent machen soll, empfiehlt das IdW, in jedem Falle einen Bericht über die Erfüllung des Stiftungszwecks zu erstellen – gleichgültig, ob dies das jeweilige Stiftungsgesetz vorschreibt oder nicht. Ein solcher Bericht ist für die Öffentlichkeit(sarbeit), die Stiftungsaufsichtsbehörden und die Finanzverwaltung erforderlich bzw. sinnvoll.

Das IdW schlägt vor, darin die geförderten Zwecke zu erläutern (ggf. weiter untergliedert nach geplanten, durchgeführten und abgewickelten einzelnen Projekten oder Tätigkeiten), die Höhe der entsprechend verplanten, bewilligten und ausgezahlten Mittel sowie die Leistungsempfänger aufzunehmen. Nach Auffassung des IdW kommen auch Angaben über die Erfüllung von Auflagen und Nachlassverbindlichkeiten sowie die Unterhaltung des Stifters und seiner nahen Angehörigen in Betracht.

Zusammenfassung Rechnungslegung bei Stiftungen

Für Stiftungen empfiehlt das IdW, in der Regel zu bilanzieren. Denn die **Bilanzierung** vermittelt ein zuverlässigeres Bild über die wirtschaftliche Lage der Stiftung. Nur bei Stiftungen mit leicht überschaubaren Verhältnissen sei die Erstellung einer **Einnahmen-/Ausgabenrechnung** und einer **Vermögensaufstellung** empfehlenswert. In der Regel sollten der

Bilanzierung die für Kapitalgesellschaften geltenden Bestimmungen des HGB zugrunde gelegt werden.

Besondere **Ziele der Rechnungslegung** bei Stiftungen sind die Einhaltung des Stifterwillens und die Prüfung, ob das Stiftungsvermögen wertmäßig noch vorhanden ist. Daneben gelten die allgemeinen Ziele der Rechnungslegung.

Bewerten Stiftungen ihr **Vermögen** – von den handelsrechtlichen Grundsätzen abweichend – zu Zeitwerten, so muss dies deutlich kenntlich gemacht werden. Die Differenz zu den Buchwerten ist ggf. in eine sog. Neubewertungsrücklage einzustellen, die nicht für satzungsmäßige Zwecke zur Verfügung steht.

Besondere Vorgaben sind im Hinblick auf die **Gliederung des Eigenkapitals** zu beachten. Das Eigenkapital ist zu untergliedern in Stiftungskapital und in Ergebnisrücklagen.

Das Stiftungskapital kann in Grundstockvermögen einschließlich Zustiftungen, Zuführungen aus der **Ergebnisrücklage** und Ergebnisse aus Vermögensumschichtungen untergliedert werden.

Ergebnisrücklagen werden ausschließlich aus dem erwirtschafteten Ergebnis dotiert. Die Ergebnisrücklagen sind zu untergliedern in eine Kapitalerhaltungsrücklage und sonstige Ergebnisrücklagen.

Die **Kapitalerhaltungsrücklage** dient der Erhaltung des Stiftungsvermögens, wobei grundsätzlich von einer realen Werterhaltung auszugehen ist.

Die **sonstigen Ergebnisrücklagen** können vor allem in Projekt- bzw. Zweckerfüllungsrücklagen untergliedert werden.

Die Rechnungslegung soll nach Auffassung des IdW um eine **Mittelverwendungsrechnung** ergänzt werden. Für ihre Gliederung sowie die Gliederung einer etwaigen Einnahmen-/Ausgaben- und Vermögensrechnung enthält die Stellungnahme des IdW-Fachausschusses entsprechende Vorschläge.

5.3   Die Rechnungslegung bei spendensammelnden Organisationen

Zur Rechnungslegung spendensammelnder Organisationen hat das IdW mit einer Stellungnahme des Hauptfachausschusses (HFA 4/95, IdW-Fachnachrichten 1995, S. 415 sowie Wpg. 1995, S. 698) Grundsätze für den Berufsstand der Wirtschaftsprüfer aufgestellt. Diese stimmen in weiten Teilen mit den Rechnungslegungsstandards überein, die bei der Rechnungslegung von Stiftungen zu beachten sind. Sie unterscheiden sich allerdings in einigen Punkten. Die Unterscheidungen beruhen darauf, dass die Rechnungslegung von Stiftungen und von spendensammelnden Organisationen in Teilbereichen unterschiedliche Aufgaben erfüllen müssen.

Spendensammelnde Organisationen

Transparenz der
Mittelverwendung

Bei der Rechnungslegung von Stiftungen spielen die Erhaltung des Stiftungsvermögens und die Einhaltung des Stifterwillens eine zentrale Rolle. Sie muss die Stiftungsorgane und die Stiftungsaufsicht in die Lage versetzen, die Einhaltung der gesetzlichen und satzungsmäßigen Vorgaben zu überprüfen.

Bei der Rechnungslegung spendensammelnder Organisationen ist dagegen die Erhaltung eines bestimmten Vermögensstocks ohne Bedeutung. Bei ihr steht die Transparenz der Mittelverwendung im Vordergrund. In diesem Zusammenhang ist sie in der Praxis von zunehmender Bedeutung im Rahmen des Fundraising. Die Offenlegung der Mittelverwendung und der wirtschaftlichen Verhältnisse einer spendensammelnden Organisation ist ein zentrales Werbeargument gegenüber potenziellen Spendern.

Im Hinblick darauf, dass die Rechnungslegungsgrundsätze, die das IdW für Stiftungen und spendensammelnde Organisationen aufgestellt hat, in Teilen übereinstimmen, werden nachfolgend nur die Abweichungen dargestellt.

5.3.1 *Allgemeines/Geltungsbereich*

Begriff der spenden-
sammelnden Organi-
sationen

Die Rechnungslegungsgrundsätze gelten für alle spendensammelnden Organisationen. Dabei ist die Rechtsform der Organisation ohne Bedeutung. Darunter fallen also beispielsweise Vereine und (gemeinnützige) GmbHs ebenso wie Stiftungen, die Spenden sammeln. Letztere müssen dann sowohl die für Stiftungen als auch die für spendensammelnde Organisationen aufgestellten Grundsätze beachten.

Spendensammelnde Organisationen sind solche Organisationen, deren Tätigkeit ganz oder teilweise darauf gerichtet ist, Geld- und gegebenenfalls Sachmittel als freigebige Zuwendungen, d.h. ohne Gegenleistung des Empfängers, entgegenzunehmen und für die in der Satzung bestimmten Förderzwecke einzusetzen.

Ziele der
Rechnungslegung

Ziel der Rechnungslegung ist die Dokumentation und die Information. Die Rechnungslegung muss der interessierten Öffentlichkeit – also insbesondere Spendern und potenziellen Spendern – ein zutreffendes, klares und vollständiges Bild über das Spendenaufkommen und dessen Verwendung sowie insbesondere die Vermögenslage der Organisation vermitteln. Die korrekte Darstellung der Vermögenslage ist dabei nicht nur im Hinblick auf eine korrekte Information der interessierten Öffentlichkeit, sondern auch zur Feststellung einer etwaigen Überschuldung der spendensammelnden Organisation von erheblicher Bedeutung. Denn an die Überschuldung knüpft bei allen Rechtsformen – ausgenommen nur die juristische Person des öffentlichen Rechts – die Insolvenzantragspflicht an.

Bei der Rechnungslegung sind zunächst die allgemeinen Grundsätze, die auch für Stiftungen gelten (vgl. dazu bereits oben 5.2.2, S. 93), zu beachten.

5.3.2   Einzelheiten zur Aufstellung des Jahresabschlusses bei spendensammelnden Organisationen

Bei der Aufstellung des Jahresabschlusses von spendensammelnden Organisationen sind die folgenden Besonderheiten zu beachten:

Besonderheiten bei spendensammelnden Organisationen

- **Spenden** sind – wie bereits oben 3.1 (S. 47) im Zusammenhang mit der steuerlichen Behandlung ausgeführt – **unentgeltliche Zuwendungen**, denen keine Gegenleistung der Non-Profit-Organisation gegenübersteht. Daher erfolgen Spenden nicht im Rahmen eines Leistungsaustauschs. Spenden führen deshalb auch nicht zu Umsätzen des Empfängers. Nach Auffassung des IdW ist deshalb die Gewinn- und Verlustrechnung nicht nach dem Umsatzkostenverfahren (§ 275 Abs. 1 Satz 1 und Abs. 3 HGB), sondern nach dem **Gesamtkostenverfahren** (§ 275 Abs. 2 HGB) zu gliedern.

- **Sachspenden**, die von der spendensammelnden Organisation dauerhaft für steuerbegünstigte Zwecke genutzt werden sollen, sind im Anlagevermögen auszuweisen.

> Beispiel:
> Der ASB erhält ein Rettungsfahrzeug gespendet.

Sofern die spendensammelnde Organisation jedoch beabsichtigt, die Sachspende an einen Hilfsempfänger weiterzugeben, ist die Sachspende unter »Vorratsvermögen« auszuweisen.

> Beispiel:
> Das DRK erhält als Spende Medikamente zum Versand in Katastrophengebiete.

- Der **Bewertung von Sachspenden** ist ein vorsichtig geschätzter Verkehrswert zugrunde zu legen. Sofern eine Zuwendungsbestätigung erteilt wird, kann der in der Zuwendungsbestätigung angegebene Wert eine Grundlage bilden. Dies gilt allerdings nicht, wenn Sachspenden zu ihrem Buchwert aus einem Betriebsvermögen entnommen werden. Denn dann ist in der Zuwendungsbestätigung nicht der Verkehrswert, sondern der Buchwert der Sachspende auszuweisen. Nach den Rechnungslegungsgrundsätzen des IdW ist dagegen der gegebenenfalls höhere Verkehrswert anzugeben. Sofern die Sachspende in einer unentgeltlichen Leistung des Spenders, wie z.B. einer Dienstleistung oder Nutzungsüberlassung von Gegenständen, besteht, kommt eine Erfassung als Spende nur in Betracht, wenn der Zuwendende einen Anspruch auf Vergütung hatte, auf den er verzichtet.

- **Sachspenden** sind **in der Gewinn- und Verlustrechnung** als Ertrag, verwendete Sachspenden als Aufwand zu erfassen.

- Für **noch nicht verwendete Spenden** ist eine Verbindlichkeit zu passivieren, sofern von einer Rückzahlungspflicht gegenüber dem

Zuwendenden bei nicht zweckentsprechender Verwendung auszugehen ist.

Beispiel:
Spender S wendet dem Caritasverband den Betrag von € 100.000,– zum
Bau einer Pflegeeinrichtung zu.

- Das IdW empfiehlt die **Bildung von Sonderposten**, sofern am Bilanzstichtag bereits Vermögensgegenstände des Anlagevermögens durch
den Einsatz entsprechend zweckgebundener Mittel finanziert sind. Er
ist gegebenenfalls auf der Passivseite zwischen dem Eigenkapital und
den Rückstellungen als gesonderte Bilanzposition auszuweisen. Dieser
Sonderposten ist dann entsprechend der Abschreibung des geförderten
Gegenstandes des Anlagevermögens aufzulösen. Dadurch wird in der
Rechnungslegung deutlich, dass die erhaltene Spende im Laufe der
Nutzungsdauer des geförderten Gegenstandes verwendet wird.
  Diese Sachbehandlung entspricht auch der Bilanzierung bei Krankenhäusern und Pflegeeinrichtungen. Sofern diese Fördermittel zur Finanzierung von Investitionen, vor allem in die Gebäude, erhalten, haben
sie in ihrer Bilanz einen entsprechenden Passivposten zu bilden.
  Der Sonderposten dient dabei nicht nur dazu, die korrekte Mittelverwendung über die Nutzungsdauer des geförderten Gegenstandes
sicherzustellen. Er unterscheidet sich vom Ausweis unter »Eigenkapital« dadurch, dass potenziell bei nicht ordnungsgemäßer Verwendung
ein Rückforderungsanspruch des Zuwendenden für den noch nicht
zweckentsprechend verwendeten Teil der Zuwendung, d.h. den noch
passivierten Betrag der Zuwendung, besteht. Von einem Ausweis
unter »Rückstellungen« unterscheidet sich der Sonderposten darin,
dass bei einer zweckentsprechenden Nutzung des geförderten Gegenstandes definitiv kein Rückzahlungsanspruch des Zuwendenden
besteht.
- Werden **Zuwendungen** bis zu ihrer Verwendung **zinsbringend angelegt**, so teilen die Zinsen im Zweifel das Schicksal der Zuwendung.
Dies bedeutet, dass sie für denselben Zweck auszugeben und gegebenenfalls bei einer nicht zweckentsprechenden Verwendung der
Zuwendung ebenfalls an den Zuwendenden herauszugeben sind.
- Nach Auffassung des IdW sollen in den Anhang Aussagen zu den
Spenden aufgenommen werden, **die noch nicht** für satzungsmäßige
Zwecke **verwendet wurden**.
- **Zweckgebundene Spenden ohne Rückzahlungsverpflichtung** sind
in einer Gewinnrücklage auszuweisen.
- Bei der **Bilanzierung von Mitgliedsbeiträgen** ist zunächst zu prüfen,
ob sie noch beigetrieben werden können. Sofern sich insoweit Zweifel
ergeben, ist dies zu berücksichtigen.
- **Sponsorenleistungen** sind nur dann gesondert auszuweisen, wenn ein
Gegenleistungsverhältnis besteht (zum Begriff des Sponsoring und der

steuerlichen Behandlung vgl. unten 7.2, S. 128 ff.). Wird also beispielsweise ein Sponsoringvertrag abgeschlossen, in dem sich die spendensammelnde Organisation verpflichtet, für die Gewährung der Zuwendung eine Gegenleistung, z.B. eine Werbeleistung, zu erbringen, sind die Zuwendungen gesondert auszuweisen. Fehlt es dagegen an einer solchen ausdrücklichen Leistungspflicht der spendensammelnden Organisation, so sind nach Auffassung des IdW die Zuwendungen selbst dann als Spenden zu erfassen, wenn sie steuerlich keine Spenden sind.

Beispiel:
Fleischermeister F stellt der AWO unentgeltlich Würste zur Verfügung, die anlässlich des Sommerfestes verkauft werden sollen. Hier erfolgt eine Zuwendung in einen steuerpflichtigen wirtschaftlichen Geschäftsbetrieb, für die keine Zuwendungsbestätigung ausgestellt werden darf.
Übernimmt die AWO keine Werbeverpflichtung gegenüber F, so handelt es sich für Zwecke der Rechnungslegung im Sinne des IdW um eine Spende.

- Verwendet eine spendensammelnde Organisation **größere Beträge** für einen bestimmten Zweck, so ist ein Hinweis auf die unmittelbare Verwendung unter »sonstige betriebliche Aufwendungen« empfehlenswert. Allgemeine Verwaltungskosten dürfen allerdings nicht einbezogen werden.

5.3.3   *Einzelheiten zur Aufstellung einer Einnahmen-/Ausgaben- und Vermögensrechnung bei spendensammelnden Organisationen*

Bei der Einnahmen-/Ausgaben- und Vermögensrechnung sind nach Auffassung des IdW die folgenden allgemeinen Grundsätze zu beachten:

Allgemeine
Grundsätze

- Einnahmen und Ausgaben sind alle **Zu- und Abflüsse**, auch Geldbewegungen aus reinen Finanzierungsvorgängen (z.B. Aufnahme und Tilgung von Darlehen) sowie die Einnahme und Ausgabe von Spenden. Einnahmen und Ausgaben aus Finanzierungsvorgängen sowie solche, die im Namen und für Rechnung Dritter bewirkt werden, müssen gesondert ausgewiesen werden.
- Nach Auffassung des IdW ist eine **teilweise projektbezogene Rechnungslegung** sinnvoll.
- Der Ansatz von Vermögenswerten und Schuldposten hat in der Vermögensrechnung grundsätzlich in entsprechender **Anwendung der handelsrechtlichen Bestimmungen** zu erfolgen.
- **Rückstellungen** dürfen nur für ungewisse Verbindlichkeiten gebildet werden.

Für die Einnahmen-/Ausgabenrechnung empfiehlt das IdW eine Mustergliederung, die weitgehend mit der für Stiftungen empfohlenen Gliederung übereinstimmt.

5.3.4 Prüfung der Jahresabschlüsse spendensammelnder Organisationen

Prüfung des Jahresabschlusses

Bei der Prüfung der Jahresabschlüsse sind zunächst etwaige gesetzliche Bestimmungen zu beachten. Dies betrifft insbesondere die Prüfung der Jahresabschlüsse einer gemeinnützigen GmbH, für die die allgemeinen handelsrechtlichen Bestimmungen gelten.

Prüfungsumfang

Gibt es solche gesetzliche Bestimmungen nicht, wie insbesondere bei der Prüfung der Jahresabschlüsse von Stiftungen und Vereinen, so kann der Prüfungsgegenstand und -umfang im freien Ermessen zwischen dem Abschlussprüfer und dem Auftraggeber vereinbart werden. Sofern der Abschlussprüfer ein Testat erteilen soll, das dem handelsrechtlichen Bestätigungsvermerk vergleichbar ist, so sind zu prüfen

- die Buchführung
- der Jahresabschluss einschließlich Anhang
- bei Aufstellung eines Lageberichts auch dieser.

Prüfung von Einnahmen-/ Ausgabenrechnungen

Erstellt die spendensammelnde Organisation eine Einnahmen-/Ausgaben- und Vermögensrechnung, so ist auch die dieser zugrunde liegende Buchführung zu prüfen.

Umfasst der Prüfungsauftrag die Prüfung der Rechnungslegung insgesamt, so sind auch zu prüfen

- die Ordnungsmäßigkeit der Geschäftsführung
- die satzungs- und bestimmungsgemäße Mittelverwendung
- die Richtigkeit werblicher Aussagen der spendensammelnden Organisation. Dies betrifft insbesondere auch Aussagen über den Anteil, den die Verwaltungskosten an den Gesamtausgaben der spendensammelnden Organisation haben.

Grundsätzlich keine steuerliche Prüfung

Die Einhaltung des steuerlichen Gemeinnützigkeitsrechts ist in der Regel nicht Gegenstand der Prüfung durch den Wirtschaftsprüfer. Dies kann aber ergänzend vereinbart werden.

Der Abschlussprüfer hat allerdings solche Vorgänge bei seiner Prüfung zu würdigen, die zu einer Auswirkung auf den Jahresabschluss führen können, etwa weil sich aus steuerlichen Bestimmungen Risiken oder Zahlungspflichten der spendensammelnden Organisation ergeben.

> Beispiel:
> Autohaus A hat mit dem Malteser-Hilfsdienst einen Vertrag abgeschlossen, nach
> dem A dem Malteser-Hilfsdienst ein Fahrzeug zur Verfügung zu stellen hat und
> sich der Malteser-Hilfsdienst verpflichtet, das mit einer Werbeaufschrift für das
> Autohaus A versehene Fahrzeug werbewirksam abzustellen. Der Malteser-
> Hilfsdienst ist der Auffassung, dass dieser Sponsoringvertrag als reiner Nut-
> zungsüberlassungsvertrag (Einräumung von Werberechten) der Vermögensver-
> waltung zuzurechnen ist und zieht daraus in seinem Jahresabschluss keine steu-
> erliche Konsequenzen. Wirtschaftsprüfer W ist dagegen der Meinung, der Mal-
> teser-Hilfsdienst erbringe mit der Verpflichtung zum werbewirksamen Einsatz
> des Fahrzeugs eine aktive Gegenleistung. Der Sponsoringvertrag sei deshalb ei-
> nem steuerpflichtigen wirtschaftlichen Geschäftsbetrieb zuzuordnen. W bildet
> für die zu erwartende Ertragsteuerbelastung eine Steuerrückstellung in der Bi-
> lanz.

5.4 Allgemeine Rechnungslegungsvorschriften, vor allem für Vereine

Die bei der Rechnungslegung einzuhaltenden Verpflichtungen ergeben sich – wie dargestellt – also zunächst aus der Rechtsform und sind dort hauptsächlich für die Kapitalgesellschaften gesetzlich geregelt. Für Stiftungen ergibt sich zwar die grundsätzliche Verpflichtung zur Rechnungslegung aus den – insoweit teilweise unterschiedlichen – Landesstiftungsgesetzen. Diese enthalten aber keine Einzelheiten über die dabei einzuhaltenden Grundsätze. Diese werden im Rahmen einer Empfehlung des Instituts der Wirtschaftsprüfer dem Berufsstand der Wirtschaftsprüfer vorgegeben (sog. Rechnungslegungsstandards).

Allgemeine Rechnungslegungsvorschriften

Die einzuhaltenden Regelungen ergeben sich weiter aus der Art der Tätigkeit der steuerbegünstigten Körperschaft. Diese sind teilweise rechtlich bindend geregelt, wie insbesondere für Krankenhäuser in der Krankenhausbuchführungsverordnung und für Pflegeeinrichtungen in der Pflegebuchführungsverordnung. Soweit es sich bei der steuerbegünstigten Körperschaft um eine spendensammelnde Organisation handelt, für die es keine weitergehenden gesetzlichen Regelungen gibt, sind die Grundsätze des IdW für die Rechnungslegung spendensammelnder Organisationen einzuhalten.

Daneben sind die steuerlichen Vorgaben einzuhalten, auf die wir unter 5.5 (S. 106 ff.) noch näher eingehen.

Die zivilrechtliche Verpflichtung zur Rechnungslegung von Non-Profit-Organisationen im übrigen ist gesetzlich nur sehr fragmentarisch und ansatzweise geregelt. Dies betrifft insbesondere die allgemeine Verpflichtung zur Rechnungslegung von Vereinen.

Die Verpflichtung zur Rechnungslegung von Vereinen wird aus § 259 Abs. 1 BGB abgeleitet. Diese Regelung ist nicht speziell auf Vereine zugeschnitten. Sie betrifft die generelle Verpflichtung zur Ablegung der Rechenschaft von Personen und/oder Organisationen, die eine mit Einnahmen und Ausgaben verbundene (Vermögens-)Verwaltung übernehmen.

Rechnungslegung bei Vereinen

Sie sind verpflichtet, für den Berechtigten eine geordnete Zusammenstellung der Einnahmen und Ausgaben zu erstellen und ihm diese vorzulegen. Soweit üblicherweise Belege vorgelegt werden, sind dem Berechtigten auch die Belege vorzulegen. Offen bleibt in dieser Bestimmung, in welcher Form die Rechnungslegung erfolgt. Mindestvoraussetzung ist danach lediglich die Erstellung einer Einnahmen-/Ausgabenrechnung. Häufig enthalten Vereinssatzungen auch Bestimmungen über die Rechnungslegung und Prüfung des Vereins. Diese beinhalten – zumindest bei kleineren Vereinen – die Aufstellung einer Einnahmen-/Ausgabenrechnung und die Prüfung durch den – vereinseigenen – Rechnungsprüfer. Zumindest bei größeren Organisationen ist dagegen im Hinblick auf die Transparenz die Erstellung eines handelsrechtlichen Jahresabschlusses und die Prüfung durch einen Wirtschaftsprüfer zu empfehlen.

5.5 Die steuerlichen Aspekte der Rechnungslegung

Steuerliche Ziele der Rechnungslegung

In steuerlicher Hinsicht hat die Rechnungslegung von Non-Profit-Organisationen im wesentlichen zwei Aufgaben:

- Sie muss sicherstellen, dass die steuerbegünstigte Körperschaft zutreffend besteuert wird. Dies betrifft vor allem die korrekte **Ermittlung des Ergebnisses der** steuerpflichtigen **wirtschaftlichen Geschäftsbetriebe**.
- Die Rechnungslegung muss die Finanzverwaltung außerdem in die Lage versetzen, die Ordnungsmäßigkeit der **Verwendung** der gemeinnützigkeitsrechtlich gebundenen Mittel zu überprüfen. Dies betrifft sowohl die Einhaltung des Grundsatzes der Vermögensbindung generell als auch die Einhaltung der Verpflichtung zur zeitnahen Mittelverwendung.

5.5.1 *Allgemeine steuerliche Grundsätze für die Rechnungslegung steuerbegünstigter Körperschaften*

Allgemeine steuerliche Grundsätze

Die allgemeinen steuerrechtlichen Buchführungs- und Bilanzierungspflichten ergeben sich zunächst aus § 141 AO. Diese Bestimmung setzt voraus, dass die steuerbegünstigte Körperschaft als gewerblicher Unternehmer, Land- oder Forstwirt tätig wird. Dabei sind lediglich steuerpflichtige wirtschaftliche Geschäftsbetriebe – für die gewerbliche Betätigung – sowie die Land- und Forstwirtschaft einzubeziehen.

Größenmerkmale für die Buchführungs- und Bilanzierungspflicht

Die gesetzlichen Regelungen gehen von bestimmten Größenmerkmalen aus, bei deren Überschreitung eine steuerliche Verpflichtung zur Buchführung und Bilanzierung besteht. Diese Größenmerkmale müssen nach der Abgabenordnung grundsätzlich für jeden einzelnen Betrieb erfüllt sein. Bei steuerbegünstigten Körperschaften ist allerdings ergänzend § 64 AO zu beachten. Danach gelten für die Besteuerung – und damit auch die steuerlichen Buchführungs- und Bilanzierungspflichten – alle steuerpflichtigen wirtschaftlichen Geschäftsbetriebe einer steuerbegünstigten Körperschaft als *ein* wirtschaftlicher Geschäftsbetrieb. Dies bedeutet, dass eine entsprechende Buchführungs- und Bilanzierungspflicht besteht, wenn alle steuerpflichtigen wirtschaftlichen Geschäftsbetriebe insgesamt diese Größenmerkmale erfüllen (vgl. AEAO Nr. 4 zu § 141 AO).

Eine Buchführungs- und Bilanzierungspflicht nach dieser Bestimmung besteht unter folgenden Voraussetzungen, wobei es ausreicht, wenn ein Größenmerkmal überschritten wird:

Einzelheiten zur steuerlichen Buchführungs- und Bilanzierungspflicht

- Die Umsätze einschließlich der steuerfreien Umsätze betragen mehr als € 350.000,– je Kalenderjahr. Nicht zu berücksichtigen sind dabei allerdings die nach § 4 Nrn. 8 bis 10 UStG von der Umsatzsteuer befreiten Umsätze.
- Selbstbewirtschaftete land- und forstwirtschaftliche Flächen haben einen Wirtschaftswert von mehr als € 25.000,–.
- Der Gewinn aus Gewerbebetrieb beträgt im Kalenderjahr mehr als € 30.000,–.
- Der Gewinn aus Land- und Forstwirtschaft beträgt im Kalenderjahr mehr als € 30.000,–.

Werden diese Größenmerkmale überschritten, so besteht die Buchführungs- und Bilanzierungspflicht aber noch nicht ohne weiteres. Vielmehr wird die steuerbegünstigte Körperschaft vom zuständigen Finanzamt aufgefordert, die gesetzlichen Verpflichtungen zu erfüllen. Die Verpflichtung ist dann erstmals vom Beginn des Wirtschaftsjahrs an zu erfüllen, das auf die Aufforderung durch die Finanzverwaltung folgt.

Aufforderung des Finanzamts

Wie bereits ausgeführt, besteht eine weitere Aufgabe der Rechnungslegung bei steuerbegünstigten Körperschaften darin, der Finanzverwaltung die Überprüfung zu ermöglichen, ob bei der laufenden Geschäftsführung die gemeinnützigkeitsrechtlichen Vorgaben eingehalten wurden. Dies betrifft insbesondere die Einhaltung des Grundsatzes der Vermögensbindung und der Verpflichtung zur zeitnahen Mittelverwendung. Zum Nachweis der zeitnahen Mittelverwendung haben steuerbegünstigte Körperschaften grundsätzlich eine sog. Mittelverwendungsrechnung zu erstellen, in der der Zeitpunkt der Vereinnahmung von Mitteln und der Zeitpunkt ihrer Verausgabung darzustellen sind. Auf die Einzelheiten sowie Vorschläge für eine Mittelverwendungsrechung gehen wir unten 5.5.3 (S. 112) noch näher ein.

Um die Finanzverwaltung zu dieser Prüfung in die Lage zu versetzen und als Grundlage für die oben bereits erwähnte Mittelverwendungsrechnung haben steuerbegünstigte Körperschaften nach § 63 Abs. 3 AO den Nachweis, dass ihre tatsächliche Geschäftsführung den gemeinnützigkeitsrechtlichen Vorschriften entspricht, durch ordnungsgemäße Aufzeichnungen über ihre Einnahmen und Ausgaben zu führen. Dabei ist auch zu beachten, dass in der Jahresrechnung auch die Zuordnung der Einnahmen und Ausgaben zu den vier Sphären der steuerbegünstigten Körperschaft ersichtlich sein muss.

Geschäftsbericht zu steuerlichen Zwecken

Steuerbegünstigte Körperschaften müssen aber nicht nur Jahresrechnungen erstellen, die diese Vorgaben erfüllen. Sie müssen auch einen Tätigkeits- oder Geschäftsbericht erstellen. In diesem hat die steuerbegünstigte Körperschaft darüber zu berichten, in welcher Weise und durch welche Maßnahmen sie ihre steuerbegünstigten Zwecke verwirklicht hat.

5.5.2 Die Ergebnisermittlung bei steuerpflichtigen wirtschaftlichen Geschäftsbetrieben

Einnahmen-/Ausgabenrechnung

Ausgangspunkt für die Ergebnisermittlung bei steuerpflichtigen wirtschaftlichen Geschäftsbetrieben bildet die Einnahmen-/Ausgabenrechnung. In dieser sind auch die Einnahmen und Ausgaben, die einem steuerpflichtigen wirtschaftlichen Geschäftsbetrieb zuzuordnen sind, zu verzeichnen. Obwohl nach § 64 Abs. 2 AO mehrere steuerpflichtige wirtschaftliche Geschäftsbetriebe als ein wirtschaftlicher Geschäftsbetrieb zu behandeln sind, muss die Ergebnisermittlung für jeden einzelnen steuerpflichtigen wirtschaftlichen Geschäftsbetrieb gesondert durchgeführt werden. In einem zweiten Schritt sind dann die Ergebnisse aller steuerpflichtigen wirtschaftlichen Geschäftsbetriebe zu saldieren. Diese Saldierung ist zum einen für die zutreffende Festsetzung von Körperschaft- und Gewerbesteuer und zum anderen für die Frage von Bedeutung, ob ein gemeinnützigkeitsschädlicher Verlust aus steuerpflichtigen wirtschaftlichen Geschäftsbetrieben vorliegt (vgl. dazu bereits oben 3.4.5, S. 68).

Grundsätze des BFH

Zur Ergebnisermittlung steuerpflichtiger wirtschaftlicher Geschäftsbetriebe hat der Bundesfinanzhof mit Urteil vom 27. März 1991 (Der Betrieb 1991, S. 2117) grundlegend Stellung genommen. Die dort aufgestellten Grundsätze für die Zuordnung von Ausgaben zu einem steuerpflichtigen wirtschaftlichen Geschäftsbetrieb sind allerdings sehr streng und in der Praxis teilweise nur sehr schwer umsetzbar. Deshalb wendet die Finanzverwaltung diese Grundsätze – zugunsten der steuerbegünstigten Körperschaften – teilweise nicht an.

Nachfolgend werden deshalb zunächst die Grundsätze dargestellt, die der BFH aufgestellt hat, bevor auf die Abweichungen der Finanzverwaltung eingegangen wird.

Zuordnung von Einnahmen

Nach der Rechtsprechung gilt für die Zuordnung der Einnahmen zu einem steuerpflichtigen wirtschaftlichen Geschäftsbetrieb folgender Grundsatz:

»Eine Einnahme gehört zu einem steuerpflichtigen wirtschaftlichen Geschäftsbetrieb, wenn sie durch die den Geschäftsbetrieb begründende Tätigkeit veranlasst ist.«

Zuordnung von Ausgaben

Zur Zuordnung von Ausgaben zu einem steuerpflichtigen wirtschaftlichen Geschäftsbetrieb gilt nach der Rechtsprechung folgender Grundsatz:

»Ausgaben – mit Ausnahme von Spenden, für die andere Zuordnungsregeln gelten – gehören zu einem steuerpflichtigen wirtschaftlichen Geschäftsbetrieb, wenn er der Anlass für ihr Entstehen ist. Beruht das Entstehen einer Ausgabe auf mehreren, steuerlich unterschiedlich zu beurteilenden Tätigkeiten, setzt die Zuordnung der Ausgabe eine Gewichtung der verschiedenen Anlässe ihrer Entstehung voraus.«

Die Finanzverwaltung wendet die vorstehenden Grundsätze, die die Rechtsprechung für die Zuordnung von Einnahmen und Ausgaben aufgestellt hat, ebenfalls an. Unterschiede ergeben sich jedoch »bei der Gewichtung der verschiedenen Anlässe« bei der Zuordnung von Ausgaben.

Ausgaben für den steuerpflichtigen und den steuerbefreiten Bereich

Nach der Rechtsprechung spricht eine Vermutung dafür, dass die steuerbefreite Tätigkeit der primäre Anlass für die Entstehung einer Ausgabe ist. Der BFH begründet diese Auffassung mit einem Hinweis auf die steuerbegünstigte Tätigkeit, die für die steuerbegünstigte Körperschaft im Vordergrund stehen müsse. Daraus folgt, dass die steuerbegünstigte Tätigkeit für die Entstehung der Ausgabe allein maßgebend ist, wenn die Ausgabe auch ohne den steuerpflichtigen wirtschaftlichen Geschäftsbetrieb entstanden wäre. Dies hat zur Folge, dass die Ausgabe – auch nicht teilweise – dem steuerpflichtigen wirtschaftlichen Geschäftsbetrieb zuzuordnen ist. Dies gilt auch dann, wenn sich der steuerpflichtige wirtschaftliche Geschäftsbetrieb auf die Höhe der Ausgabe nicht ausgewirkt hat. Dazu folgendes

---

Beispiel:
DRK-Kreisverband KV führt zur Mittelbeschaffung ein Benefizkonzert durch. Ihm ist es gelungen, die berühmte Pop-Band »Chaos über alles!« zu gewinnen. KV verspricht sich aus der Veranstaltung einen hohen Überschuss. Die Organisation der Veranstaltung ist mit einem enormen Arbeitsaufwand verbunden. Der Geschäftsführer leistet erhebliche Mehrarbeit, die ihm aber nicht gesondert vergütet wird. Mit der eigentlichen Durchführung der Veranstaltung wird zwar eine Eventagentur beauftragt. Es fallen aber daneben noch Verwaltungsarbeiten in erheblichem Umfang an, die von einer Mitarbeiterin erledigt werden, die eine Zeitarbeitsfirma zur Verfügung stellt.
Da die Vergütung des Geschäftsführers in jedem Falle angefallen wäre und er für seine Mehrarbeit keine zusätzliche Bezahlung erhält, bleibt nach der Rechtsprechung die Vergütung des Geschäftsführers bei der Ermittlung des Ergebnisses des steuerpflichtigen wirtschaftlichen Geschäftsbetriebs vollständig unberücksichtigt.
Die Kosten der Eventagentur und der Zeitarbeitsfirma wären ohne das Benefizkonzert nicht angefallen und sind deshalb in voller Höhe dem steuerpflichtigen wirtschaftlichen Geschäftsbetrieb zuzuordnen.

In der Praxis akzeptiert die Finanzverwaltung auch dann eine Zuordnung zum steuerpflichtigen wirtschaftlichen Geschäftsbetrieb, wenn dies betriebswirtschaftlich nachvollziehbar ist. Würde im vorgenannten Beispielsfall der Kreisgeschäftsführer beispielsweise in einem bestimmten Zeitraum zu 20 % für die Organisation des Benefizkonzerts tätig, so ist eine entsprechende, anteilige Zuordnung der Gehaltskosten einschließlich

Grundsätze der Finanzverwaltung

der Gehaltsnebenkosten zum steuerpflichtigen wirtschaftlichen Geschäftsbetrieb möglich.

Werden die Ausgaben durch mehrere Anlässe verursacht und erhöhen sie sich durch den steuerpflichtigen wirtschaftlichen Geschäftsbetrieb, so gelten nach der Rechtsprechung die folgenden Grundsätze:

»Wäre die Ausgabe ohne den steuerpflichtigen wirtschaftlichen Geschäftsbetrieb geringer gewesen, ist sie nach einem objektiven und sachgerechten Maßstab aufzuteilen. Eine Aufteilung entsprechend dem Verhältnis der durch die verschiedenen Tätigkeiten erzielten Einnahmen ist nur dann sachgerecht, wenn Anhaltspunkte dafür vorliegen, dass die Einnahmen und Ausgaben ihrer Höhe nach direkt voneinander abhängen und dass diese Abhängigkeit für jede der Tätigkeiten gleich ist.«

Diese Gewichtung bereitet in der Praxis die größten Probleme. Dazu das folgende

---

Beispiel:
Der Caritasverband CV betreibt eine stationäre Pflegeeinrichtung, die über eine moderne Küche verfügt. Die Küche versorgt auch die anderen Einrichtungen des Caritasverbandes, hat aber noch Kapazitäten frei. CV entschließt sich, auch benachbarte Einrichtungen der AWO und des Diakonievereins zu beliefern. Diese zusätzlichen Lieferungen führen aber dazu, dass der Wert der Lieferungen an Dritte 25 % der Gesamtleistung der Küche ausmacht. Es liegt damit (wegen Überschreitung der 20 %-Grenze für die Außenlieferungen) keine Selbstversorgungseinrichtung im Sinne des § 68 Nr. 2 AO, sondern ein steuerpflichtiger wirtschaftlicher Geschäftsbetrieb vor.
Bei der Ergebnisermittlung des steuerpflichtigen wirtschaftlichen Geschäftsbetriebs »Catering« stellt sich zunächst die Frage, inwieweit damit Ausgaben verbunden sind, die auch ohne den steuerpflichtigen wirtschaftlichen Geschäftsbetrieb entstanden wären. Konkret: Die Fremdbelieferung hat keine Auswirkungen auf die Höhe der Abschreibungen, sofern die Größe der Küche nicht auf die Fremdbelieferung ausgerichtet wurde. Sofern sich Auswirkungen ergeben, etwa durch einen höheren Materialeinsatz und einen höheren Verschleiß, stellt sich die Frage, in welchem Umfang dieser dem steuerpflichtigen wirtschaftlichen Geschäftsbetrieb zuzuordnen ist.

Gemischt veranlasste Aufwendungen

Im Hinblick auf diese Schwierigkeiten hat die Finanzverwaltung Grundsätze aufgestellt, die bei gemischt genutzten Wirtschaftsgütern zu beachten sind (AEAO Nr. 6 zu § 64 Nr. 1). Diese Erlassregelung betrifft solche Wirtschaftsgüter, die in erster Linie für die Verwirklichung steuerbegünstigter Zwecke angeschafft wurden, aber daneben auch im steuerpflichtigen wirtschaftlichen Geschäftsbetrieb genutzt werden. Dann sind die Kosten – insbesondere die Absetzungen für Abnutzung (AfA) des Wirtschaftsguts sowie die Personalkosten – anteilig dem steuerpflichtigen wirtschaftlichen Geschäftsbetrieb zuzuordnen. Dies setzt allerdings voraus, dass eine Aufteilung nach objektiven Maßstäben möglich ist. Für die Aufteilung kommt insbesondere eine Aufteilung nach Flächenanteilen oder Nutzungszeiten in Betracht. Im vorstehenden Beispielsfall wären die

Absetzungen für Abnutzung danach zu 25 % (Anteil der Außenlieferungen) dem steuerpflichtigen wirtschaftlichen Geschäftsbetrieb zuzuordnen.

Diese Grundsätze gelten auch für sonstige gemischte Aufwendungen, wie z.B. Personalkosten.

Sonderregelungen zur Pauschalierung des Gewinns in steuerpflichtigen wirtschaftlichen Geschäftsbetrieben enthält § 64 AO. Danach ist die Pauschalierung des Gewinns in folgenden Fällen möglich:

Sonderregelungen über Gewinnpauschalierung

- **Verwertung unentgeltlich erworbenen Altmaterials** außerhalb einer ständig vorgehaltenen Verkaufsstelle (§ 64 Abs. 5 AO). Darunter fällt also nicht der Betrieb eines Second-Hand-Shops, in dem die guten Stücke der gesammelten Altkleider verkauft werden. Es ist der branchenübliche Reingewinn zugrunde zu legen. Dieser beträgt nach Auffassung der Finanzverwaltung bei Altpapier 5 % und bei anderem Altmaterial 20 % (AEAO Nr. 27 zu § 64 AO).
- **Werbung für Unternehmen**, die im Zusammenhang mit der steuerbegünstigten Tätigkeit einschließlich der Zweckbetriebe steht (§ 64 Abs. 6 Nr. 1 AO). Dabei ist zum einen wichtig, dass die Möglichkeit zur Gewinnpauschalierung nur dann besteht, wenn es sich um Werbung *für ein Unternehmen* handelt. Zum anderen ist es erforderlich, dass die Werbung unmittelbar im Zusammenhang mit der steuerbegünstigten Tätigkeit erfolgt. Erfolgt dagegen die Werbung im Zusammenhang mit einem steuerpflichtigen wirtschaftlichen Geschäftsbetrieb, so besteht das Recht zur Gewinnpauschalierung nicht. Eine Werbung bzw. ein Sponsoring für ein Unternehmen im Rahmen eines Balls, der der Mittelbeschaffung dient, würde deshalb diese Voraussetzungen nicht erfüllen.
  Der Gewinn des steuerpflichtigen wirtschaftlichen Geschäftsbetriebs kann dann mit 15 % der Einnahmen angenommen werden.
- **Totalisatorbetriebe bei Pferderennvereinen** (§ 64 Abs. 6 Nr. 2 AO). Auch dann können 15 % der Einnahmen als maßgebender Gewinn zugrunde gelegt werden.
- Die **Zweite Fraktionierungsstufe der Blutspendedienste** (§ 64 Abs. 6 Nr. 3 AO). Auch in diesem Falle beträgt der zugrunde zu legende Gewinn 15 % der Einnahmen.

Im Zusammenhang mit der Gewinnpauschalierung ist zu beachten, dass es sich dabei um ein Wahlrecht handelt, d.h. die steuerbegünstigte Körperschaft, wenn dies günstiger ist, auch den tatsächlich angefallenen Gewinn zugrunde legen kann.

Wahlrecht

Werden die Gewinne pauschaliert, so sind die in den genannten steuerpflichtigen wirtschaftlichen Geschäftsbetrieben tatsächlich angefallenen Einnahmen in die Ermittlung der Besteuerungsfreigrenze des § 64 Abs. 3 AO (€ 30.678.–) einzubeziehen und nicht nur die erzielten Gewinne.

Besteuerungsfreigrenze und Gewinnpauschalierung

Gesamtverlust und
Gewinnpauscha-
lierung

Für die Frage, ob ein gemeinnützigkeitsschädlicher Verlust aus steuerpflichtigen wirtschaftlichen Geschäftsbetrieben erzielt wurde (vgl. oben
3.4.5, S. 68), sind die tatsächlich erzielten Gewinne und nicht die pauscha-
lierten Gewinne maßgebend.

5.5.3 Die Mittelverwendungsrechnung bei steuerbegünstigten Körper-schaften

Mittelverwen-
dungsrechnung

Wie bereits oben 4.2, S. 78 ausgeführt, haben steuerbegünstigte Körperschaften ihre Mittel grundsätzlich zeitnah für steuerbegünstigte Zwecke zu
verwenden. Es gilt ein weiter Mittelbegriff. Darunter fallen nach Thiel
(Der Betrieb 1992, S. 1900) sämtliche Vermögenswerte, die zur Erfüllung
des Satzungszwecks geeignet sind.

Arbeitsaufgabe

14.   Wiederholen Sie die Grundsätze der zeitnahen Mittelverwendung!

Zweck der Mittelver-
wendungsrechnung

Der Einhaltung des Grundsatzes der Vermögensbindung im allgemeinen
und der Verpflichtung zur zeitnahen Mittelverwendung im besonderen
kommt eine zentrale gemeinnützigkeitsrechtliche Bedeutung zu. Aus § 64
Abs. 3 AO (Verpflichtung zur Führung einer Einnahmen-/Ausgabenrech-
nung und sonstiger Aufzeichnungen, die die Finanzverwaltung zur Prüfung der Ordnungsmäßigkeit der Geschäftsführung in die Lage versetzen
müssen) ergibt sich auch die grundsätzliche Verpflichtung zur Erstellung
einer Mittelverwendungsrechnung. Aus dieser müssen sich Zufluss,
Abfluss, Zuführung zu und Verwendung von Rücklagen sowie ein Vortrag
noch nicht verwendeter, aber zeitnah zu verwendender Mittel (Mittelvortrag) ergeben.

Die Finanzverwaltung gibt für die konkrete Gliederung der Mittelverwendungsrechnung kein bestimmtes Schema vor.

Mittelverwendungs-
rechnung nach Thiel

Thiel (Der Betrieb 1992, S. 1900 [1905]) schlägt folgendes Gliederungs-
schema vor:

Abbildung 17:   Mittelverwendungsrechnung nach Thiel

Mittel	Mittel-Verwendungsrechnung für 01 (Muster)	Bindung

1. Zugeflossene Mittel
(= zugeflossene Vermögenswerte)
a) . . .
b) . . .
c) . . .
2. Verwendungsüberhang
	1. Ausstattungskapital
	2. Nutzungsgebundenes Kapital
	3. Rücklagen
	   a) nach § 58 Nr. 6 AO
	   b) nach § 58 Nr. 7 a AO
	   c) nach § 58 Nr. 7 b AO
	   d) im wirtschaftl. Geschäftsbetrieb
	   e) . . .
	4. Abschreibungen
	5. Verbindlichkeiten
	6. Mittelverwendung
	   (1) Mittelvortrag aus 00 . . .
	   (2) verwendet in 01 . . .
	   (3) Rückstände aus 00 . . .
	   (4) zu verwenden aus 01 . . .
	   (5) verwendet in 01 . . .
	   (6) Mittelvortrag 01	

Summe		Summe

Diese Mittelverwendungsrechnung nach Thiel ist eine reine Bestandsrechnung, die grundsätzlich keine kaufmännische Buchführung voraussetzt. Sie ist der Form nach als Vermögensübersicht ausgestaltet.

Die zugeflossenen Mittel sind danach auf der Aktivseite auszuweisen. Die Passivseite zeigt die Bindung oder Verwendung der Mittel. Werden Zuwendungsbestätigungen für Zwecke ausgestellt, für die der erhöhte Spendenabzug nach § 10 b Abs. 1 EStG gewährt wird, so ist die zweckentsprechende Verwendung der Zuwendung und gegebenenfalls ihrer Erträge in der Mittelverwendungsrechnung nachzuweisen. Ein Überhang an zeitnah zu verwendenden Mitteln wird als Saldo auf der Passivseite unter der Position 6 (3) »Rückstand aus dem Vorjahr« und/oder unter der Position 6 (6) »Mittelvortrag« gezeigt. Thiel weist darauf hin, dass diese Zweiteilung deshalb erforderlich sei, weil ein im folgenden Veranlagungszeitraum nicht ausgeglichener »Mittelvortrag aus dem Vorjahr« zum »Rückstand« wird.

Mit »Nutzungsgebundenem Kapital« bezeichnet Thiel die Mittel, die für investive Maßnahmen im ideellen Bereich oder in einem Zweckbetrieb verwendet wurden. Dafür werden teilweise auch die Begriffe »gebundene Eigenmittel« oder »gebundene Rücklagen« verwendet.

Zur Mittelverwendungsrechnung folgendes

Beispiel:
Der Lebenshilfe e.V. hat im Jahr 2005 einen größeren Geldbetrag für eine neue Werkstätte für behinderte Menschen gesammelt. Daneben wurden nicht zweckgebundene Spenden eingeworben. Die für die Werkstätte für behinderte Menschen vorgesehenen Mittel werden sofort in eine zweckgebundene Rücklage nach § 58 Nr. 6 AO gestellt, da insoweit eine entsprechende Beschlusslage der Gremien des Lebenshilfe e.V. besteht. Die übrigen Spenden werden in der Jahresrechnung 2005 als noch nicht verwendete Mittel (Mittelvortrag 2005, »Passivseite« Ziffer 6 (6) der Mustergliederung von Thiel) erfasst. 2006 gehen weitere, nicht zweckgebundene Spenden ein. Der Lebenshilfe e.V. baut die Werkstätte für behinderte Menschen im Jahr 2007.
Zunächst tritt durch die Verwendung der zweckgebundenen Rücklage eine Umgliederung von der zweckgebundenen Rücklage nach § 58 Nr. 6 AO – »Passivseite« Ziffer 3 a) des Musters für eine Mittelverwendungsrechnung nach Thiel – in »nutzungsgebundenes Kapital« – Ziffer 2 der »Passivseite« des Musters für eine Mittelverwendungsrechnung nach Thiel – ein.
Die nicht verwendeten Spenden aus dem Jahr 2005 sind in der Jahresrechnung 2005 unter »Mittelvortrag aus 2004« auszuweisen und bis Ende 2006 zu verwenden. Dabei kommt auch eine Rücklagenzuführung in Betracht, wenn die Voraussetzungen dafür vorliegen. Denkbar wäre aber auch eine Mittelverwendung für die Werkstätte für behinderte Menschen mit der Folge, dass die Spenden in »nutzungsgebundenes Kapital« einzustellen wären.

Mittelverwendungsrechnung nach Buchna

Nach dem Vorschlag von Buchna (Gemeinnützigkeit im Steuerrecht, 8. Auflage 2003, S. 129 f.) könnte die Mittelverwendungsrechnung auch wie folgt gegliedert werden:

Abbildung 18:   Mittelverwendungsrechnung nach Buchna

	Bilanz-wert	bereits für steuer-begünstigte Zwecke eingesetzt	noch keiner steuer-begünstigten Ver-wendung zugeführt
Immaterielle Wirtschaftsgüter			
Sachanlagevermögen			
Vorräte			
Zwischensumme I			
Summe I			

Finanzanlagen

Bank, Kasse

Summe II

| kurzfristige Forderungen (nur soweit vergleichbare Verbindlichkeiten bestehen) | |
| übrige Forderungen (nur soweit vergleichbare Verbindlichkeiten bestehen) | |

Summe III

Gesamtbetrag der Mittel (Summe I+II+III)

– bereits für begünstigte Zwecke eingesetzte Mittel
   (= nutzungsgebundenes Vermögen)
   Zwischensumme I

– Verbindlichkeiten

– Rückstellungen
– Wirtschaftsgüter der – zulässigen –
   Vermögensverwaltung (Buchwert)
– Wirtschaftsgüter der steuerpfl. wirtschaftl.
   Geschäftsbetriebe (Buchwert)

– **Rücklagen nach § 58 Nr. 6, 7 Buchst. a und b AO**

Verwendungsrückstand (Ergebnis = positiv)
oder
Verwendungsübergang (Ergebnis = negativ)

Bei Spenden ist zunächst davon auszugehen, dass die zuerst eingegangenen Spenden auch als zuerst verwendet gelten.

Spenden in der Mittelverwendungsrechnung

Bei bilanzierenden Körperschaften ergibt sich die Mittelverwendung, die grundsätzlich den Zu- und Abfluss voraussetzt, nicht ohne weiteres unmittelbar aus dem Abschluss. Thiel (Stiftung & Sponsoring 1998, Die ROTEN SEITEN S. 4) hält es aber für vertretbar, insoweit eine Ausnahme vom Zu- und Abflussprinzip zuzulassen.

Bilanzierung und Mittelverwendungsrechnung

5.5.4 Die Bilanzierung bei einem Wechsel in die Steuerpflicht bzw. Steuerbefreiung (Überblick)

Wechsel in die
Steuerpflicht/Steuer-
befreiung

Weitere Bilanzierungspflichten bzw. -besonderheiten ergeben sich dann, wenn eine bisher steuerbegünstigte Körperschaft ganz oder teilweise steuerpflichtig oder eine bisher steuerpflichtige Körperschaft steuerbegünstigt wird. Dabei gilt beim Eintritt in die Steuerpflicht der Grundsatz, dass solche stillen Reserven, die während der Steuerbefreiung entstanden sind, nicht sofort versteuert werden müssen. Der Verzicht auf die Versteuerung wird allerdings dadurch erkauft, dass die ursprünglichen Buchwerte fortzuführen sind und dadurch die spätere Besteuerung der stillen Reserven gesichert wird.

Umgekehrt müssen stille Reserven, die vor dem Zeitpunkt der Steuerbefreiung gebildet wurden, nicht versteuert werden. Und auch insoweit wird die Steuerfreiheit wiederum durch die Vermögensbindung für steuerbegünstigte Zwecke erkauft.

Grundsätze

Im Einzelnen sind die folgenden Grundsätze zu beachten:

- **Eintritt** einer steuerpflichtigen Körperschaft, Personenvereinigung oder Vermögensmasse **in die Steuerbefreiung**: Auf den Zeitpunkt, in dem die Steuerpflicht endet, ist eine Schlussbilanz aufzustellen (§ 13 Abs. 1 KStG). In der Schlussbilanz sind die Wirtschaftsgüter nach § 13 Abs. 3 und 4 KStG mit ihren Buchwerten anzusetzen. Der Ansatz der Buchwerte und damit der Verzicht auf eine Versteuerung der bis zu diesem Zeitpunkt gebildeten stillen Reserven setzt allerdings voraus, dass die Körperschaft von der Körperschaftsteuer befreit wird, weil sie gemeinnützige, mildtätige oder kirchliche Zwecke verfolgt und deshalb als steuerbegünstigte Körperschaft anzuerkennen ist.
- **Eintritt** einer steuerbefreiten Körperschaft, Personenvereinigung oder Vermögensmasse **in die Steuerpflicht**: Sofern sie ihren Gewinn durch Betriebsvermögensvergleich ermittelt, d.h. sofern sie bilanziert, hat sie auf den Zeitpunkt, in dem die Steuerpflicht beginnt, nach § 13 Abs. 2 KStG eine Anfangsbilanz aufzustellen. In dieser sind die Wirtschaftsgüter mit dem Wert anzusetzen, der sich bei ununterbrochener Steuerpflicht nach den Vorschriften über die steuerliche Gewinnermittlung ergeben würde (§ 13 Abs. 3 und 4 KStG).
- Diese Grundsätze gelten auch für den **teilweisen Beginn** und das **teilweise Erlöschen** einer Steuerbefreiung (§ 13 Abs. 5 KStG). Gibt eine steuerbegünstigte Körperschaft beispielsweise ihren steuerpflichtigen wirtschaftlichen Geschäftsbetrieb auf, so führt dies nicht zu einer Versteuerung stiller Reserven. Denn dann ist eine Schlussbilanz aufzustellen, in der die Wirtschaftsgüter mit ihren Buchwerten anzusetzen sind (§ 13 Abs. 2, 5 KStG). Veräußert sie dagegen den steuerpflichtigen wirtschaftlichen Geschäftsbetrieb, so führt dies zu einer Versteuerung stiller Reserven. Denn dann liegt keine Beendigung der Steuerpflicht i.S.d. § 13 Abs. 2 KStG, sondern eine Betriebsveräußerung vor. Diese

wird nach § 8 Abs. 1 KStG i.V.m. § 16 EStG besteuert. Diese Bestimmungen sind dann gegenüber § 13 KStG vorrangig.

Dazu die folgenden

> Beispiele:
> Eine diakonische Einrichtung hat ein Hotel geerbt. Der Hotelbetrieb bildet bei ihr einen steuerpflichtigen wirtschaftlichen Geschäftsbetrieb.
> **Variante 1:** Die diakonische Einrichtung verwendet den Hotelbetrieb zur Unterbringung von Obdachlosen. Der Hotelbetrieb dient satzungsmäßigen Zwecken und ist als Einrichtung der Wohlfahrtspflege ein Zweckbetrieb im Sinne des § 66 AO oder eine Aktivität des ideellen Bereichs.
> Die diakonische Einrichtung führt für ihren steuerpflichtigen wirtschaftlichen Geschäftsbetrieb »Hotel« bis zur Umwidmung für die Unterbringung der Obdachlosen die Buchwerte des Erblassers fort (§ 6 Abs. 3 EStG). Auf den Zeitpunkt, zu dem die Umwidmung für satzungsmäßige Zwecke erfolgt, muss sie eine Schlussbilanz für den Hotelbetrieb aufstellen, in die sie die Wirtschaftsgüter mit ihrem Buchwert einstellt. Eine Versteuerung stiller Reserven tritt nicht ein. Dies würde auch dann gelten, wenn die diakonische Einrichtung den für die Obdachlosen genutzten Hotelbetrieb später verkauft.
> **Variante 2:** Die diakonische Einrichtung verkauft den Hotelbetrieb sofort an einen gewerblichen Betreiber. Der Verkauf ist voll steuerpflichtig.

- Nicht begünstigt ist die **Entnahme einzelner Wirtschaftsgüter** aus dem Betriebsvermögen durch die steuerbegünstigte Körperschaft. Nach Auffassung der Finanzverwaltung setzt das Buchwertprivileg nach § 6 Abs. 1 Nr. 4 EStG, das die Versteuerung stiller Reserven vermeidet, voraus, dass das entnommene Wirtschaftsgut im Anschluss an die Entnahme *einer steuerbegünstigten Körperschaft zugewendet* wird. Und diese Voraussetzung kann die steuerbegünstigte Körperschaft als Trägerin des steuerpflichtigen wirtschaftlichen Geschäftsbetriebs nicht erfüllen.

6. Verfahrensfragen im Zusammenhang mit der Anerkennung der Steuerbegünstigung und ihrem Entzug

In verfahrensrechtlicher Hinsicht sind die Anerkennung der Steuerbegünstigung (vgl. unten 6.1) und die Aberkennung der Steuerbegünstigung (vgl. unten 6.2, S. 121) von zentraler Bedeutung.

6.1 Antrags- und Überwachungsverfahren bei steuerbegünstigten Körperschaften

Erstmalige Anerkennung der »Gemeinnützigkeit«

Die erstmalige Anerkennung der Steuerbegünstigung erfolgt aufgrund der sog. vorläufigen Bescheinigung der Gemeinnützigkeit. Diese setzt voraus, dass ein Körperschaftsteuersubjekt entstanden ist.

Zeitpunkt des Entstehens eines Körperschaftsteuersubjekts

Diese Voraussetzung ist bei Vereinen mit Gründung des Vereins und bei GmbHs mit Beurkundung des Gesellschaftsvertrags erfüllt. Für die steuerliche – und damit auch die gemeinnützigkeitsrechtliche – Erfassung als Körperschaft ist die Eintragung im Vereins- bzw. Handelsregister nicht erforderlich.

Bei unselbstständigen Stiftungen reicht die Unterzeichnung der Vereinbarung über ihre Errichtung aus.

Nicht abschließend geklärt ist die Rechtslage bei rechtsfähigen Stiftungen. Teilweise wird in der Literatur die entsprechende Anwendung der Grundsätze über den Vorverein befürwortet (dann beginnt die Steuerpflicht bereits mit Unterzeichnung des Stiftungsgeschäfts und nicht erst mit der staatlichen Anerkennung), teilweise wird darauf verwiesen, bis zur staatlichen Anerkennung sei die Stiftung rechtlich überhaupt nicht existent.

Sofern man sich der zunehmend vertretenen Auffassung anschließt, die Stiftung sei bis zu ihrer staatlichen Anerkennung rechtlich und steuerlich nicht existent, dürfte jedenfalls bei einem aktiven Tätigwerden ein steuerlich selbstständiges Sondervermögen vorliegen, das ebenfalls Körperschaftsteuersubjekt ist und – sofern es die Voraussetzungen dafür erfüllt – auch als steuerbegünstigt anerkannt werden kann.

Vorläufige Bescheinigung

Sofern die Körperschaft die satzungsmäßigen Voraussetzungen für die Gemeinnützigkeit erfüllt, stellt das Finanzamt die sogenannte vorläufige Bescheinigung der Gemeinnützigkeit aus. In dieser wird bestätigt, dass die Körperschaft die satzungsmäßigen Voraussetzungen, die das Gemeinnützigkeitsrecht verlangt, erfüllt. Außerdem wird festgestellt, ob und ggf. für welche Zwecke die Körperschaft steuerlich wirksame Zuwendungsbestätigungen ausstellen darf.

Eine steuerbegünstigte Körperschaft muss aber nicht nur die satzungsmäßigen Voraussetzungen erfüllen, die das Gemeinnützigkeitsrecht vorschreibt. Ihre Geschäftsführung muss auch auf die ausschließliche und unmittelbare Erfüllung der steuerbegünstigten Zwecke gerichtet sein und den Bestimmungen entsprechen, die die Satzung über die Voraussetzungen für Steuervergünstigungen enthält (§ 63 Abs. 1 AO). Dies kann die Finanzverwaltung bei Erteilung der vorläufigen Bescheinigung der Gemeinnützigkeit noch nicht beurteilen, so dass die tatsächliche Anerkennung als steuerbegünstigte Körperschaft jeweils nur nachträglich unter Berücksichtigung der tatsächlichen Geschäftsführung möglich ist.

Anforderungen an die Geschäftsführung

Die vorläufige Bescheinigung der Gemeinnützigkeit hat nicht den Charakter eines Verwaltungsaktes, der mit Rechtsmittel angefochten werden kann. Nach einer verbreiteten Auffassung (vgl. insbesondere Märkle/ Alber, Der Verein im Zivil- und Steuerrecht, S. 316 m.w.N.) handelt es sich dabei lediglich um eine (unverbindliche) Auskunft. Die Erteilung einer vorläufigen Bescheinigung der Gemeinnützigkeit hat allerdings dann eine zentrale Bedeutung für die steuerbegünstigte Körperschaft, wenn sie zur Aufnahme ihrer satzungsmäßigen, steuerbegünstigten Tätigkeit auf Zuwendungen Dritter angewiesen ist, für die diese Zuwendungsbestätigungen erwarten. Im Hinblick darauf hat der BFH mit Urteil vom 23. September 1999 (BStBl. II 2000, S. 533) entschieden, dass die Befugnis zur Ausstellung von Zuwendungsbestätigungen in solchen Fällen einklagbar ist. Dies bedeutet, dass eine steuerbegünstigte Körperschaft Klage erheben kann mit dem Antrag, festzustellen, dass sie Zuwendungsbestätigungen ausstellen darf.

Rechtscharakter der vorläufigen Bescheinigung

Die vorläufige Bescheinigung der Gemeinnützigkeit wird in der Regel auf 18 Monate befristet.

Befristung der vorläufigen Bescheinigung

Da Maßnahmen der laufenden Geschäftsführung erhebliche Auswirkungen auf die Anerkennung der Gemeinnützigkeit haben können und sich die damit zusammenhängenden Probleme erst nachträglich stellen, empfiehlt es sich häufig, Einzelsachverhalte, die noch nicht umgesetzt wurden, im Vorfeld mit der Finanzverwaltung im Wege der verbindlichen Auskunft abzuklären.

Bei neu gegründeten steuerbegünstigten Körperschaften wird – wie bereits ausgeführt – zunächst eine auf 18 Monate befristete vorläufige Bescheinigung der Gemeinnützigkeit ausgestellt. Nach Ablauf der Geltungsdauer der vorläufigen Bescheinigung erfolgt die Überwachung im Rahmen des sog. Freistellungsverfahrens – sofern die steuerbegünstigte Körperschaft keine nennenswerten steuerpflichtigen wirtschaftliche Geschäftsbetriebe hat – oder der Körperschaftsteuerveranlagung.

Endgültige Entscheidung über die Steuerbegünstigung

Das Freistellungsverfahren erfolgt in der Weise, dass die steuerbegünstigte Körperschaft im Abstand von jeweils drei Jahren eine Freistellungserklärung abzugeben hat. In dieser sind die Aktivitäten der steuerbegünstigten Körperschaft, gegliedert nach den vier steuerlichen Sphären ihrer

Freistellungsverfahren

Betätigung (ideeller Bereich, Vermögensverwaltung, steuerbegünstigter Zweckbetrieb, steuerpflichtiger wirtschaftlicher Geschäftsbetrieb) anzugeben. Dabei sind jeweils die Einnahmen und Ausgaben den vier Sphären zuzuordnen. Der Freistellungserklärung sind ferner die Einnahmen-/Ausgabenrechnung sowie die Vermögensübersicht und ein Tätigkeitsbericht beizufügen. Aus den Unterlagen muss sich ergeben, wie die steuerbegünstigte Körperschaft ihren Zweck erfüllt hat. Für die dazwischen liegenden Jahre sind die Einnahmen-/Ausgabenrechnungen, die Vermögensübersichten und die Tätigkeitsberichte einzureichen.

Zur Anerkennung der Steuerbegünstigung muss die Körperschaft

* die satzungsmäßigen Anforderungen des Gemeinnützigkeitsrechts
* die gemeinnützigkeitsrechtlichen Anforderungen an die tatsächliche Geschäftsführung

erfüllen.

Mustersatzung der Finanzverwaltung Die wesentlichen Gesichtspunkte, die die Satzung in gemeinnützigkeitsrechtlicher Hinsicht erfüllen muss, sind in der Mustersatzung der Finanzverwaltung zusammengefasst (AEAO Anlage zu § 60 AO). Dabei handelt es sich um die folgenden wesentlichen Einzelregelungen:

* Angabe des steuerbegünstigten **Zwecks sowie** der **Aktivitäten**, mit denen der Zweck verwirklicht werden soll. Diese müssen so genau angegeben werden, dass die Finanzverwaltung später nachprüfen kann, ob die Körperschaft bei ihrer Betätigung ihre Satzung eingehalten hat.

> Beispiel:
> »Der Verein verfolgt gemeinnützige Zwecke im Sinne des Abschnitts »Steuerbegünstigte Zwecke« der Abgabenordnung. Zweck des Vereins ist die Förderung des Wohlfahrtswesens. Der Satzungszweck wird insbesondere verwirklicht durch den Betrieb ambulanter, teilstationärer und stationärer Pflegeeinrichtungen.«

* **Ausschließlichkeit** der Erfüllung des steuerbegünstigten Zwecks
* **Unmittelbarkeit** der Erfüllung des steuerbegünstigten Zwecks. Insoweit gibt es aber eine Ausnahme: Mittelbeschaffungskörperschaften verfolgen ihre steuerbegünstigten Zwecke nicht unmittelbar (vgl. oben 2.5.2, S. 44). Bei ihnen muss nur festgelegt werden, für welche steuerbegünstigten Zwecke die gesammelten Mittel bestimmt sind.
* **Selbstlosigkeit** der Zweckerfüllung mit dem Zusatz: »Die Körperschaft verfolgt nicht in erster Linie eigenwirtschaftliche Zwecke.« Die Formulierung sollte nicht lauten: »Die Körperschaft verfolgt keine eigenwirtschaftlichen Zwecke.« Denn bei einer solchen Formulierung würde ein steuerpflichtiger wirtschaftlicher Geschäftsbetrieb von ganz untergeordnetem Umfang gegen die Satzung verstoßen und damit die Anerkennung der Gemeinnützigkeit gefährden.

- Mittelverwendung für steuerbegünstigte Zwecke (Grundsatz der **Vermögensbindung**). Eine Präzisierung entsprechend dem Muster der Finanzverwaltung ist erforderlich.
- **Vermögensanfall.** Insoweit ist festzulegen, dass die Mittel der steuerbegünstigten Körperschaft auch im Falle ihrer Liquidation zu steuerbegünstigten Zwecken zu verwenden sind.
- Eine **Ausnahme von** der Verpflichtung, die **Vermögensbindung** in die **Satzung** aufzunehmen, besteht nach § 62 AO für Betriebe gewerblicher Art von Körperschaften des öffentlichen Rechts, für staatlich beaufsichtigte Stiftungen, für die von einer Körperschaft des öffentlichen Rechts verwalteten unselbstständigen Stiftungen und geistlichen Genossenschaften.

Außerdem muss die steuerbegünstigte Körperschaft bei ihrer tatsächlichen Geschäftsführung die Anforderungen erfüllen, die die Abgabenordnung und die Satzung festlegen. Dies bedeutet u.a. auch, dass die steuerbegünstigte Körperschaft keine anderen (steuerbegünstigten) Zwecke als die in der Satzung angegebenen verfolgen darf.

6.2 Die Aberkennung der Steuerbegünstigung

Sofern die steuerbegünstigte Körperschaft gegen die Anforderungen des Gemeinnützigkeitsrechts hinsichtlich der Satzung *oder* der laufenden Geschäftsführung verstößt, verliert sie ihre Anerkennung als steuerbegünstigte Körperschaft (§§ 60 ff. AO). Die Einhaltung der gemeinnützigkeitsrechtlichen Vorgaben ist dabei grundsätzlich für jedes Kalenderjahr getrennt zu prüfen. Dies bedeutet, dass eine Körperschaft beispielsweise im Kalenderjahr 2005 steuerbegünstigt, im Kalenderjahr 2006 steuerpflichtig und im Kalenderjahr 2007 wiederum steuerbegünstigt sein kann.

Voraussetzungen für die Aberkennung

Besonders schwer wiegt aber ein Verstoß gegen den Grundsatz der Vermögensbindung. Dies betrifft weniger die Einhaltung des Gebots zur zeitnahen Mittelverwendung als die grundsätzliche Verpflichtung, die gemeinnützigkeitsrechtlich gebundenen Mittel für steuerbegünstigte Zwecke einzusetzen.

Verstöße gegen den Grundsatz der Vermögensbindung

Hat eine steuerbegünstigte Körperschaft unzulässigerweise zeitnah zu verwendende Mittel angesammelt, so kann ihr das Finanzamt eine Frist für die Mittelverwendung setzen. Verwendet die steuerbegünstigte Körperschaft dann die Mittel innerhalb der gesetzten Frist, so gilt die tatsächliche Geschäftsführung von Anfang an als ordnungsgemäß (§ 63 Abs. 3 AO). Dabei handelt es sich allerdings um eine Ermessensvorschrift. Erfüllt eine steuerbegünstigte Körperschaft im übrigen ihre steuerlichen Verpflichtungen und handelt es sich um einen einmaligen Verstoß gegen das Gebot der zeitnahen Mittelverwendung, so *muss* die Finanzverwaltung zunächst eine Frist setzen, bevor sie die Steuerbegünstigung aberkennt (Ermessensreduzierung auf Null). Dies gilt allerdings dann nicht, wenn die steuerbegün-

Verstöße gegen das Gebot der zeitnahen Mittelverwendung

stigte Körperschaft bereits mehrfach gegen das Gebot der zeitnahen Mittelverwendung oder andere steuerliche Verpflichtungen verstoßen hat. Dann kann das Finanzamt bereits aufgrund <u>eines</u> Verstoßes gegen das Gebot der zeitnahen Mittelverwendung die Steuerbegünstigung aberkennen.

Arbeitsaufgabe

15. Die kommunale, gemeinnützige GmbH »Gut versorgt im Alter« betreibt in gemieteten Räumen eine stationäre Pflegeeinrichtung. Sie hat im Jahr 2005 erhebliche Spenden erhalten, die sie dazu verwendet, in den gemieteten Räumen Investitionen vorzunehmen. Die Finanzverwaltung (Prüfungszeitraum 2005 bis 2007) stellt fest, dass

- 2006 ein Teilbetrag der Spenden für Mietereinbauten verwendet wurde. Dabei handele es sich nicht um sofort abziehbare Betriebsausgaben. Die Mietereinbauten seien in der Bilanz zu aktivieren. Dann entstehe in der Gewinn- und Verlustrechnung ein Jahresüberschuss, der der zeitnahen Mittelverwendung unterliege.
- ein weiterer Teilbetrag ebenfalls 2006 für einen neuen Anstrich der Räume verwendet wurde
- der Restbetrag im Mai 2008 noch als Guthaben auf dem Bankkonto der Gesellschaft vorhanden ist.

Der Geschäftsführer, der noch nie eine Auseinandersetzung mit der Finanzverwaltung gehabt hat, stellt Ihnen die folgenden Fragen:

- Ist die Auffassung der Finanzverwaltung richtig, dass die gGmbH mit der Anschaffung der Mietereinbauten gegen das Gebot der zeitnahen Mittelverwendung verstoßen hat?
- Habe ich überhaupt gegen das Gebot der zeitnahen Mittelverwendung verstoßen?
- Muss ich jetzt mit der Aberkennung der Gemeinnützigkeit rechnen?
- Welche Alternativen bestehen?

Verstöße gegen den Grundsatz der Vermögensbindung

Verstößt die steuerbegünstigte Körperschaft dagegen gegen den Grundsatz der Vermögensbindung für steuerbegünstigte Zwecke, so gilt die Vermögensbindung von Anfang an als nicht ausreichend (§§ 61 Abs. 3, 63 Abs. 2 AO). Solche Verstöße können zum einen dadurch entstehen, dass die satzungsmäßigen Bestimmungen über die Vermögensbindung so geändert werden, dass sie nicht mehr den gemeinnützigkeitsrechtlichen Vorgaben entsprechen (satzungsmäßige Gemeinnützigkeit). Sie können aber auch darin bestehen, dass die steuerbegünstigte Körperschaft bei ihrer tatsächlichen Geschäftsführung gegen den Grundsatz der Vermögensbindung für steuerbegünstigte Zwecke verstößt. Die satzungsmäßige Gemeinnützigkeit wird in der Regel bewusst beseitigt, nämlich dann, wenn die Körperschaft, z.B. im Zusammenhang mit der Beteiligung eines an Gewinnausschüttungen interessierten privaten Dritten, »auf die Gemeinnützigkeit verzichten« will. Dabei ist der folgende Gesichtspunkt von zentraler Bedeutung:

Erfüllt eine Körperschaft die gemeinnützigkeitsrechtlichen Anforderungen in vollem Umfang, so *ist* sie gemeinnützig. Sie kann dann nicht auf die Steuerbegünstigung verzichten. Deshalb wird die Gemeinnützigkeit, sofern dies gewünscht wird, in der Regel dadurch beseitigt, dass die satzungsmäßigen Regelungen über die Vermögensbindung so geändert werden, dass sie die gemeinnützigkeitsrechtlichen Anforderungen nicht mehr erfüllen.

Beseitigung der Gemeinnützigkeit

Besonders gefährlich sind dagegen Verstöße gegen das Gemeinnützigkeitsrecht bei der tatsächlichen Geschäftsführung. Das Gemeinnützigkeitsrecht ist so kompliziert, dass solche Verstöße nie völlig ausgeschlossen werden können. Dies gilt vor allem für die unzulässige Abdeckung von Verlusten aus steuerpflichtigen wirtschaftlichen Geschäftsbetriebe und Verlusten aus der Vermögensverwaltung.

Liegt – im Rahmen der satzungsmäßigen Gemeinnützigkeit oder der laufenden Geschäftsführung – ein Verstoß gegen den Grundsatz der Vermögensbindung vor, so kann die Finanzverwaltung nach § 61 Abs. 3 S. 2 AO Steuerbescheide erlassen, aufheben oder ändern, soweit sie Steuern betreffen, die innerhalb der letzten zehn Kalenderjahre vor dem Verstoß gegen den Grundsatz der Vermögensbindung entstanden sind. Hat die steuerbegünstigte Körperschaft ihre Verpflichtung zur zeitnahen Mittelverwendung eingehalten, so kann dies dazu führen, dass durch die nachträgliche Steuerfestsetzung ihre Existenz gefährdet wird. Dazu das folgende

Rückwirkende Besteuerung

Beispiel:
Eine steuerbegünstigte Stiftung hat bei ihrer Errichtung eine im Bestand zu erhaltende Vermögensausstattung von € 200.000,– (Kapitalvermögen) erhalten. Der Stifter hat ihr darüber hinaus testamentarisch seine Unternehmensbeteiligung an einer GmbH (Wert € 1 Mio.) zugewendet, deren Alleingesellschafter er war und deren Anteile von der Stiftung in der Vermögensverwaltung gehalten wurden.
Aus der Anlage des Kapitalvermögens hat die Stiftung in den letzten 10 Jahren insgesamt Kapitalerträge von € 40.000,– erzielt, die sie für satzungsmäßige Zwecke verwendet hat. Die GmbH, hat in diesem Zeitraum insgesamt Gewinne in Höhe von € 500.000,– an die Stiftung ausgeschüttet, die ebenfalls für satzungsmäßige Zwecke verwendet wurden. In den letzten vier Jahren liefen die Geschäfte der GmbH aber so schlecht, dass die Stiftung zur Sicherstellung der Liquidität ein Darlehen in Höhe von € 150.000,– gewährt hat. Auch dies konnte aber die GmbH nicht vor der Insolvenz bewahren. Die Stiftung verliert durch die Insolvenz nicht nur ihre Beteiligung an der GmbH, sondern auch ihre Darlehensforderung (kapitalersetzendes Darlehen i.S.d. § 32 a GmbHG, vgl. Schick, Rechts- und Unternehmensformen, S. 36).

> Mit dem Mitteleinsatz für die Rettung der GmbH hat die Stiftung gegen den Grundsatz der Vermögensbindung für steuerbegünstigte Zwecke verstoßen. Ihr wird die Gemeinnützigkeit aberkannt. Damit werden die Einkünfte aus Kapitalvermögen von € 40.000,– steuerpflichtig. Geht man zur Vereinfachung von dem neuen Körperschaftsteuerrecht aus und lässt man eine etwaige Möglichkeit zum Verlustrücktrag (§ 8 Abs. 1 KStG, 10 d EStG außer Betracht), so hat die Stiftung den Betrag von € 40.000,– mit einem Körperschaftsteuersatz von 25 % zu versteuern (Steuerbelastung ohne Gewerbesteuer: € 10.000,–). Da die Stiftung nach dem Verlust ihrer Beteiligung an der GmbH und ihres Darlehens nur noch über ein Aktivvermögen von € 50.000,– verfügt, ist sie in ihrer Existenz bedroht.

Anfallrecht   Da jede Aberkennung der Steuerbegünstigung grundsätzlich das satzungsmäßige Anfallrecht (Auflösung des Vereins, der gemeinnützigen GmbH, der Stiftung mit Auskehrung des gemeinnützigkeitsrechtlich gebundenen Vermögens an den Anfallberechtigten) auslöst, müsste eigentlich auch jede Fortführung der steuerbegünstigten Körperschaft nach einer vorübergehenden Aberkennung der Gemeinnützigkeit zu einem Verstoß gegen den Grundsatz der Vermögensbindung mit rückwirkender Steuerpflicht für zehn Jahre führen. Da dies über den Zweck der Vermögensbindung hinausgehen würde, zieht die Finanzverwaltung diese Konsequenzen in der Regel nicht. Vielmehr erfolgt eine rückwirkende Besteuerung regelmäßig dann, wenn eine Satzungsänderung gegen den Grundsatz der Vermögensbindung verstößt oder eine unmittelbar gegen den Grundsatz der Vermögensbindung verstoßende tatsächliche Geschäftsführung vorliegt.

7. Spenden und Sponsoring

Spenden und Sponsoring haben eine zentrale Bedeutung für steuerbegünstigte Körperschaften. Dies betrifft zum einen die Frage, ob und zu welchen Zwecken eine Zuwendung – ggf. zeitnah – zu verwenden ist (vgl. dazu bereits oben 4.2, S. 78 ff.). Zum anderen ist die Berechtigung einer steuerbegünstigten Körperschaft, steuerlich wirksame Zuwendungsbestätigungen ausstellen zu dürfen, von zentraler Bedeutung im Zusammenhang mit der Mittelbeschaffung. Häufig werden die Begriffe »Spende« und »Sponsoring« im allgemeinen Sprachgebrauch nicht korrekt voneinander abgegrenzt.

Im Hinblick darauf werden nachfolgend dargestellt:

- der Begriff der Spende (unten 7.1)
- der Begriff des Sponsoring (unten 7.2, S. 128)
- die Arten der Spende (Geldspenden und Sachspenden, unten 7.3, S. 131)
- die Höhe des Spendenabzugs (unten 7.4, S. 133)
- die Sonderregelungen für Zuwendungen an Stiftungen (unten 7.5, S. 133)
- die formalen Anforderungen an Zuwendungsbestätigungen (unten 7.6, S. 135)
- die Fälle, in denen auf eine Zuwendungsbestätigung verzichtet werden kann (unten 7.7, S. 135)
- der Vertrauensschutz und die Haftung bei Ausstellung unrichtiger Zuwendungsbestätigungen (unten 7.8, S. 136)
- die steuerliche Behandlung des Sponsoring (unten 7.9, S. 138).

7.1 Der Begriff der Spende

Nach einer gängigen Definition (vgl. Buchna, Gemeinnützigkeit im Steuerrecht, S. 310) sind Spenden

Definition

»freiwillige und unentgeltliche Wertabgaben, also Geld- oder Sachzuwendungen (Ausgaben), die das geldwerte Vermögen des Spenders mindern (ein freiwilliges Vermögensopfer).«

Nach § 10 b Abs. 3 S. 1 EStG sind allerdings Nutzungen und Leistungen nicht spendenfähig. Die steuerliche Berücksichtigung kann aber dann erreicht werden, wenn ein Anspruch auf die Vergütung der Nutzung oder Leistung, z.B. ein Aufwendungsersatzanspruch für die Nutzung eines Pkw zu satzungsmäßigen Zwecken, vereinbart wird und auf diesen Anspruch verzichtet wird. Man spricht dann von einer sogenannten Aufwandsspende, die in der Zuwendungsbestätigung gesondert kenntlich gemacht werden muss. Die Voraussetzungen für eine Aufwandsspende sind unten 7.3 (S. 131), die formalen Anforderungen für Zuwendungsbestätigungen unten 7.6 (S. 135) näher dargestellt.

Nutzungen und Leistungen

Freiwilligkeit   Damit ist die Freiwilligkeit der Zuwendung die erste Voraussetzung für
eine Spende. Im Zusammenhang damit sind die folgenden Gesichtspunkte
von zentraler Bedeutung:

- Freiwillig gegeben sind auch solche Zuwendungen, die aufgrund einer
  freiwillig begründeten Rechtspflicht gewährt werden. Dies betrifft
  zunächst Zusagen des Zuwendenden, die sich auf einen längeren För-
  derzeitraum erstrecken.

Beispiel:
Die diakonische Einrichtung D beabsichtigt, eine Pflegeeinrichtung zu
bauen. Es ist ihr gelungen, den Bauunternehmer Hugo Gönner für eine Förderung zu gewinnen. Aufgrund seiner eigenen beruflichen Erfahrung will
Gönner das Projekt in der Weise fördern, dass er die jeweils fälligen Ab-
schlagszahlungen auf die Baukosten zum jeweiligen Fälligkeitszeitpunkt erbringt. Insoweit geht er eine rechtlich bindende Verpflichtung zur Zahlung
ein.
D hat damit einen rechtlich durchsetzbaren Anspruch darauf, dass Gönner
die jeweiligen Raten bezahlt. Insoweit liegt keine freiwillige Zahlung von
Gönner mehr vor. Da Gönner diese Verpflichtung aber freiwillig übernommen hat, sind die gezahlten Beträge steuerlich als Spende abzugsfähig.

- Auf einer freiwillig begründeten Rechtspflicht beruhen auch **Mitgliedsbeiträge und Mitgliederumlagen.** Zwar ist auch das Vereinsmitglied verpflichtet, die satzungsmäßig festgesetzten Mitgliederbei-
  träge und -umlagen zu entrichten, doch ist die Mitgliedschaft in einem
  Verein freiwillig. Dabei sind aber gleichzeitig die Einschränkungen zu
  beachten, die für die Abzugsfähigkeit von Mitgliedsbeiträgen und Mitgliederumlagen gelten.
  Nicht als Spende abzugsfähig sind die Mitgliedsbeiträge für solche
  Körperschaften, die einen der in Abschnitt B. der Anlage 1 zu § 48
  EStDV aufgeführten Zwecke verfolgen. Dies betrifft insbesondere den
  Bereich der sog. steuerbegünstigten Freizeitzwecke (z.B. Sport,
  Musik).
  Mitgliederumlagen für Vereine, deren Mitgliedsbeiträge steuerlich
  nicht abzugsfähig sind, sind allerdings nur dann als Spenden zu behan-
  deln, wenn kein rechtlich durchsetzbarer Anspruch des Vereins auf
  Leistung der Umlage besteht. Sind die Mitgliedsbeiträge, vor allem für
  soziale Organisationen, steuerlich abzugsfähig, so sind auch solche
  Mitgliederumlagen als Spenden zu behandeln, auf die ein rechtlich
  durchsetzbarer Anspruch des Vereins besteht.
- Zahlungen aufgrund eines Strafverfahrens als **Bewährungsauflage
  oder Sühnezahlung** erfolgen nicht freiwillig und sind deshalb nicht
  als Spende abzugsfähig.

Unentgeltlichkeit   Die zweite Voraussetzung für das Vorliegen einer Spende ist die Unentgeltlichkeit der Zuwendung. Diese Voraussetzung führt in der Praxis häufig zu erheblichen Problemen im Zusammenhang mit der Abgrenzung zu
Sponsoring (vgl auch AEAO Nr. 7 zu § 64 Abs. 1 AO). Allgemein aner-

kannt ist, dass ein reiner Spenderhinweis noch nicht dazu führt, dass eine
Zuwendung entgeltlich erfolgt.

Beispiel:
Im Eingangsbereich einer AWO-Pflegeeinrichtung wird ein »Spenderbaum«
angebracht. An den Ästen des Baumes werden die Namen der Spender in der
Form von Blättern befestigt.
Hier liegt ein reiner Spenderhinweis vor, der nicht als Gegenleistung für die För-
dertätigkeit anzusehen ist.

Der Zuwendende kann aber mit seiner Zuwendung auch eigene, z.B.
unternehmerische, Zwecke verfolgen und mit der steuerbegünstigten Körperschaft einen Vertrag abschließen, mit dem sich die steuerbegünstigte
Körperschaft zu einer konkreten Gegenleistung verpflichtet.

Beispiel:
Die Johanniter-Unfallhilfe veranstaltet eine DaimlerChrysler-Kunstausstellung,
die von DaimlerChrysler finanziell großzügig unterstützt wird und aus deren
Rahmenprogramm die Johanniter-Unfallhilfe erhebliche Überschüsse für satzungsgemäße Zwecke erzielt. Die Satzung der Johanniter-Unfallhilfe enthält die
Förderung von Kunst und Kultur als Satzungszweck. Im Rahmen der Ausstellung erfolgt eine Werbung für DaimlerChrysler im Programmheft. Im Foyer sind
die neuesten Modelle ausgestellt.
In diesem Falle erbringt die Johanniter-Unfallhilfe im Rahmen der Ausstellung
eine Werbeleistung an DaimlerChrysler (als Gegenleistung für die Zahlungen
von DaimlerChrysler).

Die Einzelheiten zum Begriff des Sponsoring sind unten 7.2 (S. 128) näher
dargestellt, die steuerliche Behandlung von Sponsoring unten 7.9 (S. 138).

Von ganz zentraler Bedeutung ist, dass Zuwendungen nur dann als Spenden anerkannt werden können, wenn sie *voll unentgeltlich* erfolgen. Es ist
also nicht möglich, eine einheitliche Zuwendung in einen entgeltlichen
und einen unentgeltlichen Teil aufzuspalten mit der Folge, dass für den
unentgeltlichen Teil eine Zuwendungsbestätigung ausgestellt werden darf.
Ein Spendenabzug ist damit nur dann möglich, wenn es sich tatsächlich
um zwei von einander unabhängige Zahlungen handelt. Dazu das folgende

Volle Unentgeltlich-
keit erforderlich

Beispiel:
Das DRK veranstaltet einen Ball, dessen Überschuss zur Linderung einer Kata-
strophe verwendet werden soll. Die Hälfte des Eintrittsgeldes ist »als Spende«
für den guten Zweck vorgesehen, mit der anderen Hälfte werden die Kosten ge-
deckt.
Dem einheitlichen Eintrittsgeld steht eine Gegenleistung des DRK gegenüber.
Dass sich Leistung und Gegenleistung wertmäßig nicht entsprechen, ändert
nichts daran. Es handelt sich nicht um eine abzugsfähige Spende.
Würde das DRK ein Eintrittsgeld nur in Höhe der Hälfte erheben und im übrigen
um eine Spende bitten, so wäre die Spende steuerlich abzugsfähig. Allerdings
darf dann auch kein Anspruch auf die »andere Hälfte« bestehen.

Vermögensabfluss

Weitere Voraussetzung für den Abzug als Spende ist eine Ausgabe aus dem Vermögen des Zuwendenden. Insoweit gilt – auch für solche Zuwendungen, die aufgrund einer freiwillig begründeten Rechtspflicht auf einen längeren Zeitraum verteilt gewährt werden – das Zu- und Abflussprinzip. Das Zu- und Abflussprinzip gilt auch für die Zuwendungen solcher Steuerpflichtiger, die bilanzieren. Deshalb sind auf einen längeren Zeitraum verteilte Zuwendungen auch bei einer rechtlich bindenden Zusage nicht im Zeitpunkt der Zusage, sondern im Zeitpunkt der Zahlung beim Spender steuerlich abzugsfähig. Dies ist auch bei der Ausstellung der Zuwendungsbestätigung zu beachten.

Verpflichtung zur zeitnahen Verwendung hier unbeachtlich

Für den Spendenabzug beim Zuwendenden ist es grundsätzlich ohne Bedeutung, ob die Zuwendung vom Empfänger zeitnah für steuerbegünstigte Zwecke zu verwenden ist. Entscheidend ist insoweit allein, dass ein definitiver Vermögensabfluss beim Zuwendenden vorliegt, dem keine Gegenleistung des Empfängers gegenübersteht. Deshalb sind auch solche Zuwendungen beim Zuwendenden als Spende abzugsfähig, die als Vermögensausstattung einer Stiftung oder als Zustiftung in das Stiftungsvermögen nicht zeitnah zu verwenden sind. Dies gilt auch für die Vermögensausstattung einer gemeinnützigen GmbH, sofern die Rückgewähr der Einlage für den Fall der Auflösung der GmbH ausgeschlossen ist.

Merksätze

> Man unterscheidet
>
> * aus der **Sicht der steuerbegünstigten Körperschaft**: Spenden, die zeitnah für steuerbegünstigte Zwecke zu verwenden sind, und solche Zuwendungen, die nach § 58 Nr. 11 AO nicht zeitnah für steuerbegünstigte Zwecke verwendet werden müssen.
> * aus der **Sicht des Zuwendenden**: Spenden als voll unentgeltliche Zuwendungen, die nicht an den Zuwendenden zurückgewährt werden können, gleichgültig, ob sie zeitnah zu verwenden sind oder dem Vermögen zugeführt werden, und solche Leistungen, bei denen die steuerbegünstigte Körperschaft eine Gegenleistung, z.B. im Rahmen eines Sponsorings, erbringt.

7.2 Der Begriff des Sponsoring

Wie bereits ausgeführt, unterscheidet sich die Spende vom Sponsoring darin, dass die Spende voll unentgeltlich gegeben wird, während beim Sponsoring ein Leistungsaustausch erfolgt. Sponsoring ist in steuerlicher Hinsicht damit zunächst dadurch gekennzeichnet, dass die steuerbegünstigte Körperschaft eine Gegenleistung für die Zuwendung erbringt.

Definition der Finanzverwaltung

Die Finanzverwaltung definiert den Begriff des Sponsoring im Anwendungserlass zur AO (AEAO Nr. 7 zu § 64 Abs. 1) wie folgt:

»Unter Sponsoring wird üblicherweise die Gewährung von Geld oder geldwerten Vorteilen durch Unternehmen zur Förderung von Personen, Gruppen und/oder Organisationen in sportlichen, kulturellen, kirchlichen, wissenschaftlichen, sozialen, ökologischen oder ähnlich bedeutsamen gesellschaftspolitischen Bereichen verstanden, mit der regelmäßig auch eigene unternehmensbezogene Ziele der Werbung oder Öffentlichkeitsarbeit verfolgt werden. Leistungen eines Sponsors beruhen häufig auf einer vertraglichen Vereinbarung zwischen dem Sponsor und dem Empfänger der Leistungen (Sponsoring-Vertrag), in dem Art und Umfang der Leistungen des Sponsors und des Empfängers geregelt sind.«

Damit orientiert sich die Finanzverwaltung sehr stark an der Definition von M. Bruhn (Sponsoring, S. 21). Danach bedeutet Sponsoring »die
<aside>Definition von Bruhn</aside>

- Planung, Organisation, Durchführung und Kontrolle sämtlicher Aktivitäten,
- die mit der Bereitstellung von Geld, Sachmitteln oder Dienstleistungen durch Unternehmen
- zur Förderung von Personen und/oder Organisationen im sportlichen, kulturellen und/oder sozialen Bereich verbunden sind,
- um damit gleichzeitig Ziele der Unternehmenskommunikation zur erreichen.«

Damit ist Sponsoring grundsätzlich durch Leistung und Gegenleistung gekennzeichnet. Darin unterscheidet sich Sponsoring von der Spende.
<aside>Leistung und Gegenleistung kennzeichnend</aside>

Von der Werbung unterscheidet sich Sponsoring darin, dass nicht nur ein Hinweis auf die Produkte des Sponsors erfolgt, sondern auch eine Förderung – vor allem steuerbegünstigter Zwecke – stattfindet.

Liegt im Einzelfall ein Sponsorship vor, so stellt sich auch die Frage nach der steuerlichen Behandlung beim Sponsor. Da – wie bereits ausgeführt – ein Abzug als Spende ausscheidet, kommt nur der Abzug als Betriebsausgabe oder der Werbungskostenabzug in Betracht. Dies setzt voraus, dass die Zuwendung im überwiegenden betrieblichen oder beruflichen Interesse erfolgt. Insoweit ist die Maßnahme zur privaten Lebensführung abzugrenzen.
<aside>Steuerliche Behandlung beim Sponsor</aside>

Konkret bedeutet dies: Überwiegt das betriebliche oder berufliche Interesse, so ist der Betriebsausgaben- oder Werbungskostenabzug möglich. Überwiegt dagegen das private Interesse und ist eine Gegenleistung der steuerbegünstigten Körperschaft vorhanden, so ist weder ein Betriebsausgabenabzug bzw. Werbungskostenabzug noch ein Spendenabzug möglich.

Beispiel:
Autohaus A stellt dem Caritasverband CV unentgeltlich zehn Fahrzeuge zur Verfügung, die mit einer Werbeaufschrift für das Autohaus versehen sind. Die Übergabe erfolgt anlässlich eines kleinen Empfangs, bei dem keine Presse eingeladen ist. Die beidseitigen Verpflichtungen – die Verpflichtung des Autohauses zur Übereignung der Fahrzeuge und die Verpflichtung von CV, die Fahrzeuge werbewirksam einzusetzen – werden vertraglich vereinbart. Das Autohaus verpflichtet sich im Rahmen des Vertrags zu einer weiteren Zahlung von € 50.000,–.
Autohaus B hatte mit CV wenige Wochen zuvor einen vergleichbaren Vertrag abgeschlossen. Übergeben wurden vier Fahrzeuge. In dem Sponsoringvertrag war vereinbart worden, dass die Übergabe der Fahrzeuge öffentlichkeitswirksam bei einer Großveranstaltung stattfinden sollte. Bei der Veranstaltung waren Presse und Rundfunk anwesend. Es gab eine breite Berichterstattung in den Medien. B hatte sich verpflichtet, an CV für diese zusätzlichen Leistungen den Betrag von € 2.000,– zu entrichten.
Das Finanzamt wird den Betriebsausgabenabzug bei A in Frage stellen. Zwar gibt es eine betriebliche Veranlassung für den Sponsoringvertrag, d.h. es liegt eine Gegenleistung von CV vor. Im Vergleich zu dem Vertrag mit B überwiege aber – so das Finanzamt – der Fördergedanke die betriebliche Veranlassung bei weitem. Der Vertrag sei »privat« veranlasst. Ein Betriebsausgabenabzug sei deshalb ausgeschlossen. Aber auch ein Spendenabzug sei nicht möglich. Denn dieser setze voraus, dass die Zuwendung voll unentgeltlich erfolgt.

Sponsoringvertrag

Im Hinblick darauf, dass beim Sponsoring ein Leistungsaustausch stattfindet, empfiehlt es sich, über das Sponsorship einen Sponsoringvertrag abzuschließen, in dem die wesentlichen gegenseitigen Rechte und Pflichten geregelt sind. Dies erleichtert auch den Betriebsausgabenabzug beim Sponsor. Gleichzeitig sind auch die steuerlichen Interessen der steuerbegünstigten Körperschaft (vgl. unten 7.9, S. 138) entsprechend zu berücksichtigen.

Abgrenzung Mäzenatentum/Spende/Sponsoring

Die Abgrenzung von Mäzenatentum, Spende und Sponsoring kann nach Bruhn (a.a.O., S. 20) wie folgt zusammenfassend vorgenommen werden:

Abbildung 19

Merkmale	Art der Förderung		
	Mäzenatentum	**Spendenwesen**	**Sponsoring**
Art des Geldgebers	Privatpersonen, Stiftungen	Privatpersonen, Unternehmen	Unternehmen
Motiv(e) der Förderung	**ausschließlich Fördermotive (altruistisch)**	**Fördermotiv dominant, evtl. Steuervorteile (Gemeinnutz)**	**Fördermotiv und Erreichung von Kommunikationszielen (Eigennutz)**
Zusammenarbeit mit Geförderten	Teilweise (über Förderbereiche)	nein	ja (Durchführung von Sponsorships)
Medienwirkung	nein (eher privat)	kaum	ja (öffentlich)

7.3   Die Arten der Spende: Geldspende und Sachspende

Hinsichtlich der Arten der Spenden unterscheidet man die Geldspende und
die Sachspende.

»Gewöhnliche« Geldspenden sind in der Regel hinsichtlich ihrer Abwick-
lung und Bewertung unproblematisch. Sie sind in der Zuwendungsbestätigung mit ihrem Nennbetrag anzugeben. Für den Zuwendungszeitpunkt ist
der Zeitpunkt des Abflusses beim Spender maßgebend.

Ebenfalls als (abgekürzte) Geldspenden werden die sog. Aufwandsspenden behandelt (Buchna, a.a.O. S. 315), obwohl es sich bei ihnen eigentlich
um Sachspenden (Verzicht auf einen Erstattungsanspruch) handelt.

Gegenstand der Aufwandsspende ist also der Verzicht auf einen Aufwendungsersatzanspruch (§ 10 b Abs. 3 S. 4 EStG). Erforderlich ist, dass der
Spender einen rechtlich durchsetzbaren Anspruch gegen die steuerbegünstigte Körperschaft auf Erstattung seiner Aufwendungen hat, auf den er
wirksam verzichtet. Der Aufwendungsersatzanspruch muss durch Vertrag, Satzung oder einen rechtsgültigen (i.d.R. veröffentlichten) Vorstandsbeschluss eingeräumt worden sein. Die Rechtsgrundlage für den
Erstattungsanspruch muss bestanden haben, *bevor* die Tätigkeit, die zu
dem Erstattungsanspruch führt, begonnen wurde. Der Spender darf außerdem auch nicht im Voraus auf diesen Anspruch verzichtet haben.

Ein Rechtsanspruch kann zwar – vor allem aufgrund der gesetzlichen
Bestimmungen des BGB im Zusammenhang mit einem Auftrag oder einer
Geschäftsführung ohne Auftrag – auch ohne einen entsprechenden Vertrag, ohne entsprechende Satzungsregelung und ohne Vorstandsbeschluss
bestehen. Dies reicht aber für die Abzugsfähigkeit als Aufwandsspende
nach der ausdrücklichen Regelung in § 10 b Abs. 3 EStG nicht aus!

Beruht der Aufwendungsersatzanspruch auf einem Vorstandsbeschluss,
so muss dieser den Mitgliedern in geeigneter Weise bekannt gemacht worden sein. Außerdem muss die steuerbegünstigte Körperschaft in der Lage
sein, den Aufwendungsersatzanspruch auch tatsächlich zu erfüllen, d.h.
der Anspruch muss ernsthaft eingeräumt worden sein. Es reicht also beispielsweise bei einem Verein, der sich in wirtschaftlichen Schwierigkeiten
befindet, nicht aus, dass die oben genannten Voraussetzungen erfüllt sind.
Vielmehr ist die Abzugsfähigkeit davon abhängig, dass der Verein –
würde auf den Aufwendungsersatzanspruch nicht verzichtet – tatsächlich
in der Lage ist, den Anspruch zu befriedigen.

Der Verzicht muss gegenüber der steuerbegünstigten Körperschaft erklärt
werden.

Da bei der Aufwandsspende die entgeltliche Erbringung und Bezahlung
der Leistung an den Spender mit einer anschließenden Spende fingiert
wird, sind auch die einkommensteuerlichen Folgen, die die Gestaltung
beim Spender hat, mit einzubeziehen:

Marginalien (rechte Spalte):

Geldspenden

Aufwandsspenden

Rechtsanspruch erforderlich

Verzicht auf den Anspruch

Behandlung der Einnahmen beim Spender

Beispiel:
DRK-Ortsverein O veranstaltet ein Sommerfest, dessen Überschuss für die satzungsmäßigen Zwecke eingesetzt werden soll. Da das Sommerfest einen steuerpflichtigen wirtschaftlichen Geschäftsbetrieb bildet, die Einnahmen aller wirtschaftlichen Geschäftsbetriebe die Freigrenze von jährlich € 30.678,– übersteigen und O mit einem erheblichen Überschuss rechnet, den er nicht versteuern möchte, werden die Helfer für ihre Mitwirkung bezahlt. Sie spenden anschließend ihre Vergütungen. Die oben dargestellten Voraussetzungen für eine Aufwandsspende sind erfüllt.
Hier müssen die Helfer ihre Vergütung grundsätzlich versteuern. Sie können aber in gleicher Höhe den Spendenabzug geltend machen.

Sachspenden

Zahlreiche Fragen stellen sich vor allem im Zusammenhang mit Sachspenden. Die Spende setzt – wie bereits ausgeführt – voraus, dass eine Wertabgabe vorliegt, die aus dem geldwerten Vermögen des Spenders abfließt. Dabei kommen Nutzungen und Leistungen nach § 10 b Abs. 3 S. 1 EStG nicht als steuerlich abzugsfähige Spenden in Betracht. Insoweit verbleibt nur der oben beschriebene Weg der Aufwandsspende, d.h. es muss für die Nutzung oder Leistung ein Aufwendungsersatzanspruch vereinbart werden, auf den verzichtet wird.

Gegenstand der Sachspende

Als Gegenstand einer Sachspende kommen vor allem in Betracht

* eine Übereignung von Sachen im engeren Sinne
* ein Verzicht auf Forderungen.

Bewertung von Sachspenden

Sachspenden sind grundsätzlich mit ihrem gemeinen Wert (d.h. dem vorsichtig geschätzten Verkehrswert) zu bewerten. Dabei muss sich die steuerbegünstigte Körperschaft in der Regel den Wert nachweisen lassen. Die entsprechenden Belege, wie z.B. Wertgutachten oder Rechnungen bei einem Kauf der Ware durch den Spender, muss die steuerbegünstigte Körperschaft aufbewahren. Auf die angegebenen Werte darf sich die steuerbegünstigte Körperschaft nur dann verlassen, wenn sie an der Bewertung keine Zweifel hat. Ggf. empfiehlt sich in der Zuwendungsbestätigung auch der Hinweis »nach Angabe des Spenders«.

Bewertung von Sachgesamtheiten

Bei Sachgesamtheiten, wie z.B. der Spende einer Bibliothek oder zahlreicher Textilien, sind die jeweiligen Einzelgegenstände und nicht nur die Sachgesamtheit zu bewerten.

Zum Buchwert entnommene Wirtschaftsgüter

Eine Ausnahme von der Bewertung mit dem gemeinen Wert gilt dann, wenn das Wirtschaftsgut vor der Spende zum Buchwert aus einem Betriebsvermögen entnommen wurde (§ 6 Abs. 1 Nr. 4 EStG). Dann ist in der Zuwendungsbestätigung der Buchwert anzugeben, zu dem das Wirtschaftsgut entnommen wurde. Durch diese Entnahme entsteht außerdem Umsatzsteuer unter dem Gesichtspunkt der sog. unentgeltlichen Wertabgabe (vgl. dazu noch im 2. Hauptteil 1. S. 144). Wird diese Umsatzsteuer vom Spender getragen, so kann auch darüber eine Zuwendungsbestätigung ausgestellt werden.

7.4   Die Höhe des Spendenabzugs

Nach § 10 b Abs. 1 EStG können Ausgaben zur Förderung mildtätiger, kirchlicher, religiöser, wissenschaftlicher und der als besonders förderungswürdig anerkannten gemeinnützigen Zwecke bis zur Höhe von insgesamt 5 % der Einkünfte oder 2 v.T. der Summe der gesamten Umsätze und der im Kalenderjahr aufgewendeten Löhne und Gehälter als Sonderausgaben abgezogen werden.

Regelabzugsbetrag: 5 % der Einküfte

Fördert eine steuerbegünstigte Körperschaft wissenschaftliche, mildtätige oder als besonders förderungswürdig anerkannte kulturelle Zwecke, so erhöht sich der allgemeine Abzugsbetrag von 5 % auf 10 %. Die zweite Alternative für die Begrenzung des Spendenabzugs von 2 v.T. bleibt allerdings unverändert.

Erhöhung auf 10 % bei bestimmten Zwecken

Diese Grundsätze gelten auch für die Körperschaft- (§ 9 Abs. 1 Nr. 2 KStG) und die Gewerbesteuer (§ 9 Nr. 5 GewStG).

Spendenabzug bei Körperschaft- und Gewerbesteuer

Stellt eine steuerbegünstigte Körperschaft Zuwendungsbestätigungen für Zwecke aus, die zu einem unterschiedlich hohen Spendenabzug berechtigen (z.B. für mildtätige Zwecke und die Förderung des Wohlfahrtswesens), so muss sie die erhaltenen Mittel, die Erträge daraus sowie ihre Verwendung in ihrer Rechnungslegung gesondert nachweisen.

Zwecke, die zu unterschiedlichem Abzug berechtigen

Eine weitere Begünstigung wird für Großspenden für wissenschaftliche, mildtätige und als besonders förderungswürdig anerkannte kulturelle Zwecke gewährt. Für solche Großspenden – Einzelzuwendungen von mindestens € 25.565,– – besteht bei der Einkommensteuer die Möglichkeit, sie im Jahr der Zuwendung, im vorangegangenen Jahr und in den folgenden fünf Jahren steuerlich geltend zu machen (sog. Spendenvor- und -rücktrag, § 10 b Abs. 1 S. 4 EStG). Bei der Körperschaft- und der Gewerbesteuer gibt es keinen Spendenrücktrag, sondern nur einen Spendenvortrag (§§ 9 Abs. 1 Nr. 2 S. 4 KStG, 9 Nr. 5 S. 4 GewStG). Dieser ermöglicht den Spendenabzug im Jahr der Zuwendung und in den folgenden sechs Kalenderjahren.

Großspendenregelung

7.5   Sonderregelungen für Zuwendungen an Stiftungen

Besondere steuerliche Vergünstigungen im Zusammenhang mit dem Spendenabzug bestehen für Zuwendungen an Stiftungen. Diese sind davon abhängig, dass die Zuwendung an eine Stiftung im Rechtssinne erfolgt. Es reicht also nicht aus, dass die Zuwendung z.B. an einen (nichtrechtsfähigen oder eingetragenen) Verein oder an eine gGmbH erfolgt, der bzw. die in seinem bzw. ihrem Namen den Bestandteil »Stiftung« trägt (zur Namens- bzw. Firmenbildung insoweit vgl. Schick, Rechts- und Unternehmensformen, S. 28). Daher sind die steuerlichen Vorteile streng von der Rechtsform der Stiftung abhängig. Sie werden für die Zuwendung

Zuwendungen an Stiftungen

an jede Stiftung gewährt – für Zuwendungen an rechtsfähige Stiftungen ebenso wie für Zuwendungen an unselbstständige Stiftungen, für Zuwendungen an Stiftungen des bürgerlichen Rechts ebenso wie für Zuwendungen an Stiftungen des öffentlichen Rechts.

Verbrauchsstiftungen

Besondere Probleme im Zusammenhang mit der Rechtsform der Stiftung können allerdings bei Zuwendungen an sog. Verbrauchsstiftungen auftreten. Bei Verbrauchsstiftungen handelt es sich um »Stiftungen«, deren Vermögen für den steuerbegünstigten Zweck verbraucht wird und nicht im Bestand zu erhalten ist. Dies ist insbesondere bei unselbstständigen Stiftungen von Bedeutung. Dann stellt sich zum einen die Frage, ob tatsächlich eine Stiftung im Rechtssinne oder nicht vielmehr ein anderes, steuerpflichtiges Zweckvermögen im Sinne des § 1 Abs. 1 Nr. 5 KStG vorliegt, das im Hinblick auf den Spendenabzug nicht wie eine Stiftung begünstigt wird (vgl. auch Schick, Rechts- und Unternehmensformen, S. 65). Zum anderen kann bezweifelt werden, ob es bei Verbrauchsstiftungen überhaupt eine Zuwendung in den Vermögensstock bei Errichtung einer Stiftung (§ 10 b Abs. 1a EStG) geben kann.

Die Privilegierung im Einzelnen

Zuwendungen an Stiftungen werden im Hinblick auf den Spendenabzug gegenüber Zuwendungen an andere steuerbegünstigte Körperschaften wie folgt bevorzugt:

- **Zuwendungen in den Vermögensstock** sind bei Errichtung einer Stiftung über den allgemeinen Spendenabzug hinaus in Höhe von € 307.000,– begünstigt (§ 10 b Abs. 1a EStG). Die Zuwendungen müssen innerhalb eines Jahres nach Errichtung der Stiftung erfolgen. Sie können steuerlich auf Antrag des Steuerpflichtigen im Jahr der Zuwendung und in den folgenden neun Jahren steuerlich geltend gemacht werden. Dabei kann der zugewendete Betrag auf den genannten Zeitraum willkürlich verteilt werden, d.h. er muss nicht in gleichen Teilbeträgen geltend gemacht werden. Damit kann den jeweiligen steuerlichen Interessen des Zuwendenden in optimaler Weise Rechnung getragen werden.

  Dieser zusätzliche Abzugsbetrag wird nur bei der Einkommen- und ggf. der Gewerbesteuer, nicht aber bei der Körperschaftsteuer gewährt.

Beispiele:
Die Stadtsparkasse S errichtet eine Stiftung, die mildtätige Zwecke verfolgen soll. Da sie als juristische Person des öffentlichen Rechts ein Körperschaftsteuersubjekt ist, kommt sie nicht in den Genuss des zusätzlichen Abzugsbetrags.

Das mittelständische Unternehmen U, das in der Rechtsform der GmbH & Co. KG geführt wird, errichtet eine Stiftung zur Förderung des Wohlfahrtswesens. Da die GmbH & Co. KG kein Körperschaftsteuersubjekt ist und ihre Gewinne bei den Gesellschaftern erfasst werden, wird den Gesellschaftern von U der zusätzliche Abzugsbetrag gewährt.

Der Abzugsbetrag wird auch für Zuwendungen an Stiftungen, die sog. Freizeitzwecke i.S.d. § 52 Abs. 2 Nr. 4 AO verfolgen, gewährt.
* Nach § 10 b Abs. 1 S. 3 EStG sind zusätzlich zum »normalen« Spendenabzug **Zuwendungen an Stiftungen** in Höhe **von jährlich** € **20.450,–** abzugsfähig.
Der zusätzliche Abzugsbetrag wird nicht für Zuwendungen an Stiftungen gewährt, die Freizeitzwecke verfolgen.
Nicht erforderlich ist es, dass die Zuwendung in das Vermögen einer Stiftung gewährt wird.
Der zusätzliche Abzugsbetrag wird bei der Einkommen-, Körperschaft- und Gewerbesteuer gewährt.

7.6 Die formalen Anforderungen an Zuwendungsbestätigungen

Der Spendenabzug setzt voraus, dass der Zuwendende eine sog. Zuwendungsbestätigung vorlegen kann. Diese ist von der steuerbegünstigten Körperschaft auszustellen. Dabei sind strenge formale Vorgaben zu beachten. Insbesondere müssen die Zuwendungsbestätigungen auf einem amtlich vorgeschriebenen Vordruck ausgestellt werden. Dieser darf eine DIN-A4-Seite nicht überschreiten (§ 50 Abs. 1 EStDV). Es dürfen weder Textpassagen weglassen noch Textpassagen hinzugefügt werden. Dies gilt insbesondere für die unveränderte Übernahme des Hinweises auf die Haftung des Ausstellers einer Zuwendungsbestätigung, aber auch dafür, dass keine Dankesbezeugung unmittelbar in den Text der Zuwendungsbestätigung aufgenommen werden darf.

Vorgaben für Zuwendungsbestätigungen

Hinsichtlich der Dankesbezeugung behilft sich die Praxis damit, dass eine solche nicht auf die Seite mit der Zuwendungsbestätigung, sondern auf ihre Rückseite aufgedruckt wird.

Dankesbezeugungen

Die amtlich vorgeschriebenen Formulare enthalten nicht nur ausführliche Angaben zum Zuwendenden und Zuwendungsempfänger, sondern auch zu Wert und Art der Zuwendung (Geld-, Sach-, Aufwandsspenden). Ein Doppel der ausgestellten Zuwendungsbestätigung ist vom Zuwendungsempfänger aufzubewahren (§ 50 Abs. 4 EStDV).

Die amtlichen Formulare sind im *Anhang 3* abgedruckt.

7.7 Der Verzicht auf die Ausstellung von Zuwendungsbestätigungen

Zur Vereinfachung bestehen die folgenden Ausnahmen vom Erfordernis einer Zuwendungsbestätigung (§ 50 Abs. 2 EStDV):

Ausnahmen vom Erfordernis einer Zuwendungsbestätigung

* Die Zuwendung erfolgt zur Linderung der Not in **Katastrophenfällen** innerhalb eines von den obersten Finanzbehörden der Länder im Benehmen mit dem Bundesminister der Finanzen festzulegenden Zeitraums. Die Zahlung muss außerdem auf ein Sonderkonto einer inländi-

schen juristischen Person des öffentlichen Rechts, einer inländischen öffentlichen Dienststelle oder eines Spitzenverbands der freien Wohlfahrtspflege einschließlich seiner Mitgliedsorganisationen erfolgen.

- Die **Zuwendung übersteigt** den Betrag von € **100,– nicht**. Weitere Voraussetzung ist allerdings, dass der Empfänger eine juristische Person des öffentlichen Rechts, eine inländische öffentliche Dienststelle oder eine steuerbegünstigte Körperschaft i.S.d. § 5 Nr. 9 KStG ist und die Angaben über die Freistellung des Empfängers von der Körperschaftsteuer auf einem von ihm hergestellten Beleg aufgedruckt sind und darauf angegeben ist, ob es sich bei der Zuwendung um eine Spende oder einen Mitgliedsbeitrag handelt.

7.8 Der Vertrauensschutz und die Haftung bei Ausstellung unrichtiger Zuwendungsbestätigungen

Vertrauensschutz

Nach §§ 10 b Abs. 4 EStG, 9 Abs. 3 KStG und 9 Nr. 5 GewStG genießt ein Steuerpflichtiger grundsätzlich Vertrauensschutz für Zuwendungsbestätigungen.

Ausnahmen vom Vertrauensschutz

Dabei gibt es die folgenden beiden Ausnahmen, wobei es ausreicht, dass die Voraussetzungen einer Ausnahme erfüllt sind:

- Der Steuerpflichtige hat die Zuwendungsbestätigung durch **unlautere Mittel oder falsche Angaben** erwirkt. Dabei muss das Verhalten des Steuerpflichtigen für die Ausstellung der Zuwendungsbestätigung ursächlich gewesen sein. Das Verhalten von Vertretern muss sich der Steuerpflichtige ggf. zurechnen lassen. Darunter fällt es beispielsweise, wenn der Zuwendende den Aussteller täuscht, bedroht oder ihn besticht.
- Dem Steuerpflichtigen war die **Unrichtigkeit** der Zuwendungsbestätigung **bekannt oder infolge grober Fahrlässigkeit nicht bekannt**.

Ausstellerhaftung

Sofern der Zuwendende Vertrauensschutz genießt, kann eine Haftung des Ausstellers eintreten, wenn die Zuwendungsbestätigung unrichtig ist oder die Mittel nicht bestimmungsgemäß verwendet werden.

Voraussetzungen

Die Haftung besteht unter folgenden Voraussetzungen:

- Die zur Ausstellung einer Zuwendungsbestätigung befugte Person stellt vorsätzlich oder grob fahrlässig eine **unrichtige Zuwendungsbestätigung** aus (sog. Ausstellerhaftung). Dabei handelt grob fahrlässig, wer die nach seinen persönlichen Kenntnissen und Fähigkeiten gebotene und zuzumutende Sorgfalt in ungewöhnlichem Maße und in nicht entschuldbarer Weise verletzt (L. Schmidt, EStG, 23. Auflage 2004, § 10 b Anm. 50). Dabei kann die Zuwendungsbestätigung insbesondere unrichtig sein, weil die Zuwendung falsch bezeichnet oder (bei Sachspenden) bewertet wurde.

• Es wird veranlasst, dass die **Zuwendung nicht für die** in der Bestätigung **angegebenen Zwecke verwendet** wird (sog. Veranlasserhaftung). Im Gegensatz zur sog. Ausstellerhaftung ist bei der sog. Veranlasserhaftung kein Verschulden des Ausstellers der Zuwendungsbestätigung erforderlich! Es handelt sich um eine Gefährdungs- bzw. Verursacherhaftung.

Als Beispiele werden die Verwendung für private, aber auch die Verwendung für *andere steuerbegünstigte* Zwecke genannt, die in geringerem Umfang steuerlich spendenbegünstigt sind (vgl. dazu auch Buchna, Gemeinnützigkeit im Steuerrecht, S. 354, also wenn beispielsweise die Verwendung für mildtätige Zwecke bestätigt wird, die Spende aber tatsächlich zur Förderung des Wohlfahrtswesens verwendet wird).

Rechtsfolge bei Ausstellung einer unrichtigen Zuwendungsbestätigung oder der fehlerhaften Verwendung von Spenden ist eine Haftung für die entgangene Steuer. Diese wird pauschal mit 40 % des zugewendeten Betrags bei der Einkommen- und Körperschaftsteuer (§§ 10 b Abs. 4 EStG, 9 Abs. 3 KStG) und 10 % des zugewendeten Betrags bei der Gewerbesteuer (§ 9 Nr. 5 S. 10 GewStG) zugrunde gelegt. Eine Haftung tritt dann nicht ein, wenn sich die Zuwendungsbestätigung tatsächlich steuerlich nicht ausgewirkt hat und dies der Steuerpflichtige nachweist (vgl. Buchna, Gemeinnützigkeit im Steuerrecht, S. 354, Märkle/Alber, Der Verein im Zivil- und Steuerrecht, S. 318).   *Rechtsfolgen*

Ohne Bedeutung ist es allerdings, wenn sich die Zuwendungsbestätigung nicht in voller Höhe steuerlich ausgewirkt hat. Dann verbleibt es bei der gesetzlich pauschal angeordneten Haftung.

Beispiel:
Spender S hat eine unrichtige Zuwendungsbestätigung vorgelegt. Aufgrund seiner hohen Verluste wirkt sie sich steuerlich nicht aus. Der Aussteller der Zuwendungsbestätigung haftet nicht.

Grundsätzlich können sowohl die steuerbegünstigte Körperschaft als auch die handelnde Person in Anspruch genommen werden. Zur konkreten Inanspruchnahme sind aber verschiedene Fragen noch ungeklärt. Dies betrifft zum einen die Frage, ob eine gesamtschuldnerische Haftung besteht. Dann kann die Finanzverwaltung sowohl von der steuerbegünstigten Körperschaft als auch von der handelnden Person die volle Bezahlung des gesamten Betrags verlangen, insgesamt jedoch nur einmal. Zum anderen wird – vor allem in den Fällen der Veranlasserhaftung und bei grob fahrlässiger Ausstellung einer Zuwendungsbestätigung – die Auffassung vertreten, vorrangig sei die steuerbegünstigte Körperschaft in Anspruch zu nehmen, da diese nach § 31 BGB für das Handeln ihrer Organe haftet (so z.B. Buchna, Gemeinnützigkeit im Steuerrecht, S. 355).   *Haftungsschuldner*

7.9   Die steuerliche Behandlung von Sponsoring

Ausgangspunkt:
Abgrenzung Spende/
Sponsoring

Ausgangspunkt für die gemeinnützigkeitsrechtliche Behandlung von Sponsoring ist zunächst die begriffliche Abgrenzung von Spende (vgl. oben 7.1, S. 125) und Sponsoring (vgl. oben 7.2, S. 128). Damit ist von zentraler Bedeutung, ob eine Gegenleistung der steuerbegünstigten Körperschaft vorliegt. Liegt keine Gegenleistung vor, so handelt es sich um eine Spende, die bei der steuerbegünstigten Körperschaft in den ideellen Bereich, die Vermögensverwaltung oder den steuerbegünstigten Zweckbetrieb fließt.

> Beispiel:
> Aufgrund eines Spendenaufrufs spendet S € 500,– an das DRK für die Katastrophenhilfe nach einem Erdbeben. Die Spende fließt in den ideellen Bereich.
> Unternehmer U errichtet eine Stiftung, die mildtätige Zwecke fördert. Er stattet sie mit einem Stiftungsvermögen von € 200.000,– aus. Die Zustiftung fließt der Vermögensverwaltung zu.
> Der dankbare Patient P eines steuerbegünstigten, ambulanten Pflegediensts spendet an den Träger € 15.000,– zum Erwerb eines Dienstfahrzeugs für die Sozialstation. Die Spende fließt in den steuerbegünstigten Zweckbetrieb.

Spenderhinweis

Ein reiner Spenderhinweis führt nicht zu einer Gegenleistung der steuerbegünstigten Körperschaft, d.h. es liegt trotz des Spenderhinweises eine Spende vor, die im steuerbegünstigten Bereich vereinnahmt wird.

Rechtseinräumung
und aktive Mitwir-
kung

Schwierig kann die Abgrenzung aber dann sein, wenn der Hinweis auf den Zuwendenden über einen reinen Spenderhinweis hinausgeht. Dabei sind Fälle denkbar, in denen dem Zuwendenden lediglich ein Recht eingeräumt wird, wie etwa das Recht für ein Unternehmen, in seiner Anzeigenwerbung auf die Förderung hinzuweisen. Daneben kommt auch die aktive Mitwirkung der steuerbegünstigten Körperschaft, z.B. im Rahmen einer Pressekonferenz, in Betracht.

Sponsoringgrund-
sätze der Finanzver-
waltung

Zu den wesentlichen Aspekten hat die Finanzverwaltung erstmalig in ihrem 1998 veröffentlichten Sponsoringerlass Stellung genommen, der zwischenzeitlich in den Anwendungserlass zur AO integriert ist. Die wesentlichen Grundsätze sind in den Nummern 8 bis 10 zu § 64 Abs. 1 AO wie folgt zusammengefasst:

»Die im Zusammenhang mit dem Sponsoring erhaltenen Leistungen können bei einer steuerbegünstigten Körperschaft steuerfreie Einnahmen im ideellen Bereich, steuerfreie Einnahmen aus der Vermögensverwaltung oder Einnahmen eines steuerpflichtigen wirtschaftlichen Geschäftsbetriebs sein. Die steuerliche Behandlung der Leistungen beim Empfänger hängt grundsätzlich nicht davon ab, wie die entsprechenden Aufwendungen beim leistenden Unternehmen behandelt werden. Für die Abgrenzung gelten die allgemeinen Grundsätze.

*Danach liegt kein wirtschaftlicher Geschäftsbetrieb vor, wenn die steuer-
begünstigte Körperschaft dem Sponsor nur die Nutzung ihres Namens zu
Werbezwecken in der Weise gestattet, dass der Sponsor selbst zu Werbezwecken oder zur Imagepflege auf seine Leistungen an die Körperschaft
hinweist.*

*Ein wirtschaftlicher Geschäftsbetrieb liegt auch dann nicht vor, wenn der
Empfänger der Leistungen z.B. auf Plakaten, Veranstaltungshinweisen, in
Ausstellungskatalogen oder in anderer Weise auf die Unterstützung durch
einen Sponsor lediglich hinweist. Dieser Hinweis kann unter Verwendung
des Namens, Emblems, Logos des Sponsors, jedoch ohne besondere Her-
vorhebung, erfolgen. Entsprechende Sponsoringeinnahmen sind nicht als
Einnahmen aus der Vermögensverwaltung anzusehen. Eine Zuführung zur
freien Rücklage nach § 58 Nr. 7 Buchstabe a ist daher lediglich in Höhe
von 10 v.H. der Einnahmen, nicht aber in Höhe von einem Drittel des daraus erzielten Überschusses möglich.*

*Ein wirtschaftlicher Geschäftsbetrieb liegt dagegen vor, wenn die Körper-
schaft an den Werbemaßnahmen mitwirkt. Der wirtschaftliche Geschäftsbetrieb kann kein Zweckbetrieb (§§ 65 bis 68) sein. Soweit Sponsoringeinnahmen unmittelbar in einem aus anderen Gründen steuerpflichtigen wirtschaftlichen Geschäftsbetrieb anfallen, sind sie diesem zuzurechnen.«*

Damit empfiehlt sich in der Praxis die nachstehende Prüfungsfolge:

Empfohlene
Prüfungsfolge

- Ist in dem Vermögenszugang bei der steuerbegünstigten Körperschaft
  eine **Gegenleistung** für eine Leistung **des Gesponserten** (der steuerbegünstigten Körperschaft) zu sehen? Sofern keine Gegenleistung vorliegt, handelt es sich um eine gemeinnützigkeitsrechtlich unproblema-
  tische Spende. Liegt eine Gegenleistung vor, so handelt es sich um
  keine Spende.

- Beschränkt sich die Mitwirkung der steuerbegünstigten Körperschaft
  auf eine **reine Duldung oder Nutzungsüberlassung**? Sofern dies der
  Fall ist, ist das Sponsorship der steuerbegünstigten Vermögensverwaltung zuzuordnen.

- **Wirkt** die **steuerbegünstigte Körperschaft** im Rahmen des Sponsoring **aktiv mit**, so ist die Sponsoringmaßnahme einem steuerpflichtigen wirtschaftlichen Geschäftsbetrieb zuzuordnen.

Der Prüfungsablauf ist in Abbildung 20 schematisch dargestellt.

Abbildung 20

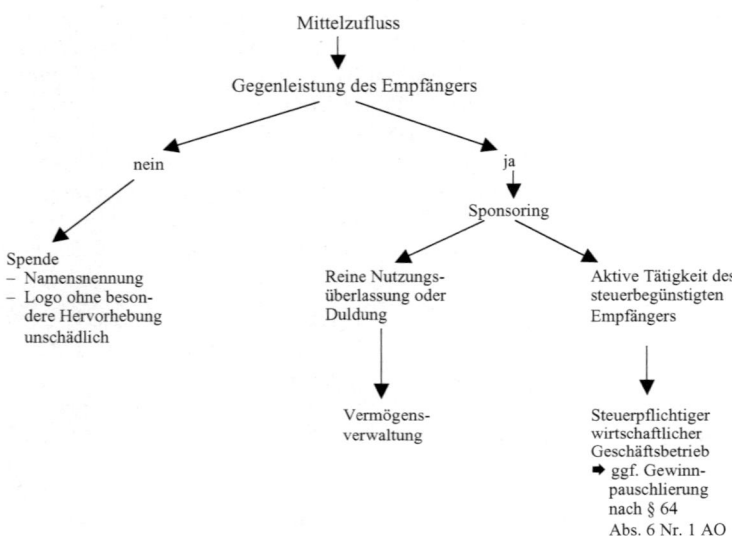

Abgrenzung von Spende und Sponsoring

Gewinnpau-
schalierung

Ergibt die Prüfung im Einzelfall, dass das Sponsoring einem steuerpflichtigen wirtschaftlichen Geschäftsbetrieb zuzuordnen ist, so kann der Gewinn pauschal mit 15 % der Einnahmen angesetzt werden (§ 64 Abs. 6 Nr. 1 AO). Dann werden 15 % der Einnahmen der Körperschaftsteuer mit 25 % unterworfen, d.h. im Ergebnis beträgt die Körperschaftsteuer 3,75 % der Einnahmen. Weitere Voraussetzung ist allerdings, dass es sich um Werbung *für ein Unternehmen* handelt und die Sponsoringmaßnahme im *Zusammenhang mit der steuerbegünstigten Tätigkeit* erfolgt.

Für die Ermittlung der gesamten Ertragsteuerbelastung aller steuerpflichtigen wirtschaftlichen Geschäftsbetriebe sind bei Sponsoring im Falle der Pauschalierung 15 % der Einnahmen mit den Ergebnissen der übrigen steuerpflichtigen wirtschaftlichen Geschäftsbetriebe zu saldieren.

Für die Frage, ob insgesamt gemeinnützigkeitsschädliche Verluste aus steuerpflichtigen wirtschaftlichen Geschäftsbetrieben vorliegen, dürfte dagegen der tatsächlich erzielte Gewinn maßgebend sein, weil sich insoweit die Frage stellt, ob gemeinnützigkeitsrechtlich gebundene Mittel verbraucht wurden.

Beispiele für Sponsoring:
Ein Wohlfahrtsverband verwendet auf seiner Homepage Bannerwerbung für ein Autohaus.
Nach Auffassung der Finanzverwaltung liegt eine reine Vermietung einer Werbefläche vor, die der steuerbegünstigten Vermögensverwaltung zuzurechnen ist.
Eine steuerbegünstigte Stiftung, die eine stationäre Pflegeeinrichtung betreibt, hat auf ihrer Homepage einen Link auf die Homepage eines steuerpflichtigen ambulanten Pflegedienstes.
Hier nimmt die Finanzverwaltung eine aktive Tätigkeit der Stiftung an, die zu einem steuerpflichtigen wirtschaftlichen Geschäftsbetrieb führt. Denn es handelt sich insoweit nicht mehr nur um die Überlassung einer Werbefläche.
Autohaus A stellt einem steuerbegünstigten ambulanten Pflegedienst Einsatzfahrzeuge zur Verfügung, die eine Werbeaufschrift für das Autohaus tragen.
Verpflichtet sich der Pflegedienst, die Fahrzeuge werbewirksam einzusetzen, so liegt eine aktive Mitwirkung des Pflegedienstes vor, der zu einem steuerpflichtigen wirtschaftlichen Geschäftsbetrieb führt.
Sofern der Pflegedienst nicht von der Möglichkeit zur Gewinnpauschalierung Gebrauch macht, ist der Wert des Fahrzeugs als Vermögenszugang, d.h. als Gegenleistung des Autohauses, zu versteuern. Da der Einsatz für steuerbegünstigte Zwecke nicht dem steuerpflichtigen wirtschaftlichen Geschäftsbetrieb zuzurechnen ist, kann der damit im Zusammenhang stehende Aufwand auch bei der Ermittlung des Gewinns im steuerpflichtigen wirtschaftlichen Geschäftsbetrieb nicht gegengerechnet werden. Der Zufluss erfolgt nach Auffassung der Finanzverwaltung mit der Überlassung der Fahrzeuge, und zwar gleichgültig, ob die Fahrzeuge gleich oder erst später übereignet werden. Denn mit der Nutzungsüberlassung ist der Übergang des wirtschaftlichen Eigentums an den Fahrzeugen verbunden.
Enthält der Vertrag keine Verpflichtung zu einem werbewirksamen Einsatz, so erschöpft sich die Leistung des Pflegedienstes in einer reinen Nutzungsüberlassung, die der Vermögensverwaltung zuzuordnen ist.

2. Hauptteil: Umsatzsteuer im Sozial- und Gesundheitswesen

Da eine große Zahl von Leistungen im Sozial- und Gesundheitswesen von der Umsatzsteuer befreit ist, kommt dem Umsatzsteuerrecht eine besondere Bedeutung zu. In diesem 2. Hauptteil werden die allgemeinen Grundlagen des Umsatzsteuerrechts zwar vorausgesetzt. Um die Besonderheiten im Bereich des Sozial- und Gesundheitswesens besser verstehen zu können, werden aber die systematischen Zusammenhänge nochmals wiederholt. Anschließend werden die umsatzsteuerlichen Besonderheiten im Sozial- und Gesundheitswesen dargestellt.

Im Sozial- und Gesundheitswesen sind die Umsatzsteuerbefreiungen selbst von großer Bedeutung. Dort wo die steuerbegünstigte Körperschaft Fremdleistungen einkauft, um umsatzsteuerfreie Leistungen zu erbringen, scheidet andererseits aber der Vorsteuerabzug aus.

Prüfungssystematik Die Befreiung einer Leistung von der Umsatzsteuer setzt zunächst voraus, dass ein umsatzsteuerbarer Vorgang vorliegt. Das sind Leistungsbeziehungen, die umsatzsteuerlich überhaupt von Bedeutung sind. Daneben löst auch die Entnahme aus dem Betriebsvermögen zu unternehmensfremden Zwecken Umsatzsteuer aus (sog. unentgeltliche Wertabgabe). Liegt weder eine solche Leistungsbeziehung noch eine unentgeltliche Wertabgabe vor, so ist der Vorgang umsatzsteuerlich ohne Bedeutung.

> Beispiel:
> Ein Unternehmen gewährt dem Wohlfahrtsverband W eine »echte« Spende, d.h. es liegt ein voll unentgeltlicher Vorgang vor. W muss dafür keine Gegenleistung erbringen. Dies gilt auch dann, wenn das Unternehmen verlangt, dass die Spende im Bereich der Altenarbeit einzusetzen ist.

Also ist im Einzelfall zunächst zu prüfen, ob ein Vorgang überhaupt umsatzsteuerbar, d.h. umsatzsteuerlich von Bedeutung, ist. Die Voraussetzungen dafür werden unter 1. (S. 144 ff.) näher dargestellt.

Ist ein Vorgang umsatzsteuerbar, vor allem weil ein Leistungsaustausch mit einem Dritten vorliegt, so kann die Leistung von der Umsatzsteuer befreit sein. Hierzu enthält das Umsatzsteuergesetz in § 4 zahlreiche Befreiungen, die vor allem medizinische Leistungen, Leistungen von Krankenhäusern und – stationären wie ambulanten – Pflegeeinrichtungen, aber auch die Jugendhilfe und das Wohlfahrtswesen generell betreffen. Den damit verbundenen Fragen ist Abschnitt 2. (S. 152 ff.) gewidmet.

Bei einem geringen Umfang der unternehmerischen Betätigung kommt die Kleinunternehmerregelung des § 19 UStG in Betracht (vgl. unten 3., S. 159). Danach werden solche (Klein-)Unternehmer nicht besteuert, deren Umsätze bestimmte Grenzen nicht übersteigen. Am Ende des 2.

Hauptteils (vgl. unten 4., S. 160 f.) stehen schließlich die Fragen, die sich im Zusammenhang mit dem anzuwendenden Umsatzsteuersatz stellen.

Abbildung 21

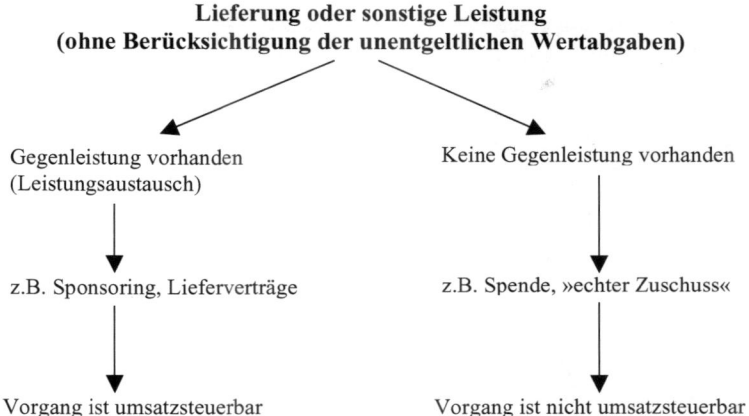

Lieferung oder sonstige Leistung
(ohne Berücksichtigung der unentgeltlichen Wertabgaben)

Gegenleistung vorhanden (Leistungsaustausch)	Keine Gegenleistung vorhanden
z.B. Sponsoring, Lieferverträge	z.B. Spende, »echter Zuschuss«
Vorgang ist umsatzsteuerbar	Vorgang ist nicht umsatzsteuerbar

1. Steuerbarkeit

Zunächst ist zu prüfen, ob ein Vorgang überhaupt steuerbar ist. Das ergibt sich aus §§ 1, 1a, 1b und 1c UStG. Die §§ 1a bis 1c UStG betreffen den innergemeinschaftlichen Erwerb, also grenzüberschreitende Vorgänge innerhalb der EU, und den Erwerb durch diplomatische Missionen. Sie können zwar auch bei Einrichtungen des Sozial- und Gesundheitswesens auftreten, haben aber eine untergeordnete Bedeutung. Sie werden deshalb im Folgenden nicht näher dargestellt.

Umsatzsteuerbare Umsätze

Nach § 1 UStG unterliegen der Umsatzsteuer die folgenden Umsätze:

- die Lieferungen und sonstigen Leistungen, die ein Unternehmer im Inland gegen Entgelt im Rahmen seines Unternehmens ausführt. Die Steuerbarkeit entfällt nicht, wenn der Umsatz auf Grund gesetzlicher oder behördlicher Anordnung ausgeführt wird oder nach gesetzlicher Vorschrift als ausgeführt gilt.
- die Einfuhr von Gegenständen aus dem Drittlandsgebiet – dies sind Staaten, die nicht der EU angehören – in das Inland oder die österreichischen Gebiete Jungholz und Mittelberg (Einfuhrumsatzsteuer)
- der innergemeinschaftliche Erwerb – das heißt z.B. der Erwerb von Waren von Verkäufern, die in der EU ihren Sitz haben – im Inland gegen Entgelt.

Lieferung und sonstige Leistung

Die Begriffe der Lieferung und sonstigen Leistung sind in § 3 UStG näher definiert. Dort, nämlich in § 3 Abs. 1b UStG, wird aber auch die Entnahme von Gegenständen aus dem Unternehmen für unternehmensfremde Zwecke einer Lieferung gegen Entgelt gleichgestellt. Man spricht dann von der sog. unentgeltlichen Wertabgabe (früher hieß der Begriff »Entnahmeeigenverbrauch«).

Unentgeltliche Wertabgaben

Durch die unentgeltliche Wertabgabe soll verhindert werden, dass ein Unternehmer zunächst für sein Unternehmen ein Wirtschaftsgut, z. B. einen PKW, beschafft, den Vorsteuerabzug in Anspruch nimmt und dann das Wirtschaftsgut für unternehmensfremde Zwecke, z.B. privat, nutzt.

Merksätze

Das Entstehen einer Umsatzsteuer setzt voraus, dass ein umsatzsteuerbarer Vorgang vorliegt, der nicht von der Umsatzsteuer befreit ist.

Umsatzsteuerbar sind im Wesentlichen Lieferungen und Leistungen sowie die sog. unentgeltliche Wertabgabe. Lieferungen und Leistungen setzen einen Leistungsaustausch voraus. Eine unentgeltliche Wertabgabe liegt vor, wenn Gegenstände zu unternehmensfremden Zwecken aus dem Unternehmen entnommen werden.

Im 1. Hauptteil, Abschnitt 1.3 (S. 19 f.), ist als Vorteil der Gemeinnützigkeit das sog. Buchwertprivileg genannt. Dieses betrifft die Entnahme von Wirtschaftsgütern aus dem Betriebsvermögen. Wird das Wirtschaftsgut unmittelbar nach der Entnahme an eine steuerbegünstigte Körperschaft gespendet, so kann es *ertragsteuerlich* zum Buchwert aus dem Betriebsvermögen entnommen werden. Zu einer Versteuerung stiller Reserven (Differenz zwischen Verkehrswert und Buchwert im Zeitpunkt der Entnahme) kommt es nicht.

Die Entnahme hat aber *umsatzsteuerliche* Konsequenzen: Das Wirtschaftsgut dient nicht mehr dem Betrieb eines Unternehmens. Damit sind die Voraussetzungen einer unentgeltlichen Wertabgabe erfüllt. Es fällt Umsatzsteuer an. Trägt der Unternehmer diese Umsatzsteuer, so ist diese ebenfalls als Spende abzugsfähig.

Da nur die Lieferungen und Leistungen eines »Unternehmers« umsatzsteuerbar sind, kommt diesem Begriff umsatzsteuerlich eine zentrale Bedeutung zu. Auch steuerbegünstigte Körperschaften können Unternehmen sein. Verfolgt eine Körperschaft steuerbegünstigte Zwecke, so schließt dies also die Unternehmereigenschaft nicht aus. Das Umsatzsteuerrecht geht insoweit andere Wege als die Besteuerung bei den Ertragsteuern (Körperschaft- und Gewerbesteuer). Schnittstellen ergeben sich nur bei einzelnen Steuerbefreiungen, die die Gemeinnützigkeit voraussetzen (z.B. § 4 Nr. 18 UStG), und beim Steuersatz.

Nachfolgend wird deshalb zunächst der Unternehmensbegriff näher dargestellt (vgl. unten 1.1).

Einen Sonderfall bilden die Körperschaften des öffentlichen Rechts (vgl. unten 1.2, S. 147).

Insbesondere bei Beteiligung umsatzsteuerbefreiter Gesellschafter an ggf. ebenfalls steuerbefreiten Tochtergesellschaften kommt der umsatzsteuerlichen Organschaft eine besondere Bedeutung zu (vgl. unten 1.3, S. 148).

Im gesamten Sozialbereich, vor allem auch in der Jugendhilfe, ist die Unternehmereigenschaft von natürlichen Personen von wesentlicher Bedeutung. Es macht steuerlich nämlich einen wesentlichen Unterschied, ob eine natürliche Person eigenständiger Unternehmer oder Angestellter ist (vgl. unten 1.4, S. 150). Ist sie Unternehmer, so unterliegen ihre Leistungen, wenn sie nicht im Einzelfall von der Umsatzsteuer befreit sind und die natürliche Person nicht Kleinunternehmerin ist, der Umsatzsteuer. Ist sie dagegen angestellt, so ist grundsätzlich Lohnsteuer abzuführen.

1.1   Der Unternehmensbegriff im allgemeinen

Nach § 2 UStG ist *Unternehmer, wer eine gewerbliche oder berufliche Tätigkeit selbstständig ausübt.* Das Unternehmen umfasst die gesamte

Begriff des
Unternehmens

gewerbliche oder berufliche Tätigkeit des Unternehmers. Gewerblich oder beruflich ist jede nachhaltige Tätigkeit zur Erzielung von Einnahmen, auch wenn die Absicht, Gewinn zu erzielen, fehlt oder eine Personenvereinigung nur gegenüber ihren Mitgliedern tätig wird.

Damit kann zunächst nur Unternehmer sein, wer selbstständig tätig ist. Ein Angestellter ist also gegenüber seinem Arbeitgeber nie Unternehmer. Ob jemand im Einzelfall als Angestellter oder freier Mitarbeiter tätig ist, ist oft schwer zu sagen. Die wesentlichen Kriterien werden im Zusammenhang mit der Unternehmereigenschaft natürlicher Personen unter 1.4 (S. 150) noch näher dargestellt.

Einnahmenerzielung reicht aus Nach der Definition des Unternehmensbegriffs reicht die Absicht, mit der Tätigkeit *Einnahmen* zu erzielen, aus. Es ist also nicht erforderlich, dass die Tätigkeit mit *Gewinn*erzielungsabsicht betrieben wird. Deshalb können auch steuerbegünstigte Körperschaften Unternehmer sein. Dies betrifft nicht nur steuerpflichtige wirtschaftliche Geschäftsbetriebe, die mit Gewinnerzielungsabsicht betrieben werden, sondern auch die Zweckbetriebe, bei denen in der Regel die Absicht, Gewinne zu erzielen, fehlt, und ggf. auch Maßnahmen der Vermögensverwaltung. Denn auch letztere werden jedenfalls mit der Absicht betrieben, Einnahmen zu erzielen.

Nachhaltigkeit Das Merkmal »nachhaltig« ist dagegen nicht von zentraler Bedeutung. Denn diese Voraussetzung ist bereits beim ersten Tätigwerden erfüllt, wenn die Wiederholung nicht ausgeschlossen ist.

Im Zusammenhang mit der Unternehmereigenschaft bedeutet »Tätigkeit« – anders als im Zusammenhang mit der gemeinnützigkeitsrechtlichen Behandlung der Vermögensverwaltung bei steuerbegünstigten Körperschaften – nicht zwingend ein aktives Tun. Es reicht vielmehr ein reines Dulden aus.

Beispiel:
Wohlfahrtsverband W räumt einem gewerblichen Unternehmen im Rahmen eines Sponsoringvertrags das Recht ein, in der Unternehmenswerbung das Logo von W zu verwenden. W übernimmt keine aktive Tätigkeit.
Gemeinnützigkeitsrechtlich ist die Rechtseinräumung der Vermögensverwaltung zuzuordnen. Denn W wird nicht aktiv tätig. Die Rechtseinräumung ist als Rechtspacht zu qualifizieren.
Umsatzsteuerlich ist W Unternehmer. Denn die Rechtseinräumung erfüllt umsatzsteuerlich die Voraussetzung der »Tätigkeit«. Anders als bei Grundstücksvermietungen (vgl. § 4 Nr. 12 UStG) ist die Rechtseinräumung auch nicht von der Umsatzsteuer befreit. Der Vorgang ist damit umsatzsteuerbar und umsatzsteuerpflichtig. Da die Rechtspacht der Vermögensverwaltung zuzurechnen ist, ist der Besteuerung der ermäßigte Umsatzsteuersatz zugrunde zu legen (§ 12 Abs. 2 Nr. 8 a) UStG).

1.2   Körperschaften des öffentlichen Rechts als Unternehmer

Wie bereits im 1. Hauptteil dargestellt, können auch Betätigungen von juristischen Personen des öffentlichen Rechts steuerlich von Bedeutung sein. In Abschnitt 2.1 des 1. Hauptteils (S. 24 ff.) haben Sie den Begriff des Betriebs gewerblicher Art (BgA) kennen gelernt. Dieser gilt grundsätzlich auch im Umsatzsteuerrecht. Das bedeutet, dass die Tätigkeit juristischer Personen des öffentlichen Rechts, wie z.b. von Kommunen und Kirchen, nur dann – auch umsatzsteuerlich – von Bedeutung ist, wenn im Einzelfall ein BgA vorliegt oder die unternehmerische Betätigung einem Betrieb der Land- und Forstwirtschaft zuzurechnen ist.

Arbeitsaufgabe:

16.   Wiederholen Sie den Begriff des Betriebs gewerblicher Art!

Das Umsatzsteuerrecht geht zwar grundsätzlich vom körperschaftsteuerlichen Begriff des BgA aus. Es ergeben sich aber zwei Besonderheiten:

Umsatzsteuerliche Besonderheiten von BgA

- Anders als das Körperschaftsteuerrecht wird das Umsatzsteuerrecht sehr stark durch das EU-Gemeinschaftsrecht geprägt. Kein BgA liegt nach deutschem Steuerrecht vor, wenn die juristische Person des öffentlichen Rechts hoheitlich tätig wird. Nach der Rechtsprechung der deutschen Finanzgerichtsbarkeit liegt eine **hoheitliche Tätigkeit** vor, wenn sie der öffentlichen Hand vorbehalten oder eigentümlich ist. Nach deutschem Rechtsverständnis ist damit die »Art des Handelns« von entscheidender Bedeutung. Die Rechtsprechung des Europäischen Gerichtshofs stellt dagegen darauf ab, aufgrund welcher **Rechtsgrundlage** die öffentliche Hand tätig wird. Daraus können sich im Einzelfall Zweifelsfragen ergeben.

Dazu das folgende

Beispiel:
Zweifelhaft ist die Frage, wie ein von einer Kirchengemeinde betriebener Kindergarten steuerlich zu behandeln ist.
Körperschaftsteuerlich werden Kindergärten aufgrund der Art der Betätigung dem hoheitlichen Bereich zugeordnet, da sie dem Kernbereich der kirchlichen Betätigung zugerechnet werden. Da aber Kirchengemeinden nicht zum Betrieb von Kindergärten verpflichtet sind und insoweit – anders als beispielsweise bei staatlich anerkannten Ersatzschulen – keine Tätigkeit aufgrund einer öffentlich-rechtlichen Rechtsgrundlage ausgeübt wird, dürfte eine entsprechende Sachbehandlung *bei der Umsatzsteuer* EU-rechtlich zumindest problematisch sein.

- Während körperschaftsteuerlich BgA Körperschaftsteuersubjekte sind (vgl. § 1 Nr. 6 KStG), sind *umsatzsteuerlich juristische Personen des öffentlichen Rechts* nur *im* Rahmen *ihrer BgA Unternehmer* (vgl. § 2 Abs. 3 UStG). Was im Gesetzestext wie eine ungenaue Formulierung oder ein Wortspiel aussieht, hat aber gravierende Auswirkungen: Körperschaftsteuerlich werden die Betriebe gewerblicher Art einer juristischen Person des öffentlichen Rechts getrennt betrachtet. Erwirtschaftet z.B. ein BgA einer juristischen Person des öffentlichen Rechts Gewinne und ein anderer Verluste, so können die Gewinne nicht mit ertragsteuerlicher Wirkung mit den Verlusten verrechnet werden.

Umsatzsteuerlich ist dagegen die juristische Person des öffentlichen Rechts insgesamt nur ein Unternehmer: Erbringt ein BgA Leistungen an einen anderen BgA derselben juristischen Person des öffentlichen Rechts, so liegt ein nicht umsatzsteuerbarer Innenumsatz vor.

Merksätze

> Körperschaften des öffentlichen Rechts sind nur mit ihren Betrieben gewerblicher Art umsatzsteuerpflichtig. Der Begriff des Betriebs gewerblicher Art entspricht grundsätzlich dem körperschaftsteuerlichen Begriff.
>
> Im Gegensatz zur körperschaftsteuerlichen Definition liegt aufgrund EU-rechtlicher Vorgaben bei der Umsatzsteuer nur dann eine hoheitliche Tätigkeit vor, wenn die juristische Person des öffentlichen Rechts aufgrund öffentlich-rechtlicher Rechtsgrundlage hoheitlich tätig wird.
>
> Während bei der Körperschaftsteuer die einzelnen BgA einer juristischen Person des öffentlichen Rechts getrennt besteuert werden (Gewinne eines BgA können nicht mit Verlusten eines anderen BgA verrechnet werden), ist eine juristische Person des öffentlichen Rechts mit allen ihren BgA umsatzsteuerlich Unternehmer (Leistungen eines BgA an einen anderen BgA sind nicht steuerbare Innenumsätze).

1.3 Umsatzsteuerliche Organschaft

Folgen der Ausgliederung in Tochtergesellschaften

Einen weiteren Sonderfall bildet die sog. umsatzsteuerliche Organschaft. Werden beispielsweise aus einer Stiftung oder einem Verein Teilbereiche in Tochtergesellschaften ausgegliedert, so sind diese grundsätzlich steuerlich gesondert zu betrachten. Das bedeutet folgendes: Haben zentrale Stabsabteilungen z.B. innerhalb einer Stiftung Einzelaufgaben übernommen, so war dies vor der Ausgliederung der Teilbereiche in Tochtergesellschaften umsatzsteuerlich ohne Bedeutung. Es handelte sich lediglich um interne Leistungen und interne Verrechnungen.

Mit der Ausgliederung entstehen dagegen Tochtergesellschaften, die eigenständige Unternehmen sind: Die Leistungen der zentralen Stabsabteilungen unterliegen damit nach der Ausgliederung grundsätzlich der Umsatzsteuer. Erbringen die Tochtergesellschaften ihrerseits Leistungen, die nicht der Umsatzsteuer unterliegen, an Dritte, so sind sie nicht zum Abzug der in Rechnung gestellten Umsatzsteuer berechtigt. Folge: Auf die

weiter belasteten Kosten der zentralen Stabsabteilung, insbesondere die
Personalkosten, entsteht eine zusätzliche Umsatzsteuerbelastung.

Beispiel:
Verein V gliedert sein Jugendheim in eine gemeinnützige Tochter-GmbH aus. V
erbringt Verwaltungsleistungen, wie z.b. Buchhaltung und Abrechnung, für die
gGmbH. Die Leistungen von V an die gGmbH unterliegen der Umsatzsteuer mit
dem Regelsteuersatz von derzeit 16 %. Die gGmbH erbringt ihrerseits von der
Umsatzsteuer befreite Leistungen (§ 4 Nr. 23 UStG). Sie ist deshalb nicht zum
Vorsteuerabzug berechtigt. Im Ergebnis werden die weiter berechneten Personalkosten zusätzlich definitiv mit 16 % Umsatzsteuer belastet

---

Gesellschafter und Tochtergesellschaften bilden dagegen umsatzsteuerlich eine Einheit, wenn die Voraussetzungen einer umsatzsteuerlichen
Organschaft vorliegen. Diese können auch im Verhältnis mehrerer steuerbegünstigter Körperschaften untereinander erfüllt sein.

Voraussetzungen einer umsatzsteuerlichen Organschaft

Eine umsatzsteuerliche Organschaft liegt vor, wenn die Tochtergesellschaft (sog. Organgesellschaft) finanziell, organisatorisch und wirtschaftlich in das Unternehmen des Gesellschafters (sog. Organträger) eingegliedert ist.

- »**Finanzielle Eingliederung**« bedeutet, dass der Gesellschafter in der
  Gesellschafterversammlung der Tochtergesellschaft die Mehrheit der
  Stimmrechte haben muss. Damit setzt die umsatzsteuerliche Organ-
  schaft in der Regel die Mehrheitsbeteiligung voraus. Dies ist aber nicht
  zwingend, da das Stimmrecht eines Gesellschafters auch von seiner
  Beteiligungsquote abweichen kann (vgl. z.B. Schick, a.a.O., S. 33).
- Die Tochtergesellschaft ist dann **organisatorisch** in das Unternehmen
  des Gesellschafters **eingegliedert**, wenn die Führungsorgane von
  Tochtergesellschaft und Gesellschafter ganz oder teilweise personenidentisch besetzt sind. Ist also ein Verein beispielsweise Alleingesellschafter einer GmbH, so ist die Tochtergesellschaft in das Unternehmen des Vereins organisatorisch eingegliedert, wenn der Vorstand des
  Vereins zugleich Geschäftsführer der GmbH ist.
  Nicht erforderlich ist, dass alle Vorstandsmitglieder des Gesellschafters Geschäftsführer der Tochtergesellschaft sind.
  Abgrenzungsfragen können dann auftreten, wenn nicht Vorstandsmitglieder, sondern ausschließlich z.B. Geschäftsführer eines Vereins
  zugleich Geschäftsführer der Tochtergesellschaft sein sollen.
- Sofern die Tätigkeit der Tochtergesellschaft dem Unternehmen des
  Gesellschafters dient, ist die Tochtergesellschaft auch **wirtschaftlich
  eingegliedert**.

Die einzelnen Eingliederungsvoraussetzungen müssen nicht im gleichen
Umfang vorliegen. Der wirtschaftlichen Eingliederung kommt nach der
Rechtsprechung und der Auffassung der Finanzverwaltung die geringste
Bedeutung zu.

Unternehmenseigenschaft des Organträgers

Eine umsatzsteuerliche Organschaft liegt ferner nur vor, wenn die Tochtergesellschaft in das »Unternehmen« des Gesellschafters eingegliedert ist. Dabei schließt – wie bereits ausgeführt – die Gemeinnützigkeit der beteiligten Rechtsträger die Unternehmenseigenschaft nicht aus.

Für die Unternehmenseigenschaft des Gesellschafters reicht es jedoch umsatzsteuerlich nicht aus, wenn er sich darauf beschränkt, seine Beteiligung an der Tochtergesellschaft zu verwalten. Er muss auch selbst Leistungen im Sinne eines Leistungsaustauschs erbringen. Nicht erforderlich ist es aber, dass er diese Leistungen an fremde Dritte erbringt. Es reicht aus, dass er z.B. entgeltlich Leistungen an seine Tochtergesellschaft(en) erbringt.

Merksätze

> Eine gewerbliche oder berufliche Tätigkeit wird dann nicht selbstständig ausgeübt, wenn die Voraussetzungen einer umsatzsteuerlichen Organschaft vorliegen. Dies hat zur Folge, dass Leistungen im Organkreis nicht umsatzsteuerbar sind.
>
> Die umsatzsteuerliche Organschaft setzt die
>
> - finanzielle Eingliederung (Mehrheit der Stimmrechte des Gesellschafters in der Tochtergesellschaft)
> - organisatorische Eingliederung (ganze oder mindestens teilweise personenidentische Führung von Gesellschafter und Tochtergesellschaft)
> - wirtschaftliche Eingliederung (das Unternehmen der Tochtergesellschaft muss dem des Gesellschafters dienen) der Tochtergesellschaft (sog. Organgesellschaft) in das Unternehmen des Gesellschafters (sog. Organträger)
>
> voraus.
>
> Der Begriff der umsatzsteuerlichen Organschaft darf nicht mit dem der körperschaftsteuerlichen und gewerbesteuerlichen Organschaft verwechselt werden! So setzt die körperschaftsteuerliche Organschaft voraus, dass ein Beherrschungs- und Gewinnabführungsvertrag abgeschlossen wird. Dies ist für die umsatzsteuerliche Organschaft nicht erforderlich.

1.4 Unternehmereigenschaft natürlicher Personen

Angestellte keine Unternehmer

Da die Unternehmereigenschaft voraussetzt, dass der Betreffende selbstständig tätig wird, ist ein Angestellter kein Unternehmer. Dies löst auch im Bereich des Sozial- und Gesundheitswesens insbesondere bei Honorarkräften häufig Abgrenzungsfragen aus. Zunächst ist aber zu beachten, dass eine vertragliche Regelung, wonach der Betreffende freiberuflich oder als Angestellter tätig ist, keine entscheidende Bedeutung für die steuerliche Behandlung hat. Vielmehr kommt es vor allem auf die tatsächlichen Verhältnisse an. Entscheidende Kriterien sind:

Entscheidende Kriterien

- Gegen die Unternehmereigenschaft und für ein Anstellungsverhältnis spricht es, wenn der Betreffende in das Unternehmen eingegliedert ist. Dazu gehört es vor allem, dass er die Rahmenbedingungen seiner Arbeitsleistung nicht frei bestimmen kann, d.h. dass er vor allem im Hinblick auf die Zeiteinteilung und die Aufgabenerledigung stark weisungsabhängig ist.

> Beispiel:
> A verpflichtet sich, für die Einrichtung B wöchentlich 40 Stunden tätig zu werden. Nach Auffassung der Finanzverwaltung hat A seine gesamte Arbeitskraft der Einrichtung B zur Verfügung zu stellen. A ist deshalb nicht mehr frei in der zeitlichen Gestaltung seiner Arbeitszeit.

- Für die Unternehmereigenschaft spricht es, wenn der Betreffende ein Unternehmerrisiko trägt.
- Ein weiteres Indiz ist es, wenn er Unternehmerinitiative entfalten kann.

Abbildung 22

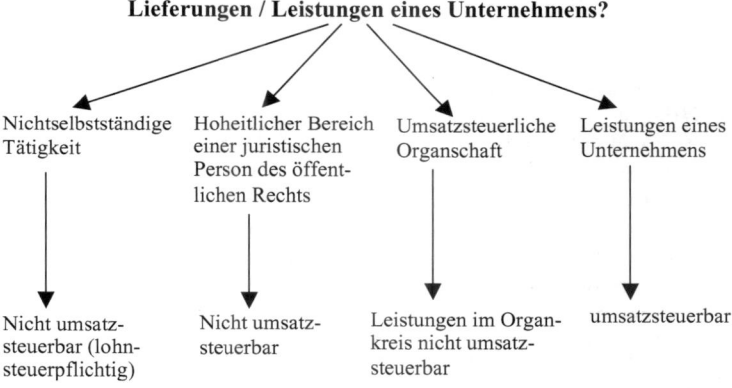

Lieferungen / Leistungen eines Unternehmens?

Nichtselbstständige Tätigkeit	Hoheitlicher Bereich einer juristischen Person des öffentlichen Rechts	Umsatzsteuerliche Organschaft	Leistungen eines Unternehmens
Nicht umsatzsteuerbar (lohnsteuerpflichtig)	Nicht umsatzsteuerbar	Leistungen im Organkreis nicht umsatzsteuerbar	umsatzsteuerbar

2. Umsatzsteuerbefreiungen

Ergibt die Prüfung, dass im Einzelfall eine umsatzsteuerbare Lieferung oder Leistung vorliegt, so ist weiter zu klären, ob diese nicht von der Umsatzsteuer befreit ist.

Die meisten Umsatzsteuerbefreiungen knüpfen nicht an die Gemeinnützigkeit des Leistungserbringers, sondern an eine bestimmte Art der Tätigkeit des Unternehmers an. Die Anerkennung des leistenden Unternehmers als steuerbegünstigte Körperschaft ist dagegen erforderlich für

- die Steuerbefreiung von **Krankenhäusern** nach § 4 Nr. 16 b) UStG. Danach sind Krankenhäuser, die die Zweckbetriebsvoraussetzungen des § 67 AO erfüllt haben, von der Umsatzsteuer befreit (zur gemeinnützigkeitsrechtlichen Behandlung vgl. bereits oben 1. Hauptteil 3.3.4 S. 60, zur Umsatzsteuer unten 2.2, S. 154).
- die Steuerbefreiung **amtlich anerkannter Wohlfahrtsverbände** und ihrer Untergliederungen nach § 4 Nr. 18 UStG. Die Einzelheiten werden unter 2.6 (S. 157) noch näher dargestellt.
- die Steuerbefreiung von **Vorträgen, Kursen**, ähnlichen **belehrenden Veranstaltungen**, von **kulturellen und sportlichen Veranstaltungen** steuerbegünstigter Träger, wenn die Einnahmen überwiegend der Deckung der Kosten dienen, nach § 4 Nr. 22 UStG.

Auswirkungen der Gemeinnützigkeit auf den Steuersatz

Eine weitere Schnittstelle zwischen Gemeinnützigkeits- und Umsatzsteuerrecht besteht im Bereich des Steuersatzes: Nach § 12 Abs. 2 Nr. 8 a) UStG werden Leistungen steuerbegünstigter Körperschaften, die diese in den Bereichen Vermögensverwaltung und Zweckbetrieb erbringen, mit dem ermäßigten Steuersatz von derzeit 7 % besteuert, sofern sie nicht im Einzelfall von der Umsatzsteuer befreit sind. Die Umsatzsteuerermäßigung wird dagegen nicht für Leistungen gewährt, die von einer steuerbegünstigten Körperschaft im Rahmen eines steuerpflichtigen wirtschaftlichen Geschäftsbetriebs erbracht werden.

Die grundsätzliche Systematik ist in Abb. 23 näher dargestellt.

2.1 Umsatzsteuerbefreiung von heilberuflichen Tätigkeiten

Heilberufliche Tätigkeiten

Nach § 4 Nr. 14 UStG sind bestimmte heilberufliche Tätigkeiten von der Umsatzsteuer befreit. Diese Umsatzsteuerbefreiung betrifft in der Praxis vor allem Leistungen freiberuflich tätiger, natürlicher Personen. Das Gesetz nennt insoweit ausdrücklich

- Ärzte
- Zahnärzte
- Heilpraktiker
- Physiotherapeuten

- Hebammen
- Klinische Chemiker

Abbildung 23:

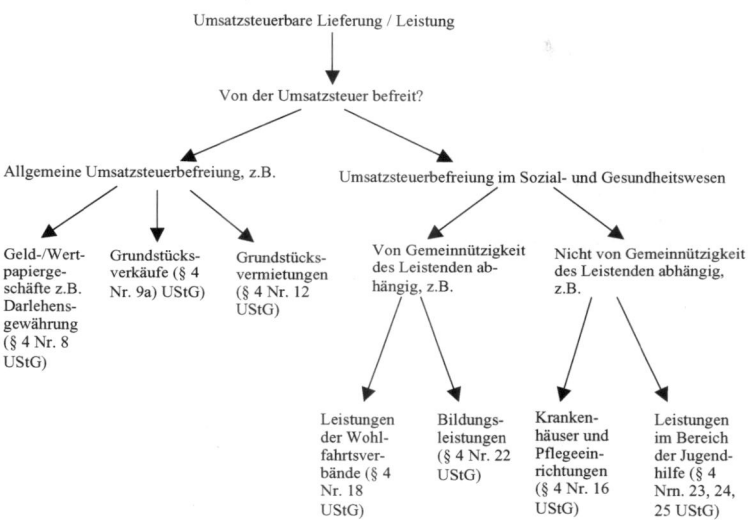

Umsatzsteuerpflicht: Prüfungsschema

Umsatzsteuerbare Lieferung / Leistung

Von der Umsatzsteuer befreit?

Allgemeine Umsatzsteuerbefreiung, z.b.

Umsatzsteuerbefreiung im Sozial- und Gesundheitswesen

Geld-/Wertpapiergeschäfte z.B. Darlehensgewährung (§ 4 Nr. 8 UStG)

Grundstücksverkäufe (§ 4 Nr. 9a) UStG)

Grundstücksvermietungen (§ 4 Nr. 12 UStG)

Von Gemeinnützigkeit des Leistenden abhängig, z.B.

Nicht von Gemeinnützigkeit des Leistenden abhängig, z.B.

Leistungen der Wohlfahrtsverbände (§ 4 Nr. 18 UStG)

Bildungsleistungen (§ 4 Nr. 22 UStG)

Krankenhäuser und Pflegeeinrichtungen (§ 4 Nr. 16 UStG)

Leistungen im Bereich der Jugendhilfe (§ 4 Nrn. 23, 24, 25 UStG)

Daneben sind auch »ähnliche heilberufliche Leistungen« von der Umsatzsteuer befreit. Ursprünglich hatten Rechtsprechung und Finanzverwaltung nur dann eine ähnliche heilberufliche Tätigkeit angenommen, wenn sie in der ausgeführten Tätigkeit, in der Regelung der Berufserlaubnis und in der Regelung der Berufsausübung mit den im Gesetz aufgeführten (Katalog-) Berufen vergleichbar war.

Vergleichbarkeit mit den »Katalogberufen«

Nach der neuen Rechtsprechung ist erforderlich, dass die Tätigkeit einen heilberuflichen Charakter hat (Diagnostizieren und Behandeln von Krankheiten) und die Berufsgruppe regelmäßig nach § 124 Abs. 2 SGB V von den Krankenkassen als Leistungserbringer zugelassen wird.

Im Bereich der Alten- und Krankenpflege sind nach dieser Bestimmung nur Leistungen der Behandlungspflege von der Umsatzsteuer befreit. Leistungen der Grundpflege sind aber dann von der Umsatzsteuer befreit, wenn die Leistungen von einem ambulanten Pflegedienst erbracht werden. Dann sind die Leistungen nach § 4 Nr. 16 e) UStG von der Umsatzsteuer befreit.

Behandlungspflege

Unter die Umsatzsteuerbefreiung des § 4 Nr. 14 UStG fallen auch beispielsweise Beschäftigungs- und Arbeitstherapeuten, Logopäden, Psychologen und Psychotherapeuten.

Weitergehende Anforderungen, wie z.b. eine bestimmte Rechtsform oder die Anerkennung als steuerbegünstigte Körperschaft, müssen daneben nicht erfüllt werden.

2.2 Umsatzsteuerbefreiung von Einrichtungen des Gesundheitswesens

Einrichtungen des Gesundheitswesens

Nach § 4 Nr. 16 UStG sind von der Umsatzsteuer befreit die Leistungen von

- **Krankenhäusern,** die im Vorjahr die Zweckbetriebsvoraussetzungen des § 67 AO erfüllt haben (für mindestens 40 % der Pflegetage wurden höchstens Entgelte für allgemeine Krankenhausleistungen im Sinne der Bundespflegesatzverordnung berechnet)
- **Einrichtungen der Geburtshilfe,** wenn die Kosten der stationären Aufnahme (Sozialpflege) in mindestens 40 % der jährlichen Pflegetage von den gesetzlichen Trägern der Sozialversicherung oder der Sozialhilfe ganz oder zum überwiegenden Teil getragen worden sind.
- **Diagnosekliniken und anderen Einrichtungen ärztlicher Heilbehandlung, Diagnostik oder Befunderhebung,** bei denen mindestens 40 % der Leistungen Versicherten, Sozialhilfeberechtigten und Versorgungsberechtigten zugute gekommen sind. Diese Einrichtungen müssen außerdem unter ärztlicher Leitung stehen.
- **Altenheimen, Altenwohnheimen, Pflegeheimen,** bei denen mindestens 40 % der Leistungen persönlich oder wirtschaftlich Hilfsbedürftigen i.S.d. § 53 AO zugute gekommen sind
- **Einrichtungen zur vorübergehenden Aufnahme pflegebedürftiger Personen und Einrichtungen zur ambulanten Pflege kranker und pflegebedürftiger Personen,** wenn in mindestens 40 % der Fälle die Pflegekosten von den Sozialversicherungsträgern ganz oder zum überwiegenden Teil getragen wurden.

Juristische Personen des öffentlichen Rechts als Träger

Die genannten Einrichtungen sind auch dann von der Umsatzsteuer befreit, wenn sie von juristischen Personen des öffentlichen Rechts betrieben werden. Sie müssen dann die vorgenannten – zusätzlichen – Anforderungen nicht erfüllen.

Eng verbundene Umsätze

Sofern eine Einrichtung die vorstehenden Voraussetzungen im Einzelfall erfüllt, sind nicht nur die eigentlichen Umsätze, wie z.B. Pflegeleistungen, von der Umsatzsteuer befreit, sondern auch die mit dem Betrieb der Einrichtungen eng verbundenen Umsätze. Was darunter zu verstehen ist, unterliegt einem ständigen Wandel. Die Finanzverwaltung hat die Anforderungen in den letzten Jahren ständig verschärft. Die jeweils maßgebende Abgrenzung hat die Finanzverwaltung durch Aufzählung von Einzelbeispielen in Abschnitt 100 der Umsatzsteuerrichtlinien konkretisiert.

Nicht von der Umsatzsteuer befreit sind beispielsweise die entgeltliche Abgabe von Speisen und Getränken an Besucher, die Lieferung von Arzneimitteln an Besucher, Arzneimittellieferungen einer Krankenhausapotheke an Krankenhäuser anderer Träger sowie die Leistungen einer Zentralwäscherei.

2.3   Nach § 4 Nr. 17 UStG von der Umsatzsteuer befreite Leistungen

Nach dieser Bestimmung sind von der Umsatzsteuer befreit die Lieferung von menschlichen Organen, menschlichem Blut und Frauenmilch (§ 4 Nr. 17 a) UStG) sowie die Beförderung von kranken und verletzten Personen (§ 4 Nr. 17 b) UStG).

In der Praxis von besonderer Bedeutung sind die Lieferung von menschlichem Blut und die Beförderung von kranken und verletzten Personen.

Diese Regelung ist für zahlreiche Leistungen der Blutspendedienste von zentraler Bedeutung. Sie gilt auch für die Veräußerung von Produkten der Ersten Fraktionierungsstufe. Wird das Blut darüber hinaus weiter verarbeitet, wird für die entsprechenden Umsätze die Umsatzsteuerbefreiung nicht mehr gewährt. In diesem Zusammenhang ist auch zu beachten, dass die Betreuung von Blutspendeterminen und Blutspendern, beispielsweise durch eine – andere – Untergliederung eines Wohlfahrtsverbands nicht von der Umsatzsteuer befreit ist, weil die organisatorische Hilfestellung nicht der Lieferung von Blut gleichzustellen ist und im übrigen die Tätigkeit der Untergliederung nicht unmittelbar den Hilfebedürftigen (d.h. Empfängern der Blutspende) zugute kommt. *Lieferung von Blut*

Bei der Umsatzsteuerbefreiung bei der Beförderung von kranken und verletzten Personen ist zu beachten, dass die Fahrzeuge dafür besonders hergerichtet sein müssen. Ein Sitzendtransport eines Kranken in einem normalen PKW ist deshalb nicht von der Umsatzsteuer befreit. Behindertentransporte sind in der Regel nach § 4 Nr. 18 UStG von der Umsatzsteuer befreit. Bei schwer Körperbehinderten kommt aber auch die Befreiung nach § 4 Nr. 17 b) UStG in Betracht. *Beförderung von Kranken und Verletzten*

2.4   Umsatzsteuerbefreiung der Versorgung von Jugendlichen zu Erziehungs- und Ausbildungszwecken (§ 4 Nr. 23 UStG)

Nach dieser Bestimmung ist die Gewährung von Beherbergung, Beköstigung und der übrigen Naturalleistungen durch Personen und Einrichtungen von der Umsatzsteuer befreit, wenn sie überwiegend Jugendliche für Erziehungs-, Ausbildungs- oder Fortbildungszwecke oder für Zwecke der Säuglingspflege bei sich aufnehmen. *Ausbildung und Erziehung von Jugendlichen*

Leistungen natürlicher Personen sind nur dann von der Umsatzsteuer befreit, wenn sie eine Einrichtung unterhalten. Diese Einschränkung des Wortlauts des deutschen Gesetzes ergibt sich aus EU-Recht. Begünstigte Einrichtungen können alle Unternehmer sein, gleich welcher Rechtsform. *Leistungen natürlicher Personen*

Die Anerkennung als steuerbegünstigte Körperschaft ist nicht erforderlich.

Obhut und Betreuung Hinsichtlich der Tätigkeit ist die Gewährung von Obhut und Betreuung erforderlich. Ein reiner Kantinenbetrieb reicht also nicht aus. Der Bundesfinanzhof hat die Anforderungen in seinem Urteil vom (BStBl. II 1979, S. 721) wie folgt konkretisiert:

- Der Unternehmer muss die Zwecke (Erziehung, Ausbildung, Fortbildung) selbst verfolgen.
- Er muss die Zwecke nicht allein verfolgen.
- Die volle Aufgabenerfüllung durch Dritte reicht nicht aus.
- Die Gewährung von Unterkunft während der Nachtzeit und die Gewährung voller Verpflegung sind nicht erforderlich.

Der Aufnahmezweck – Erziehung, Ausbildung, Fortbildung von Jugendlichen und Säuglingspflege – umfasst die berufliche, geistige, sittliche und körperliche Erziehung und Fortbildung von Jugendlichen.

Kindergärten Einen Sonderfall bilden die Kindergärten. Deren Leistungen sind dann nach dieser Bestimmung von der Umsatzsteuer befreit, wenn die Aufnahmedauer mindestens einen Monat beträgt.

In allen Fällen der Jugendhilfe ist zu beachten, dass die Altersgrenze für den begünstigten Personenkreis die Vollendung des 27. Lebensjahres bildet.

Unterhält die betreffende Einrichtung unterschiedliche Aktivitäten, so hat eine zweistufige Prüfung zu erfolgen:

- Zunächst ist für jeden Jugendlichen zu prüfen, ob die begünstigte Tätigkeit für ihn überwiegt. Ist diese Frage zu bejahen, so ist er bei der weiteren Prüfung mitzuzählen.
- Anschließend ist zu prüfen, ob die begünstigten Leistungen insgesamt überwiegen.

Begünstigte Leistungen sind

- die Beherbergung
- die Beköstigung
- übliche Naturalleistungen, wie z.B. Bastelmaterialien, Spiele usw.

Als Leistungsempfänger begünstigt sind

- Jugendliche
- die mit der Ausbildung der Jugendlichen beschäftigten Personen
- das zur Erbringung der Leistungen eingesetzte Hilfspersonal, wie z.B. Küchenhilfen und Hausmeister.

2.5 Umsatzsteuerbefreiung von Einrichtungen der Jugendhilfe (§ 4 Nr. 25 UStG)

Begünstigt nach dieser Bestimmung sind die Leistungen der Träger der öffentlichen Jugendhilfe im Sinne des § 69 SGB VIII und der förderungswürdigen Träger der freien Jugendhilfe (§ 75 SGB VIII). Bei den Trägern der öffentlichen Jugendhilfe stellt sich die Frage der Umsatzsteuerpflicht aber nur dann, wenn die Leistungen in einem Betrieb gewerblicher Art erbracht werden. Sofern sie im Hoheitsbereich erbracht werden, sind die Leistungen nicht umsatzsteuerbar.

Einrichtungen der Jugendhilfe

Nach § 4 Nr. 25 UStG von der Umsatzsteuer befreit sind Lehrgänge, Freizeiten, Zeltlager, Fahrten und Treffen, Veranstaltungen, die dem Sport und der Erholung dienen, soweit diese Leistungen Jugendlichen oder Mitarbeitern in der Jugendhilfe unmittelbar zugute kommen. In Verbindung mit den vorgenannten Maßnahmen und Veranstaltungen sind die Beherbergung, die Beköstigung sowie die üblichen Naturalleistungen (vgl. dazu bereits oben 2.4, S. 156) begünstigt, die den Jugendlichen oder den Mitarbeitern in der Jugendhilfe sowie den bei den diesen Leistungen tätigen Personen als Vergütung für die geleisteten Dienste gewährt werden.

Begünstigte Leistungen

Außerdem sind begünstigt kulturelle und sportliche Veranstaltungen im Rahmen der Jugendhilfe, wenn die Darbietungen durch Jugendliche erbracht werden oder die Einnahmen überwiegend zur Deckung der Kosten verwendet werden.

Auch hier gilt wieder die Altersgrenze von 27 Lebensjahren.

2.6 Umsatzsteuerbefreiung von Wohlfahrtsverbänden (§ 4 Nr. 18 UStG)

Einrichtungen der Wohlfahrtspflege können *gemeinnützigkeitsrechtlich* nach § 66 AO begünstigt sein, ohne dass sie Mitglied in einem amtlich anerkannten Verband der freien Wohlfahrtspflege sind. Im Gegensatz dazu sind nach § 4 Nr. 18 UStG nur die Leistungen der amtlich anerkannten Verbände der freien Wohlfahrtspflege und der ihnen angeschlossenen Organisationen von der *Umsatzsteuer* befreit.

Einrichtungen der Wohlfahrtspflege

Die Anerkennung als amtlich anerkannter Wohlfahrtsverband ist in § 23 UStDV geregelt. Danach sind amtlich anerkannte Verbände der freien Wohlfahrtspflege:

Amtlich anerkannte Verbände der freien Wohlfahrtspflege

- das Diakonische Werk der Evangelischen Kirche in Deutschland e.V.
- der Deutsche Caritasverband e.V.
- der Paritätische Wohlfahrtsverband e.V.
- das Deutsche Rote Kreuz e.V.
- der Arbeiterwohlfahrt – Bundesverband e.V.
- die Zentralwohlfahrtsstelle der Juden in Deutschland e.V.

- der Deutsche Blindenverband e.V.
- der Bund der Kriegsblinden Deutschlands e.V.
- der Verband Deutscher Wohltätigkeitsstiftungen e.V.
- die Bundesarbeitsgemeinschaft »Hilfe für Behinderte« e.V.
- der Verband der Kriegs- und Wehrdienstopfer, Behinderten und Sozialrentner Deutschland e.V.

Gemeinnützigkeit Voraussetzung

Weitere Voraussetzung für die Umsatzsteuerbefreiung der Leistung ist die Anerkennung als steuerbegünstigte Körperschaft. Damit scheiden Einzelpersonen und Personengesellschaften – wie die Gesellschaft des bürgerlichen Rechts – als begünstigte Leistungserbringer aus.

Begünstigte Leistungsempfänger

Von der Umsatzsteuer befreit sind solche Leistungen, die dem satzungsmäßig begünstigten Personenkreis unmittelbar zugute kommen. Leistungen, die in einem steuerpflichtigen wirtschaftlichen Geschäftsbetrieb erbracht werden, sind deshalb nicht von der Umsatzsteuer befreit. Dagegen ist es ohne Bedeutung, mit wem vertragliche Beziehungen bestehen. Schließt die steuerbegünstigte Körperschaft einen Vertrag mit einem Dritten ab, der die Leistungen bezahlt (sog. sozialrechtliches Leistungsdreieck), so reicht dies aus, wenn die Leistungen tatsächlich dem begünstigten Personenkreis zugute kommen.

Beschränkung der Entgelte

Die Entgelte für die Leistungen müssen hinter den durchschnittlich für gleichartige Leistungen von Erwerbsunternehmen verlangten Entgelten zurückbleiben. Wichtig ist insoweit, dass die Leistungen vergleichbar sind.

Nicht begünstigt sind Leistungen der Mittelbeschaffungsbetriebe (z.B. Kleidersammlungen) und von Hilfsbetrieben (z.B. Verwaltungsleistungen an andere Wohlfahrtsverbände).

3. Kleinunternehmerregelung (§ 19 UStG)

Keine Umsatzsteuer wird bei Kleinunternehmern erhoben. Die Voraussetzungen ergeben sich aus § 19 Abs. 1 UStG:

Kleinunternehmer-
regelung

- Der Umsatz hat im vorangegangenen Jahr weniger als € 17.500,–
  betragen.
- Der Umsatz im laufenden Jahr wird voraussichtlich weniger als
  € 50.000,– betragen.

Für die Höhe der Umsätze maßgebend sind die Gesamtumsätze ohne die
Umsätze, die u.a. nach § 4 Nr. 11 bis 28 UStG von der Umsatzsteuer
befreit sind.

4. Steuersatz (§ 12 Abs. 2 Nr. 8 UStG)

Besonderheiten beim Steuersatz

Leistungen einer steuerbegünstigten Körperschaft, die im ideellen Bereich erbracht werden, sind aufgrund der Definition des ideellen Bereichs nicht umsatzsteuerbar. Denn diese lässt sie sich nicht von einem Dritten bezahlen, d.h. es fehlt an einem Leistungsaustausch.

Vermögensverwaltung und Zweckbetrieb

Leistungen, die im Bereich der Vermögensverwaltung und im Bereich des steuerbegünstigten Zweckbetriebs erbracht werden, unterliegen – sofern sie nicht im Einzelfall von der Umsatzsteuer befreit sind – der Umsatzsteuer mit dem ermäßigten Steuersatz von derzeit 7 %.

Steuerpflichtiger wirtschaftlicher Geschäftsbetrieb

Leistungen eines steuerpflichtigen wirtschaftlichen Geschäftsbetriebs sind voll umsatzsteuerpflichtig, d.h. sie unterliegen der Umsatzsteuer mit dem Steuersatz von derzeit 16 %.

Personengesellschaften

Erbringen mehrere steuerbegünstigte Körperschaften in der Rechtsform der Gesellschaft bürgerlichen Rechts Leistungen, die – wären sie bei den Gesellschaftern unmittelbar zu erfassen – mit dem ermäßigten Steuersatz zu besteuern wären, so gilt dies auch für die Umsätze der Gesellschaft bürgerlichen Rechts. Dies setzt aber voraus, dass an der Gesellschaft bürgerlichen Rechts ausschließlich steuerbegünstigte Körperschaften beteiligt sind und ausschließlich begünstigte Leistungen erbracht werden.

Es wird also so getan, als würde jeder Gesellschafter die Leistungen anteilig selbst erbringen. Der ermäßigte Steuersatz wird aber dann nicht gewährt, wenn auch nur ein einziger Gesellschafter diese Voraussetzungen nicht erfüllt, weil er z.B. ein gewerbliches Unternehmen ist.

Beispiel:
Drei Wohlfahrtsverbände schließen sich zur GbR »Mit uns schnell ans Ziel«, einer Gesellschaft bürgerlichen Rechts, zusammen. Zweck der Gesellschaft ist die Durchführung von Behindertentransporten. Dazu soll die Gesellschaft bürgerlichen Rechts Fahrzeuge erwerben und auch nach außen auftreten. Da nach § 4 Nr. 17 b) UStG nur die Beförderung kranker und verletzter Personen von der Umsatzsteuer befreit ist, nicht aber »einfache« Behindertentransporte, können Behindertentransporte nur nach § 4 Nr. 18 UStG von der Umsatzsteuer befreit sein. Diese Bestimmung setzt aber u.a. voraus, dass die Leistungen von einer steuerbegünstigten Körperschaft erbracht werden. Da eine Gesellschaft bürgerlichen Rechts aber keine Körperschaft ist, kann sie nicht als steuerbegünstigte Körperschaft anerkannt werden (vgl. dazu bereits oben im 1. Hauptteil unter 2.1., S. 24). Die Leistungen können also nur dann von der Umsatzsteuer befreit sein, wenn die Wohlfahrtsverbände jeweils selbst tätig werden. Die Leistungen der Gesellschaft bürgerlichen Rechts unterliegen aber ggf. dem ermäßigten Steuersatz von 7 %.
Später beteiligt sich neben den drei Wohlfahrtsverbänden an der Gesellschaft bürgerlichen Rechts auch ein Taxiunternehmen, das sich Synergieeffekte verspricht. Dann kann die Gesellschaft bürgerlichen Rechts auch den ermäßigten Steuersatz nicht in Anspruch nehmen: Bei dem Taxiunternehmen wären die Leistungen nämlich mit dem Regelsteuersatz zu versteuern.

Abbildung24:

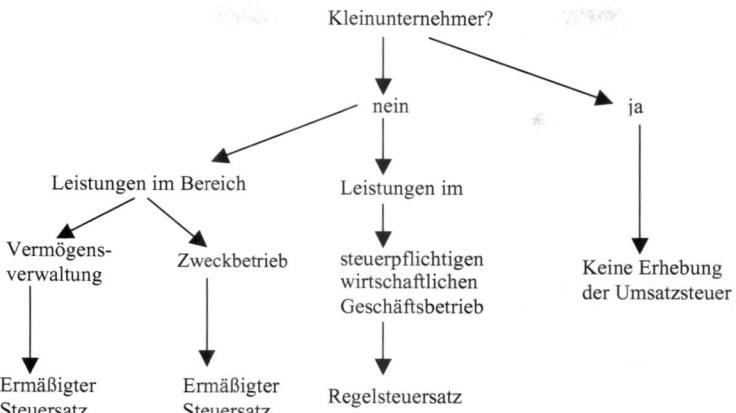

Umsatzsteuerpflichtige Leistung

Lösung der Arbeitsaufgaben

Arbeitsaufgabe 1:
Mit der Kooperation begründen A und D eine Gesellschaft bürgerlichen Rechts. Sie schließen sich zu einem gemeinsamen Zweck, dem Betrieb der Kurzzeitpflege, zusammen.
Gesellschaften des bürgerlichen Rechts sind Personengesellschaften und keine Körperschaften. Sie können deshalb auch nicht im Sinne der §§ 51 ff. AO als steuerbegünstigt anerkannt werden.

Arbeitsaufgabe 2:
Kirchengemeinden sind juristische Personen des öffentlichen Rechts (Körperschaften des öffentlichen Rechts). Als solche sind sie nur mit ihren Betrieben gewerblicher Art körperschaftsteuerpflichtig (§§ 4 Abs. 1, 1 Abs. 1 Nr. 6 KStG). Dies setzt eine nachhaltige wirtschaftliche Tätigkeit voraus, die auf die Erzielung von Einnahmen gerichtet ist und die sich innerhalb der Gesamtbetätigung der juristischen Person wirtschaftlich heraushebt. Gewinnerzielungsabsicht ist nicht erforderlich. Die Finanzverwaltung bejaht die wirtschaftliche Bedeutung bei Einnahmen ab € 30.678,– jährlich.
Die Sozialstation erfüllt diese Voraussetzungen. Es liegt ein Betrieb gewerblicher Art vor, der als steuerbegünstigt anerkannt werden kann, wenn er die satzungsmäßigen Anforderungen dafür erfüllt.

Arbeitsaufgabe 3:
Zwar erzielt die Stadt S erhebliche Einnahmen durch die Bußgelder. Sie wird aber hoheitlich tätig; es liegt kein Betrieb gewerblicher Art und damit auch keine steuerlich relevante Tätigkeit vor.

Arbeitsaufgabe 4:
Der Verein kann nicht gemeinnützig sein. Bei dem Kindergarten handelt es sich um eine Einrichtung der Kinder- und Jugendhilfe. Die Förderung der Kinder- und Jugendhilfe ist zwar ein gemeinnütziger Zweck. Dieser kann aber nur dadurch verwirklicht werden, dass die Allgemeinheit gefördert wird. Nach § 52 Abs. 1 S. 2 AO wird die Allgemeinheit dann nicht gefördert, wenn der Kreis der geförderten Personen fest abgeschlossen ist, wie z.B. durch die Zugehörigkeit zur Belegschaft eines Unternehmens. Dies ist aber hier der Fall.

Arbeitsaufgabe 5:
Eine Körperschaft kann auch dann als mildtätig anerkannt werden, wenn sie keinen offenen Personenkreis fördert. Dies ist der wesentliche Unterschied zur Förderung gemeinnütziger Zwecke. Sofern Unterhaltsansprüche gegen den Stifter bestehen würden, würde die Stiftung Verpflichtungen des Stifters erfüllen und würde deshalb nicht selbstlos handeln.
Aufgrund der vorliegenden Sachverhaltsgestaltung könnte die Stiftung als steuerbegünstigte Körperschaft (wegen Förderung mildtätiger Zwecke) anerkannt werden. Dies wird allerdings von der Finanzverwaltung ohne weitere Begründung teilweise in Frage gestellt.

Arbeitsaufgabe 6:
Der Fußballclub kann gemeinnützig sein. Zwar überwiegen die Einnahmen und Ausgaben im Profibereich, doch überwiegt der Arbeitseinsatz im Amateurbereich, insbesondere unter Einbeziehung der ehrenamtlichen Arbeit. Deshalb gibt der Amateurbereich dem Fußballclub das Gepräge.

Arbeitsaufgabe 7:
Nach § 57 Abs. 1 AO liegt dann eine Hilfsperson vor, wenn ihre Bindungen, d.h. ihre Weisungsabhängigkeit, so stark sind, dass ihre Tätigkeit »wie eigenes Wirken« der steuerbegünstigten Körperschaft anzusehen ist. Dies ist nach Auffassung der Finanzverwaltung jedenfalls dann der Fall, wenn zwischen beiden ein Vertrag besteht, der dem Auftraggeber entsprechende Weisungsrechte gewährt. Die vorliegende Fallgestaltung ist ein Grenzfall. Zwar besteht eine Bindung in der Mittelverwendung und eine entsprechende Nachweispflicht, doch eine weitergehende Weisungsabhängigkeit der gemeinnützigen GmbH besteht nicht. Um die beschriebene Problematik – keine eigene gemeinnützige Tätigkeit der gemeinnützigen GmbH, falls sie Hilfsperson ist – zu vermeiden, sollte eine Gestaltung angestrebt werden, bei der eine Mittelweiterleitung nach § 58 Nr. 2 AO vorliegt.

Arbeitsaufgabe 8:
Die Depotpflege stellt sich noch als Maßnahme der Vermögensverwaltung dar. Die Nutzung des Kapitals steht im Vordergrund und nicht die Tätigkeit – Umschichtung von Wertpapieren. Dass die Spekulationsfrist unterschritten wird, ist dabei ohne Bedeutung. Diese ist nur bei Veräußerung von Wertpapieren durch natürliche Personen und Personengesellschaften zu beachten.

Arbeitsaufgabe 9:
Sofern die Voraussetzungen einer Betriebsaufspaltung nicht vorliegen, muss nur darauf geachtet werden, dass die Stiftung keinen Einfluss auf die laufende Geschäftsführung der GmbH nehmen kann. Dies bedeutet zunächst, dass kein Mitglied des Stiftungsvorstands Geschäftsführer sein darf. Die Stiftung muss außerdem auf ihr gesellschaftsrechtliches Weisungsrecht gegenüber den Geschäftsführern in Fragen der laufenden Geschäftsführung verzichten.
Dazu kann die Stiftung ersatzlos auf das Weisungsrecht verzichten. Die Überwachung könnte dann einem Aufsichtsrat nach aktienrechtlichem Vorbild übertragen werden, der keine Weisungsrechte in Fragen der laufenden Geschäftsführung hat. Diesem dürften dann auch Mitglieder der Stiftungsorgane in beliebiger Zahl angehören.
Alternativ dazu könnten die Weisungsrechte einem Beirat mit Kompetenzen auch in Fragen der laufenden Geschäftsführung übertragen werden. Diesem dürfen aber nicht mehrheitlich Personen angehören, die Mitglied in den Stiftungsorganen sind.
Sofern die Voraussetzungen einer steuerlichen Betriebsaufspaltung vorliegen – Vermietung einer wesentlichen Betriebsgrundlage durch die Stiftung an die GmbH –, müsste diese außerdem in die GmbH eingebracht werden. Dabei stellt sich aber die Frage, ob diese Einbringung nicht zu einer Versteuerung der in der Immobilie liegenden stillen Reserven führt. Im übrigen stellen sich nach der Einbringung der wesentlichen Betriebsgrundlage dieselben Strukturfragen wie im dargestellten Ausgangsfall (ohne Betriebsaufspaltung).

Arbeitsaufgabe 10:
Die Mittelzuwendung für den Rettungsdienst kommt einem steuerbegünstigten Zweckbetrieb zugute. Es dürfen Zuwendungsbestätigungen ausgestellt werden.
Die zweckgebundene Zuwendung von Mitteln für den Bereich der Krankenfahrten würde einem steuerpflichtigen wirtschaftlichen Geschäftsbetrieb zufließen. Es dürften keine Zuwendungsbestätigungen ausgestellt werden.
S könnte aber W eine Zuwendung gewähren mit der Maßgabe, dass die zugewendeten Mittel nicht zeitnah für steuerbegünstigte Zwecke zu verwenden sind. Damit wäre bei S der Spendenabzug möglich. W könnte die Mittel zur Finanzierung des steuerpflichtigen wirtschaftlichen Geschäftsbetriebs – Krankenfahrten – einsetzen, dürfte diese Mittel dort aber nicht verbrauchen. Denn dies wäre eine grundsätzlich gemeinnützigkeitsschädliche Abdeckung von Verlusten eines steuerpflichtigen wirtschaftlichen Geschäftsbetriebs.

Arbeitsaufgabe 11:
Nach § 55 Abs. 1 Nr. 1 AO dürfen Gesellschafter steuerbegünstigter Gesellschaften keine Gewinnanteile erhalten. Ist der Gesellschafter einer steuerbegünstigten Gesellschaft aber selbst eine steuerbegünstigte Körperschaft, so wird die Gewinnausschüttung von der Finanzverwaltung als gemeinnützigkeitsunschädliche Mittelweiterleitung im Sinne des § 58 Nr. 2 AO gewertet. Diese wird nur dadurch begrenzt, dass die Mittelzuwendung aus der Sicht der steuerbegünstigten Gesellschaft nicht überwiegen darf. Sie ist also auf maximal 50 % des Eigenkapitals der steuerbegünstigten Gesellschaft begrenzt.
Handelsrechtlich handelt es sich aber um eine Gewinnausschüttung im Sinne des Gesellschaftsrechts. Dies bedeutet, dass nicht nur ein entsprechender Gewinnverwendungsbeschluss erforderlich ist, sondern auch durch die Gewinnausschüttung das Stammkapital nicht angegriffen werden darf.
Damit setzen solche Gewinnausschüttungen voraus, dass nicht mehr als die Hälfte des Eigenkapitals der Tochtergesellschaft ausgeschüttet werden darf *(Vorgabe des Gemeinnützigkeitsrechts)* und durch die Gewinnausschüttung das Stammkapital nicht angegriffen werden darf *(Vorgabe des Gesellschaftsrechts).*

Arbeitsaufgabe 12:
Die Stiftung darf im Jahr der Errichtung (00) und in den beiden Folgejahren (01) und (02) ihren Überschuss in voller Höhe (€ 125.000,–) ihrem Vermögen zuführen (§ 58 Nr. 12 AO). Im Jahr 03 kann eine freie Rücklage in Höhe von 10 % des Zweckbetriebsüberschusses (d.h. in Höhe von € 7.500,–) gebildet werden (§ 58 Nr. 7 a) AO). Es verbleibt ein grundsätzlich zeitnah zu verwendender Betrag aus dem Jahr 03 in Höhe von € 67.500,–. Dieser könnte ggf. in eine Betriebsmittelrücklage eingestellt werden (§ 58 Nr. 6 AO).

Arbeitsaufgabe 13:
Die wesentlichen Ziele der Rechnungslegung bei Non-Profit-Organisationen finden Sie auf S. 90.

Arbeitsaufgabe 14:
Die Grundsätze der zeitnahen Mittelverwendung finden Sie auf S. 78 ff.

Arbeitsaufgabe 15:

Die Frage, ob Mittel verwendet wurden, lässt sich nicht uneingeschränkt aus dem handelsrechtlichen Jahresabschluss ableiten. Denn die Mittelverwendung setzt gemeinnützigkeitsrechtlich nicht voraus, dass die steuerbegünstigte Körperschaft ärmer geworden ist (§ 55 Abs. 1 Nr. 5 AO). Auch mit der Durchführung von Investitionen für steuerbegünstigte Zwecke werden Mittel gemeinnützigkeitsrechtlich verwendet, gleichgültig ob sie in der Handelsbilanz zu Betriebsausgaben oder Anschaffungs- bzw. Herstellungskosten führen. Der Jahresüberschuss, der sich durch die Aktivierung der Mietereinbauten ergibt, ist deshalb gemeinnützigkeitsrechtlich nicht zeitnah zu verwenden. Denn der Gegenwert ist gemeinnützigkeitsrechtlich verwendet (durch Verausgabung für die Mietereinbauten).

Der für den Anstrich verwendete Geldbetrag führt zu Betriebsausgaben und ist ebenfalls für steuerbegünstigte Zwecke verwendet.

Der Restbetrag hätte bis spätestens zum 31. Dezember 2006 für steuerbegünstigte Zwecke verwendet werden müssen. Nach § 63 Abs. 4 AO kann die Finanzverwaltung eine angemessene Frist für die Verwendung dieser Mittel setzen. Sofern die GmbH bisher ihre steuerlichen Pflichten erfüllt hat, dürfte sogar eine Verpflichtung der Finanzverwaltung bestehen, eine entsprechende Frist zu setzen.

Arbeitsaufgabe 16:

Die körperschaftsteuerliche Definition des Betriebs gewerblicher Art finden Sie auf S. 26 f.

Literaturverzeichnis

I. Bücher

Buchna, Johannes: Gemeinnützigkeit im Steuerrecht, 8. Auflage 2003
Entenmann, Alfred: Handbuch der Vereinsführung. Loseblattsammlung
Märkle, Rudi W./Alber, Matthias: Der Verein im Zivil- und Steuerrecht, 11. Auflage 2004
Reuber, Hans-Georg: Die Besteuerung der Vereine. Loseblattsammlung
Schauhoff, Stephan: Handbuch der Gemeinnützigkeit, 2. Auflage 2005
Schick, Stefan: Gemeinnützigkeitsrecht für soziale Einrichtungen, 2. Auflage 2001
Schick, Stefan: Rechts- und Unternehmensformen, 2003
Schick, Stefan/Schmidt, Oliver/Ries, Gerhard/Walbröl, Hans-Robert: Praxis-Handbuch Stiftungen 2001
Troll, Max/Wallenhorst, Rolf/Halaczinsky, Raymond: Die Besteuerung gemeinnütziger Vereine, Stiftungen und der juristischen Personen des öffentlichen Rechts, 5. Auflage 2004

II. Aufsätze

Herbert, Ulrich: Die Mittel- und Vermögensbindung gemeinnütziger Körperschaften, BB 1991, S. 178 ff.
IDW HFA-Verlautbarung 4/94: (Rechnungslegung spendensammelnder Organisationen), IDW-Fachnachrichten, 1995, S. 415 ff. sowie WPg. 1995, S. 698 ff.
IDW Stellungnahme zur Rechnungslegung: Rechnungslegung von Stiftungen, IDW RS HFA 5, IDW-Fachnachrichten 2000, S. 129 ff. sowie WPg. 2000, S. 391 ff.
Lex, Peter: Die Mehrheitsbeteiligung einer steuerbegünstigten Körperschaft an einer Kapitalgesellschaft: Vermögensverwaltung oder wirtschaftlicher Geschäftsbetrieb? DB 1997, S. 349 ff.
Schick, Stefan: Die Beteiligung einer gemeinnützigen Körperschaft an einer GmbH und der wirtschaftliche Geschäftsbetrieb, DB 1985, S. 1812 f.
Schick, Stefan: Die Beteiligung einer steuerbegünstigten Körperschaft an Personen- und Kapitalgesellschaften, DB1999, S. 1187 ff.
Thiel, Jochen: Die zeitnahe Mittelverwendung – Aufgabe und Bürde gemeinnütziger Körperschaften, DB 1992, S. 1900 ff.
Thiel, Jochen: Das Gebot der zeitnahen Mittelverwendung im Gemeinnützigkeitsrecht und seine Bedeutung für die tatsächliche Geschäftsführung gemeinnütziger Stiftungen, Stiftung & Sponsoring, Die ROTEN SEITEN 3/98

Anhang 1

Zwecke	Höchstgrenze für Spendenabzug	Spendenvor- und -rücktrag für Groß-spenden	Abzugsbe-trag bei Stif-tungserrich-tung	Zuwendun-gen an Stif-tungen
mildtätige	10 v.H. der Einkünfte oder 2 v.T. der Löhne, Gehälter und Umsätze	ein Jahr zurück, fünf Jahre vor bei ESt, Vortrag auf sechs Fol-gejahre bei KSt und GewSt	ja, nicht bei KSt	ja, auch bei KSt
kirchliche	5 v.H. der Einkünfte oder 2 v.T. der Löhne, Gehälter und Um-sätze	nicht möglich	ja, nicht bei KSt	ja, auch bei KSt
religiöse	5 v.H. der Einkünfte oder 2 v.T. der Löhne, Gehälter und Umsätze	nicht möglich	ja, nicht bei KSt	ja, auch bei KSt
wissenschaftliche	10 v.H. der Einkünfte oder 2 v.T. der Löhne, Gehälter und Umsätze	ein Jahr zurück, fünf Jahre vor bei ESt, Vortrag auf sechs Folgejahre bei KSt und GewSt	ja, nicht bei KSt	ja, auch bei KSt
als besonders förderungswür-dig anerkannte gemeinnützige	5 v.H. der Einkünfte oder 2 v.T. der Löhne, Gehälter und Umsätze	nicht möglich	ja, nicht bei KSt	ja, auch bei KSt
als besonders förderungswür-dig anerkannte kulturelle	10 v.H. der Einkünfte oder 2 v.T. der Löhne, Gehälter und Umsätze	ein Jahr zurück, fünf Jahre vor bei ESt, Vortrag auf sechs Folgejahre bei KSt und GewSt	ja, nicht bei KSt	ja, auch bei KSt
nicht als beson-ders förderungs-würdig aner-kannte gemein-nützige	kein Spendenabzug	nicht möglich	ja, nicht bei KSt	ja, auch bei KSt
Freizeitzwecke i.S.d. § 52 Abs. 2 Nr. 4 AO	5 v.H. der Einkünfte oder 2 v.T. der Löhne, Gehälter und Umsätze	nicht möglich	ja, nicht bei KSt	nein

Anhang 2

AEAO Anlage 1 zu § 60

Mustersatzung
für einen Verein
(nur aus steuerlichen Gründen notwendige Bestimmungen ohne
Berücksichtigung der vereinsrechtlichen Vorschriften des BGB)

§ 1. Der .... (e.V) mit Sitz in .... verfolgt ausschließlich und unmittelbar – gemein-
nützige – mildtätige – kirchliche – Zwecke (nicht verfolgte Zwecke streichen) im Sinne des Abschnitts
»Steuerbegünstigte Zwecke« der Abgabenordnung. Zweck des Vereins ist .... (z.B. die
Förderung von Wissenschaft und Forschung, Bildung und Erziehung, Kunst und Kultur, des Umwelt-,
Landschafts- und Denkmalschutzes, der Jugend- und Altenhilfe, des öffentlichen Gesundheitswesens, des
Sports, Unterstützung hilfsbedürftiger Personen). Der Satzungszweck wird verwirklicht insbesondere durch
.... (z.B. Durchführung wissenschaftlicher Veranstaltungen und Forschungsvorhaben, Vergabe
von Forschungsaufträgen, Unterhaltung einer Schule, einer Erziehungsberatungsstelle, Pflege von Kunst-
sammlungen, Pflege des Liedgutes und des Chorgesanges, Errichtung von Naturschutzgebieten, Unterhaltung eines Kindergartens, Kinder-, Jugendheimes, Unterhaltung eines Altenheimes, eines Erholungsheimes,
Bekämpfung des Drogenmissbrauchs, des Lärms, Errichtung von Sportanlagen, Förderung sportlicher
Übungen und Leistungen).

§ 2. Der Verein ist selbstlos tätig; er verfolgt nicht in erster Linie eigenwirtschaftliche Zwecke.

§ 3. Mittel des Vereins dürfen nur für die satzungsmäßigen Zwecke verwendet werden. Die Mitglieder erhalten keine Zuwendungen aus Mitteln des Vereins.

§ 4. Es darf keine Person durch Ausgaben, die dem Zweck der Körperschaft fremd sind, oder durch unverhältnismäßig hohe Vergütungen begünstigt werden.

§ 5. Bei Auflösung des Vereins oder bei Wegfall steuerbegünstigter Zwecke fällt das Vermögen des Vereins

a) an – den – die – das – .... (Bezeichnung einer juristischen Person des öffentlichen Rechts oder einer anderen steuerbegünstigten Körperschaft),

der – die – das – es unmittelbar und ausschließlich für gemeinnützige, mildtätige oder kirchliche
Zwecke zu verwenden hat,

oder

b) an eine juristische Person des öffentlichen Rechts oder eine andere steuerbegünstigte Körperschaft

zwecks Verwendung für .... (Angabe eines bestimmten gemeinnützigen, mildtätigen oder
kirchlichen Zwecks, z.B. Förderung von Wissenschaft und Forschung, Bildung und Erziehung, der
Unterstützung von Personen, die im Sinne von § 53 AO wegen .... bedürftig sind,
Unterhaltung des Gotteshauses in ....)

Alternative zu § 5

Kann aus zwingenden Gründen der künftige Verwendungszweck jetzt noch nicht angegeben
werden (§ 61 Abs. 2 AO), so kommt folgende Bestimmung über die Vermögensbindung in Betracht:

»Bei Auflösung des Vereins oder bei Wegfall steuerbegünstigter Zwecke ist das Vermögen zu steuerbegünstigten Zwecken zu verwenden.

Beschlüsse über die künftige Verwendung des Vermögens dürfen erst nach Einwilligung des Finanzamts
ausgeführt werden.«

Anlage 2 zu § 60

Mustersatzung
für andere Körperschaften
(Betriebe gewerblicher Art von juristischen Personen des öffentlichen Rechts, Stiftungen,
geistliche Genossenschaften und Kapitalgesellschaften)

Das Muster nach Anlage 1 ist unter entsprechenden Änderungen auch für andere Körperschaften verwendbar:

a) Bei Betrieben gewerblicher Art von juristischen Personen des öffentlichen Rechts, bei staatlich beaufsichtigten Stiftungen, bei den von einer juristischen Person des öffentlichen Rechts verwalteten unselbstständigen Stiftungen und bei geistlichen Genossenschaften (Orden, Kongregationen)

– braucht die Vermögensbindung in der Satzung nicht festgelegt zu werden. Damit kann § 5 des Musters entfallen.

– Außerdem ist folgende Bestimmung aufzunehmen:

– § 3 Abs. 2:

»Der – die – das – .... erhält bei Auflösung oder Aufhebung der Körperschaft oder bei Wegfall steuerbegünstigter Zwecke nicht mehr als – seine – ihre – eingezahlten Kapitalanteile und den gemeinen Wert – seiner – ihrer – geleisteten Sacheinlagen zurück.«

Bei Stiftungen ist diese Bestimmung nur erforderlich, wenn die Satzung dem Stifter einen Anspruch auf Rückgewähr von Vermögen einräumt (vgl. hierzu zu § 55 Nr. 18 Sätze 2 und 3). Fehlt die Regelung, wird das eingebrachte Vermögen wie das übrige Vermögen behandelt.

b) Bei Kapitalgesellschaften sind folgende ergänzende Bestimmungen in die Satzung aufzunehmen:

– § 3 Abs. 1 Satz 2:

»Die Gesellschafter dürfen keine Gewinnanteile und in ihrer Eigenschaft als Gesellschafter auch keine sonstigen Zuwendungen aus Mitteln der Körperschaft erhalten.«

– § 3 Abs. 2:

»Sie erhalten bei ihrem Ausscheiden oder bei Auflösung der Körperschaft oder bei Wegfall steuerbegünstigter Zwecke nicht mehr als ihre eingezahlten Kapitalanteile und den gemeinen Wert ihrer geleisteten Sacheinlagen zurück.«

– § 5:

»Bei Auflösung der Körperschaft oder bei Wegfall steuerbegünstigter Zwecke fällt das Vermögen der Körperschaft, soweit es die eingezahlten Kapitalanteile der Gesellschafter und den gemeinen Wert der von den Gesellschaftern geleisteten Sacheinlagen übersteigt, an ...«

– Alternative zu § 5 unter den Voraussetzungen des § 61 Abs. 2 AO:

»Bei Auflösung der Körperschaft ist das Vermögen, soweit es die eingezahlten Kapitalanteile der Gesellschafter und den gemeinen Wert der von den Gesellschaftern geleisteten Sacheinlagen übersteigt, zu steuerbegünstigten Zwecken zu verwenden. Beschlüsse über die künftige Verwendung des Vermögens dürfen erst nach Einwilligung des Finanzamts ausgeführt werden.«

§ 3 Abs. 2 und der Satzteil »soweit es die eingezahlten Kapitalanteile der Gesellschafter und den gemeinen Wert der von den Gesellschaftern geleisteten Sacheinlagen übersteigt«, in § 5 sind nur erforderlich, wenn die Satzung einen Anspruch auf Rückgewähr von Vermögen einräumt (vgl. hierzu zu § 55 Nr. 14 Satz 4).

Anlage 3 zu § 60

Muster einer Erklärung
der Ordensgemeinschaften

1. Der – Die ....
   (Bezeichnung der Ordensgemeinschaft)

mit dem Sitz in .... ist eine anerkannte Ordensgemeinschaft der Katholischen Kirche.

2. Der – Die .... verfolgt ausschließlich und unmittelbar
kirchliche, gemeinnützige oder mildtätige Zwecke, und zwar insbesondere durch ....

3. Überschüsse aus der Tätigkeit der Ordensgemeinschaft werden nur für die satzungsmäßigen Zwecke
verwendet. Den Mitgliedern stehen keine Anteile an den Überschüssen zu. Ferner erhalten die Mitglieder
weder während der Zeit ihrer Zugehörigkeit zu der Ordensgemeinschaft noch im Fall ihres Ausscheidens
noch bei Auflösung oder Aufhebung der Ordensgemeinschaft irgendwelche Zuwendungen oder Vermö-
gensvorteile aus deren Mitteln. Es darf keine Person durch Ausgaben, die den Zwecken der Ordensgemeinschaft fremd sind, oder durch unverhältnismäßig hohe Vergütungen begünstigt werden.

4. Der   –   Die   ....   wird   vertreten   durch   ....

....
(Ort)   (Datum)

....
(Unterschrift des Ordensobern)

Anhang 3

BMF-Schreiben v. 18. November 1999 (BStBl. I 1999 S. 979 ff.)

**Neuordnung der untergesetzlichen Regelungen des Spendenrechts;
Ausgestaltung der Muster für Zuwendungsbestätigungen**
(Auszug)

Anmerkung: Das BMF-Schreiben enthält auch ergänzende Erläuterungen zu den Zuwendungsbestätigungen.

Anlagen, nachfolgend nicht abgedruckt: Zuwendungsbestätigungen von Parteien, Wählervereinigungen und Sportvereinen

Geldzuwendungen an juristische Personen des öffentlichen Rechts

Aussteller (Bezeichnung der inländischen juristischen Person oder inländischen öffentlichen Dienststelle)

Bestätigung
über Zuwendungen im Sinne des § 10 b des Einkommensteuergesetzes an inländische juristische Personen des öffentlichen Rechts oder inländische öffentliche Dienststellen

Art der Zuwendung: **Geldzuwendung**

Name und Anschrift des Zuwendenden:
XXX XXX

Betrag der Zuwendung in Ziffern/in Buchstaben/Tag der Zuwendung:
XXX ..../................................./.................... XXX

Es wird bestätigt, dass die Zuwendung nur zur Förderung (begünstigter Zweck) (im Sinne der Anlage 1 – zu § 48 Abs. 2 Einkommensteuer-Durchführungsverordnung – Abschnitt A/B Nr ....) (im Ausland) verwendet wird.

Die Zuwendung wird

von uns unmittelbar für den angegebenen Zweck verwendet.
entsprechend den Angaben des Zuwendenden an .... weitergeleitet, die/der vom Finanzamt ...., StNr. ...., mit Bescheid vom ..../vorläufiger Bescheinigung vom.. als begünstigte/r Empfänger/in anerkannt ist.

Ort, Datum und Unterschrift des Zuwendungsempfängers

Hinweis:
Wer vorsätzlich oder grob fahrlässig eine unrichtige Zuwendungsbestätigung erstellt oder wer veranlasst, dass Zuwendungen nicht zu den in der Zuwendungsbestätigung angegebenen steuerbegünstigten Zwecken verwendet werden, haftet für die Steuer, die dem Fiskus durch einen etwaigen Abzug der Zuwendungen beim Zuwendenden entgeht (§ 10 b Abs. 4 EStG, § 9 Abs. 3 KStG, § 9 Nr. 5 GewStG). Diese Bestätigung wird nicht als Nachweis für die steuerliche Berücksichtigung der Zuwendung anerkannt, wenn das Datum des Freistellungsbescheides länger als 5 Jahre bzw. das Datum der vorläufigen Bescheinigung länger als 3 Jahre seit Ausstellung der Bestätigung zurückliegt (BMF vom 15. 12. 1994 – BStBl 1 S. 884).

Sachzuwendungen an juristische Personen des öffentlichen Rechts

Aussteller (Bezeichnung der inländischen juristischen Person oder inländischen öffentlichen Dienststelle)

Bestätigung

über Zuwendungen im Sinne des § 10 b des Einkommensteuergesetzes an inländische juristische Personen des öffentlichen Rechts oder inländische öffentliche Dienststellen

Art der Zuwendung: **Sachzuwendung**

Name und Anschrift des Zuwendenden:
XXX XXX

Wert der Zuwendung in Ziffern/in Buchstaben/Tag der Zuwendung:
XXX ..../......................./.................... XXX

Genaue Bezeichnung der Sachzuwendung mit Alter, Zustand, Kaufpreis usw. Die Sachzuwendung stammt nach den Angaben des Zuwendenden aus dem Betriebsvermögen und ist mit dem Entnahmewert (ggf. mit dem niedrigeren gemeinen Wert) bewertet. Die Sachzuwendung stammt nach den Angaben des Zuwendenden aus dem Privatvermögen. Der Zuwendende hat trotz Aufforderung keine Angaben zur Herkunft der Sachzuwendung gemacht. Geeignete Unterlagen, die zur Wertermittlung gedient haben, z. B. Rechnung, Gutachten.

Es wird bestätigt, dass die Zuwendung nur zur Förderung (begünstigter Zweck) (im Sinne der Anlage 1 - zu § 48 Abs. 2 Einkommensteuer-Durchführungsverordnung - Abschnitt A/B Nr.   ) (im Ausland) verwendet wird.

Die Zuwendung wird

von uns unmittelbar für den angegebenen Zweck verwendet.
entsprechend den Angaben des Zuwendenden an ....
weitergeleitet, die/der vom Finanzamt ...., StNr.
................................, mit Bescheid vom .... /
vorläufiger Bescheinigung vom .... als begünstigte/r
Empfänger/in anerkannt ist.

Ort, Datum und Unterschrift des Zuwendungsempfängers

Hinweis:
Wer vorsätzlich oder grob fahrlässig eine unrichtige Zuwendungsbestätigung erstellt oder wer veranlasst, dass Zuwendungen nicht zu den in der Zuwendungsbestätigung angegebenen steuerbegünstigten Zwecken verwendet werden, haftet für die Steuer, die dem Fiskus durch einen etwaigen Abzug der Zuwendungen beim Zuwendenden entgeht (§ 10 b Abs. 4 EStG, § 9 Abs. 3 KStG, § 9 Nr. 5 GewStG). Diese Bestätigung wird nicht als Nachweis für die steuerliche Berücksichtigung der Zuwendung anerkannt, wenn das Datum des Freistellungsbescheides länger als 5 Jahre bzw. das Datum der vorläufigen Bescheinigung länger als 3 Jahre seit Ausstellung der Bestätigung zurückliegt (BMF vom 15. 12. 1994 - BStBl. I S. 884).

Mitgliedsbeiträge an steuerbegünstigte Körperschaften

Aussteller (Bezeichnung und Anschrift der Körperschaft o. ä.)

Bestätigung

über Zuwendungen im Sinne des § 10 b des Einkommensteuergesetzes an eine der in § 5 Abs. 1 Nr. 9 des Körperschaftsteuergesetzes bezeichneten Körperschaften, Personenvereinigungen oder Vermögensmassen

Art der Zuwendung: **Mitgliedsbeitrag/Geldzuwendung**

Name und Anschrift des Zuwendenden:

XXX XXX

Betrag der Zuwendung in Ziffern/in Buchstaben/Tag der Zuwendung:

XXX ..../../...................... XXX

Es handelt sich (nicht) um den Verzicht auf Erstattung von Aufwendungen.

Wir sind wegen Förderung (begünstigter Zweck) durch Bescheinigung des Finanzamtes

...., StNr. ...., vom

.... vorläufig ab.. als

gemeinnützig anerkannt/nach dem letzten uns zugegangenen Freistellungsbescheid des Finanzamts ...., StNr. ...., vom

.... für die Jahre .... nach

§ 5 Abs. 1 Nr. 9 des Körperschaftsteuergesetzes von der Körperschaftsteuer befreit.

Es wird bestätigt, dass (es sich nicht um Mitgliedsbeiträge, sonstige Mitgliedsumlagen oder Aufnahmegebühren handelt und) die Zuwendung nur zur Förderung (begünstigter Zweck) (im Sinne der Anlage 1 - zu § 48 Abs. 2 Einkommensteuer-Durchführungsverordnung - Abschnitt A/B Nr. ....) (im Ausland) verwendet wird.

Ort, Datum und Unterschrift des Zuwendungsempfängers

Hinweis:
Wer vorsätzlich oder grob fahrlässig eine unrichtige Zuwendungsbestätigung erstellt oder wer veranlasst, dass Zuwendungen nicht zu den in der Zuwendungsbestätigung angegebenen steuerbegünstigten Zwecken verwendet werden, haftet für die Steuer, die dem Fiskus durch einen etwaigen Abzug der Zuwendungen beim Zuwendenden entgeht (§ 10 b Abs. 4 EStG, § 9 Abs. 3 KStG, § 9 Nr. 5 GewStG). Diese Bestätigung wird nicht als Nachweis für die steuerliche Berücksichtigung der Zuwendung anerkannt, wenn das Datum des Freistellungsbescheides länger als 5 Jahre bzw. das Datum der vorläufigen Bescheinigung länger als 3 Jahre seit Ausstellung der Bestätigung zurückliegt (BMF vom 15. 12. 1994 - BStBl. I S. 884).

Sachzuwendungen an steuerbegünstigte Körperschaften

Aussteller (Bezeichnung und Anschrift der Körperschaft o. ä.)

Bestätigung

über Zuwendungen im Sinne des § 10 b des Einkommensteuergesetzes an eine der in § 5 Abs. 1 Nr. 9 des Körperschaftsteuergesetzes bezeichneten Körperschaften, Personenvereinigungen oder Vermögensmassen

Art der Zuwendung: **Sachzuwendung**

Name und Anschrift des Zuwendenden:
XXX XXX

Wert der Zuwendung in Ziffern/in Buchstaben/Tag der Zuwendung:
XXX ..../..................................../.................... XXX

Genaue Bezeichnung der Sachzuwendung mit Alter, Zustand, Kaufpreis usw. Die Sachzuwendung stammt nach den Angaben des Zuwendenden aus dem Betriebsvermögen und ist mit dem Entnahmewert (ggf. mit dem niedrigeren gemeinen Wert) bewertet. Die Sachzuwendung stammt nach den Angaben des Zuwendenden aus dem Privatvermögen. Der Zuwendende hat trotz Aufforderung keine Angaben zur Herkunft der Sachzuwendung gemacht. Geeignete Unterlagen, die zur Wertermittlung gedient haben, z. B. Rechnung, Gutachten.

Wir sind wegen Förderung (begünstigter Zweck) durch Bescheinigung des Finanzamtes...................., StNr. .... vom ....
vorläufig ab .... als gemeinnützig anerkannt/nach dem letzten uns zugegangenen Freistellungsbescheid des Finanzamts ...., StNr. ...., vom .... für die Jahre .... nach § 5 Abs. 1 Nr. 9 des Körperschaftsteuergesetzes von der Körperschaftsteuer befreit.

Es wird bestätigt, dass die Zuwendung nur zur Förderung (begünstigter Zweck) (im Sinne der Anlage 1 - zu § 48 Abs. 2 Einkommensteuer-Durchführungsverordnung - Abschnitt A/B Nr .) (im Ausland) verwendet wird.

Ort, Datum und Unterschrift des Zuwendungsempfängers

Hinweis:
Wer vorsätzlich oder grob fahrlässig eine unrichtige Zuwendungsbestätigung erstellt oder wer veranlasst, dass Zuwendungen nicht zu den in der Zuwendungsbestätigung angegebenen steuerbegünstigten Zwecken verwendet werden, haftet für die Steuer, die dem Fiskus durch einen etwaigen Abzug der Zuwendungen beim Zuwendenden entgeht (§ 10 b Abs. 4 EStG, § 9 Abs. 3 KStG, § 9 Nr. 5 GewStG). Diese Bestätigung wird nicht als Nachweis für die steuerliche Berücksichtigung der Zuwendung anerkannt, wenn das Datum des Freistellungsbescheides länger als 5 Jahre bzw. das Datum der vorläufigen Bescheinigung länger als 3 Jahre seit Ausstellung der Bestätigung zurückliegt (BMF vom 15. 12. 1994 - BStBl. 1 S. 884).

Geldzuwendungen an steuerbegünstigte Körperschaften

Aussteller (Bezeichnung und Anschrift der Körperschaft o. ä.)

Bestätigung

über Zuwendungen im Sinne des § 10 b des Einkommensteuergesetzes an eine der in § 5 Abs. 1 Nr. 9 des Körperschaftsteuergesetzes bezeichneten Körperschaften, Personenvereinigungen oder Vermögensmassen

Art der Zuwendung: **Geldzuwendung**

Name und Anschrift des Zuwendenden:

XXX XXX

Betrag der Zuwendung in Ziffern/in Buchstaben/Tag der Zuwendung:

XXX ..../.........................../..................... XXX

Es handelt sich nicht um den Verzicht auf die Erstattung von Aufwendungen.

Wir sind wegen Förderung mildtätiger Zwecke nach dem letzten uns zugegangenen Freistellungsbescheid des Finanzamts..................., StNr. .... vom .... für die Jahre .... nach § 5 Abs. 1 Nr. 9 des Körperschaftsteuergesetzes von der Körperschaftsteuer befreit.

Es wird bestätigt, dass die Zuwendung nur zur Förderung mildtätiger Zwecke verwendet wird.

Ort, Datum und Unterschrift des Zuwendungsempfängers

Hinweis:
Wer vorsätzlich oder grob fahrlässig eine unrichtige Zuwendungsbestätigung erstellt oder wer veranlasst, dass Zuwendungen nicht zu den in der Zuwendungsbestätigung angegebenen steuerbegünstigten Zwecken verwendet werden, haftet für die Steuer, die dem Fiskus durch einen etwaigen Abzug der Zuwendungen beim Zuwendenden entgeht (§ 10 b Abs. 4 EStG, § 9 Abs. 3 KStG, § 9 Nr. 5 GewStG).

Diese Bestätigung wird nicht als Nachweis für die steuerliche Berücksichtigung der Zuwendung anerkannt, wenn das Datum des Freistellungsbescheides länger als 5 Jahre zurückliegt (BMF vom 15. 12. 1994 - BStBl. I S. 884).

4. BMF-Schreiben vom 7. Dezember 2000 (BStBl. I 2000 S. 1447 ff.)

Zuwendungsbestätigungen für Stiftungen; Gesetz zur weiteren steuerlichen Förderung von Stiftungen (Auszug)

Anmerkung: Das BMF-Schreiben enhält auch ergänzende Erläuterungen zu den Zuwendungsbestätigungen.

4 Anlagen

Geldzuwendungen an Stiftungen des öffentlichen Rechts

Aussteller (Bezeichnung und Anschrift der inländischen Stiftung des öffentlichen Rechts)

Bestätigung
über Zuwendungen im Sinne des § 10 b des Einkommensteuergesetzes an inländische Stiftungen des öffentlichen Rechts

Art der Zuwendung: **Geldzuwendung**

Name und Anschrift des Zuwendenden:
XXX XXX

Betrag der Zuwendung in Ziffern / in Buchstaben / Tag der Zuwendung:
XXX ..../.../.................... XXX

☐   Es wird bestätigt, dass die Zuwendung nur zur Förderung (begünstigter Zweck) (im Sinne der Anlage 1 -zu § 48 Abs. 2 Einkommensteuer-Durchführungsverordnung Abschnitt A / B Nr . ....) (im Ausland) verwendet wird.

☐   Es wird bestätigt, dass die Zuwendung nur zur Förderung gemeinnütziger Zwecke im Sinne des § 52 Abs. 2 Nr. 1 - 3 Abgabenordnung (im Ausland) verwendet wird, die nicht nach § 10 b Abs. 1 Satz 1 Einkommensteuergesetz begünstigt sind. Dabei handelt es sich um die Förderung ...(Angabe des gemeinnützigen Zweckes) ... .

☐   Die Zuwendung erfolgte anlässlich unserer Neugründung in unseren Vermögensstock bis zum Ablauf eines Jahres nach unserer Gründung.

Die Zuwendung wird

von uns unmittelbar für den angegebenen Zweck verwendet.

entsprechend den Angaben des Zuwendenden an .... weitergeleitet, die/der vom Finanzamt ...., StNr. ...., mit Bescheid vom .... vorläufiger Bescheinigung vom................ als begünstigte/r Empfänger/in anerkannt ist.

Ort, Datum und Unterschrift des Zuwendungsempfängers

Hinweis:
Wer vorsätzlich oder grob fahrlässig eine unrichtige Zuwendungsbestätigung erstellt oder wer veranlasst, dass Zuwendungen nicht zu den in der Zuwendungsbestätigung angegebenen steuerbegünstigten Zwecken verwendet werden, haftet für die Steuer, die dem Fiskus durch einen etwaigen Abzug der Zuwendungen beim Zuwendenden entgeht (§ 10 b Abs. 4 EStG, § 9 Abs. 3 KStG, § 9 Nr. 5 GewStG). Diese Bestätigung wird nicht als Nachweis für die steuerliche Berücksichtigung der Zuwendung anerkannt, wenn das Datum des Freistellungsbescheides länger als 5 Jahre bzw. das Datum der vorläufigen Bescheinigung länger als 3 Jahre seit Ausstellung der Bestätigung zurückliegt (BMF vom 15.12.1994 - BStBl. I S. 884).

Sachzuwendungen an Stiftungen des öffentlichen Rechts

Aussteller (Bezeichnung und Anschrift der inländischen Stiftung des öffentlichen Rechts)

Bestätigung

über Zuwendungen im Sinne des § 10 b des Einkommensteuergesetzes an inländische Stiftungen des öffentlichen Rechts

Art der Zuwendung: **Sachzuwendung**

Name und Anschrift des Zuwendenden:

XXX XXX

Wert der Zuwendung in Ziffern / in Buchstaben / Tag der Zuwendung:

XXX ..../....................................../.................................. XXX

Genaue Bezeichnung der Sachzuwendung mit Alter, Zustand, Kaufpreis usw. Die Sachzuwendung stammt nach den Angaben des Zuwendenden aus dem Betriebsvermögen und ist mit dem Entnahmewert (ggf. mit dem niedrigeren gemeinen Wert) bewertet. Die Sachzuwendung stammt nach den Angaben des Zuwendenden aus dem Privatvermögen. Der Zuwendende hat trotz Aufforderung keine Angaben zur Herkunft der Sachzuwendung gemacht. Geeignete Unterlagen, die zur Wertermittlung gedient haben, z.B. Rechnung, Gutachten, liegen vor.

☐   Es wird bestätigt, dass die Zuwendung nur zur Förderung (begünstigter Zweck) (im Sinne der Anlage 1 -zu § 48 Abs. 2 Einkommensteuer-Durchführungsverordnung Abschnitt A / B Nr. ...) (im Ausland) verwendet wird.

☐   Es wird bestätigt, dass die Zuwendung nur zur Förderung gemeinnütziger Zwecke im Sinne des § 52 Abs. 2 Nr. 1 - 3 Abgabenordnung (im Ausland) verwendet wird, die nicht nach § 10 b Abs. 1 Satz 1 Einkommensteuergesetz begünstigt sind. Dabei handelt es sich um die Förderung ...(Angabe des gemeinnützigen Zwecks) ... .

☐   Die Zuwendung erfolgte anlässlich unserer Neugründung in unseren Vermögensstock bis zum Ablauf eines Jahres nach unserer Gründung.

Die Zuwendung wird

von uns unmittelbar für den angegebenen Zweck verwendet.

entsprechend den Angaben des Zuwendenden an .... weitergeleitet, die/der vom Finanzamt ...., StNr. ...., mit Bescheid vom ...., vorläufiger Bescheinigung vom................. als begünstigte/r Empfänger/in anerkannt ist.

Ort, Datum und Unterschrift des Zuwendungsempfängers

Hinweis:

Wer vorsätzlich oder grob fahrlässig eine unrichtige Zuwendungsbestätigung erstellt oder wer veranlasst, dass Zuwendungen nicht zu den in der Zuwendungsbestätigung angegebenen steuerbegünstigten Zwecken verwendet werden, haftet für die Steuer, die dem Fiskus durch einen etwaigen Abzug der Zuwendungen beim Zuwendenden entgeht (§ 10 b Abs. 4 EStG, § 9 Abs. 3 KStG, § 9 Nr. 5 GewStG). Diese Bestätigung wird nicht als Nachweis für die steuerliche Berücksichtigung der Zuwendung anerkannt, wenn das Datum des Freistellungsbescheides länger als 5 Jahre bzw. das Datum der vorläufigen Bescheinigung länger als 3 Jahre seit Ausstellung der Bestätigung zurückliegt (BMF vom 15.12.1994 - BStBl. I S. 884).

Geldzuwendungen an Stiftungen des privaten Rechts

Aussteller (Bezeichnung und Anschrift der Stiftung des privaten Rechts)

Bestätigung

über Zuwendungen im Sinne des § 10 b des Einkommensteuergesetzes an Stiftungen des privaten Rechts

Art der Zuwendung: **Geldzuwendung**

Name und Anschrift des Zuwendenden:
XXX XXX

Betrag der Zuwendung in Ziffern / in Buchstaben / Tag der Zuwendung:
XXX ..../........................./.................... XXX

Es handelt sich (nicht) um den Verzicht auf Erstattung von Aufwendungen.

Wir sind wegen Förderung (begünstigter Zweck) durch Bescheinigung des Finanzamtes
................, StNr. ...., vom .... vorläufig ab ...., als gemeinnützig anerkannt / nach dem letzten uns zugegangenen Freistellungsbescheid des Finanzamts ...., StNr. ...., vom .... für die Jahre .... nach § 5 Abs. 1 Nr. 9 des Körperschaftsteuergesetzes von der Körperschaftsteuer befreit.

☐ Es wird bestätigt, dass die Zuwendung nur zur Förderung (begünstigter Zweck) (im Sinne der Anlage 1 - zu § 48 Abs. 2 Einkommensteuer-Durchführungsverordnung -Abschnitt A / B Nr. ...) (im Ausland) verwendet wird.

☐ Es wird bestätigt, dass die Zuwendung nur zur Förderung gemeinnütziger Zwecke im Sinne des § 52 Abs. 2 Nr. 1 - 3 Abgabenordnung (im Ausland) verwendet wird, die nicht nach § 10b Abs. 1 Satz 1 Einkommensteuergesetz begünstigt sind. Dabei handelt es sich um die Förderung ...(Angabe des gemeinnützigen Zweckes) ... .

☐ Die Zuwendung erfolgte anlässlich unserer Neugründung in unseren Vermögensstock bis zum Ablauf eines Jahres nach unserer Gründung.

Ort, Datum und Unterschrift des Zuwendungsempfängers

Hinweis:
Wer vorsätzlich oder grob fahrlässig eine unrichtige Zuwendungsbestätigung erstellt oder wer veranlasst, dass Zuwendungen nicht zu den in der Zuwendungsbestätigung angegebenen steuerbegünstigten Zwecken verwendet werden, haftet für die Steuer, die dem Fiskus durch einen etwaigen Abzug der Zuwendungen beim Zuwendenden entgeht (§ 10 b Abs. 4 EStG, § 9 Abs. 3 KStG, § 9 Nr. 5 GewStG). Diese Bestätigung wird nicht als Nachweis für die steuerliche Berücksichtigung der Zuwendung anerkannt, wenn das Datum des Freistellungsbescheides länger als 5 Jahre bzw. das Datum der vorläufigen Bescheinigung länger als 3 Jahre seit Ausstellung der Bestätigung zurückliegt (BMF vom 15.12.1994 - BStBl. I S. 884).

Sachzuwendungen an Stiftungen privaten Rechts

Aussteller (Bezeichnung und Anschrift der Stiftung des privaten Rechts)

Bestätigung

über Zuwendungen im Sinne des § 10 b des Einkommensteuergesetzes an Stiftungen des privaten Rechts

Art der Zuwendung: **Sachzuwendung**

Name und Anschrift des Zuwendenden:

XXX XXX

Wert der Zuwendung in Ziffern / in Buchstaben / Tag der Zuwendung:

XXX ..../.........................../...................... XXX

Genaue Bezeichnung der Sachzuwendung mit Alter, Zustand, Kaufpreis usw. Die Sachzuwendung stammt nach den Angaben des Zuwendenden aus dem Betriebsvermögen und ist mit dem Entnahmewert (ggf. mit dem niedrigeren gemeinen Wert) bewertet. Die Sachzuwendung stammt nach den Angaben des Zuwendenden aus dem Privatvermögen. Der Zuwendende hat trotz Aufforderung keine Angaben zur Herkunft der Sachzuwendung gemacht. Geeignete Unterlagen, die zur Wertermittlung gedient haben, z. B. Rechnung, Gutachten, liegen vor.

Wir sind wegen Förderung (begünstigter Zweck) durch Bescheinigung des Finanzamtes ...., StNr. ...., vom .... vorläufig ab .... als gemeinnützig anerkannt/ nach dem letzten uns zugegangenen Freistellungsbescheid des Finanzamts ...., StNr. ...., vom .... für die Jahre .... nach § 5 Abs. 1 Nr. 9 des Körperschaftsteuergesetzes von der Körperschaftsteuer befreit.

☐   Es wird bestätigt, dass die Zuwendung nur zur Förderung (begünstigter Zweck) (im Sinne der Anlage 1 -zu § 48 Abs. 2 Einkommensteuer-Durchführungsverordnung Abschnitt A / B Nr . ...) (im Ausland) verwendet wird.

☐   Es wird bestätigt, dass die Zuwendung nur zur Förderung gemeinnütziger Zwecke im Sinne des § 52 Abs. 2 Nr. 1 - 3 Abgabenordnung (im Ausland) verwendet wird, die nicht nach § 10b Abs. 1 Satz 1 Einkommensteuergesetz begünstigt sind. Dabei handelt es sich um die Förderung ...(Angabe des gemeinnützigen Zwecks) ... .

☐   Die Zuwendung erfolgte anlässlich unserer Neugründung in unseren Vermögensstock bis zum Ablauf eines Jahres nach unserer Gründung.

Ort, Datum und Unterschrift des Zuwendungsempfängers

Hinweis:

Wer vorsätzlich oder grob fahrlässig eine unrichtige Zuwendungsbestätigung erstellt oder wer veranlasst, dass Zuwendungen nicht zu den in der Zuwendungsbestätigung angegebenen steuerbegünstigten Zwecken verwendet werden, haftet für die Steuer, die dem Fiskus durch einen etwaigen Abzug der Zuwendungen beim Zuwendenden entgeht (§ 10 b Abs. 4 EStG, § 9 Abs. 3 KStG, § 9 Nr. 5 GewStG). Diese Bestätigung wird nicht als Nachweis für die steuerliche Berücksichtigung der Zuwendung anerkannt, wenn das Datum des Freistellungsbescheides länger als 5 Jahre bzw. das Datum der vorläufigen Bescheinigung länger als 3 Jahre seit Ausstellung der Bestätigung zurückliegt (BMF vom 15.12.1994 - BStBl. 1 S. 884).

Zum Autor

Prof. Dr. Stefan Schick ist Rechtsanwalt und Fachanwalt für Steuerrecht in Stuttgart. Seine Beratungsschwerpunkte sind Stiftungs-, Vereins-, Gesellschafts- und Gemeinnützigkeitsrecht, allgemeines Zivilrecht, jeweils mit besonderem Blick auf steuerbegünstigte Einrichtungen und Non-Profit-Organisationen. Er ist außerdem Professor an der Fachhochschule Mainz. Er leitet dort den Studienschwerpunkt Management in sozialen Einrichtungen.